DES ÉCONOMISTES AU-DESSUS DE TOUT SOUPÇON

OU LA GRANDE MASCARADE DES PRÉDICTIONS

DU MÊME AUTEUR

Éléments de politique économique :
l'expérience française de 1945 à 1984
Privat, 1985

Bernard Maris

DES ÉCONOMISTES AU-DESSUS DE TOUT SOUPÇON

OU LA GRANDE MASCARADE DES PRÉDICTIONS

Albin Michel

22, rue Huyghens, 75014 Paris

ISBN 978-2-226-32176-3

Sommaire

« Ainsi donc, l'auteur de ces essais, malgré tous ses coassements, continue d'espérer et de croire que le jour n'est pas éloigné où le Problème Economique sera refoulé à la place qui lui revient : l'arrière-plan. »

John Maynard Keynes
Essays in Persuasion

Quoi de neuf?

SCIENCE dure, science molle, ou peut-être science nulle, l'économie politique se vend, c'est vrai, et bien. Le nombre des étudiants augmente, les revues spécialisées pullulent, tous les hebdomadaires ont leurs pages économiques (en couleurs), les journaux leurs suppléments. On peut désormais faire de l'économie un best-seller comme de la médecine douce, de la vie du présidentiable contée par Madame, de la faim, de la charité, du sida guéri par la réglisse. Et tout ça en attendant le *film économique-catastrophe* en direct (sourire nacré de la speakerine), où le spectateur médusé pianotera ses ordres de vente boursiers sur minitel, après avoir assisté à la nuit des oscars de l'entreprise, la distribution des médailles en pleine débâcle.

Sans doute le plus beau cadeau que pourrait faire un économiste à des lecteurs serait de ne pas écrire de livre. Sauf à permettre justement l'économie — la vraie — d'un achat, d'un abonnement, pourquoi pas d'un vote, en tout cas d'un moment, si bref soit-il, passé avec l'un de ces personnages sinon pour se détendre. Il est assez incompréhensible qu'à ce jour la lecture, l'audition, la simple vue d'un économiste ne fasse non pas sourire, mais éclater de rire.

Ce livre répond à une urgence. Et quelle urgence ! Après le plongeon de la Bourse (octobre 1987) les voilà tous de retour, la figure poudrée, le verbe et la componction sucrée aux commissures des lèvres, pour conter qu'ils n'y comprennent guère mais que la vie continue, et que l'horizon 92, ah... L'urgence de pouffer de rire dès que le moindre ratiocineur ès sciences économiques, expert, homme politique, journaliste, curé même (l'abbé Pierre se laissa un jour aller à des analyses du genre à propos des nouveaux pauvres, Seigneur !), menace de montrer le bout de sa petite, précise et pointue langue de bois ; préparez-vous, un peu comme lorsqu'on annonce un bon comique à 20 h 30 ou le débat avec Georges Marchais (on le voit moins, hélas !) : vous souriez déjà.

D'autres ont ri avant vous. Louis XIV, que de multiples saignées ne purent achever avant 84 ans, s'étouffait au *Médecin malgré lui.* Il tolérait les manipulateurs de lancettes, au même titre que les tireuses de cartes, à tout hasard. Aujourd'hui, les gourous de Wall Street, Sa Majesté Kaufman en tête, font plus confiance aux astrologues qu'aux modèles probabilistes de prévision boursière (ils savaient que depuis décembre 1986 Neptune, symbole de la tromperie, était entré dans la zone du Capricorne, zone de l'argent facile). Ce sont des sages. Ils ont fait et referont fortune.

L'économiste de la fin du XXe a le statut du médecin du XVIIe : c'est un préscientifique, qui n'empêche pas les choses de tourner, comme Thomas Diafoirus n'interdisait pas toujours aux braves gens de survivre. Heureusement nombre travaillent et réussissent aujourd'hui, malgré les manuels et théorèmes célèbres, ainsi que prospérèrent les Fugger, Danycan, Magon, en dépit des Baudeau, Mirabeau père et autres perruques, Say-l'optimiste ou Bastiat-lou-ravi. Hier encore triomphait Marcel Dassault à contre-courant d'infiniment moins subtils épigones. Les salons révélèrent les physiocrates, déjà parfumés au musc, les émissions littéraires, les « nouveaux économistes », à forte fragrance aussi, les uns et les autres non plus utiles que nuisibles, payés pour appartenir au décor et d'une gravité toute keatonienne. Inoffensifs, mais là. Et bavards, hélas ! Et le discours économique, celui de l'analyse du coût des choses et de la vie, et des chiffres entassés *ad nauseam,* est désormais celui de la Cité. Ils savent peu de choses, très peu de choses. Ils se trompent sans cesse.

Ils n'ont jamais cessé de se tromper*. Mais saisit-on bien l'essence de leur comique ?

L'apogée bouffon ne concerne pas tellement les prévisions, en général grotesques. On sait que les modèles économétriques de prévision de la masse monétaire américaine sont fiables à 20 % près. 20 % ! Sur la masse interne de dollars ! On rêve, non** ? Pour en revenir à nos boursicoteurs de Wall Street, on comprend qu'ils fassent tourner les tables ou consultent des tireuses de cartes entre deux séjours à l'ombre. Non. Le plus drôle, c'est *l'utilisation de l'erreur économique comme caution de l'incompétence politique*. Nul ne prévit le premier choc pétrolier, ni le second, ni la crise, ni le krach, ni la reprise. Mais les chocs, la crise, le krach et la reprise justifient et justifieront, avec la sempiternelle incapacité du prédécesseur, la carence des gouvernements successifs. Dans le domaine extérieur, l'ayatollah Khomeiny, réchauffé comme un serpent par l'aveugle gouvernement français, perdit soudain son *delirium dei* pour devenir une *fatalitas oeconomica,* une banale issue du prix du pétrole, des rapports commerciaux Iran-Etats-Unis. Que voulez-vous, si ce n'est pas la faute du prédécesseur, c'est celle de la « guerre économique ». La « guerre »... A croire qu'ils ne l'ont jamais faite, la vraie. Quelque menue monnaie de chiffres pour la démonstration, et rentrez chez vous.

Quelques piécettes : de la monnaie de billon, fourrée, truquée, rognée, du cuivre et du plomb, du toc, ou encore du papier aux nombres incommensurables émis par liasses, jusqu'à ce que tout s'effondre. Comme le milliard de marks, un chiffre est sans valeur mais vrai. Toujours vrai. Et par sa pure magie de chiffre, évalué après coup, « ex post » comme on dit, il prépare une absolution. Calculé par quelques experts, le taux d'inflation ou de chômage annonce le pardon du péché d'incapacité, et bienvenue à la petite querelle sur

* En 1914, tous les économistes claironnent que la guerre ne durera pas plus de trois mois, les Etats n'ayant pas les moyens de payer au-delà. Ils n'avaient pas prévu l'invention de la monnaie inconvertible.

** Pour une critique polie mais féroce de ces sornettes économétriques, voir Michel Aglietta[1]. Le délire gnostique des économètres a été maintes fois relevé par les plus modérés, par exemple le Pr Beaud dans ses chroniques du *Monde*.

les décimales. Exit le scandale, passez au tableau, posez là la chose, comme un pourcentage de pertes au combat, ça ne tache pas. Comment ne pas songer à la maniaquerie statistique des bureaucrates du génocide, « comme s'il n'y avait pas de différence entre la " solution finale " et les affaires courantes[2] ? ».

Incontestablement le champion, le génial inventeur peut-être de cet aveu du chiffre *a posteriori*, fut M. Jean-Pierre Fourcade. Lorsqu'on lui assenait « inflation tant pour cent », il corrigeait de deux centièmes, et ajoutait, avec une once de sourire cynique : « Oui, bien sûr, *nous le savons !* » Bien sûr. Chiffré, le mal n'en est déjà plus un. Peu importe qu'il ruine certaines catégories, en enrichisse grassement d'autres, le chiffre est le début de la guérison, tant que la fièvre ne nous a pas liquidés, et en plus, Dieu merci, il le savait. Le signifiant balaie, emporte le signifié : 15 % d'inflation ce n'était pas si mal parce que statistique, 15 % de chômage ce sera du pour cent (et peut-être accessoirement de l'insécurité, ou simplement des larmes). Dernières nouvelles du front : victoire du chiffre sur Dieu. Dieu existe-t-il ? Oui, à 60 % dit un hebdomadaire pour les fêtes de Noël, après une vaste enquête statistique. Bravo. La métaphysique en papier rejoint l'incertitude de Heisenberg.

Diafoirus créait d'affreux macaronismes en latinisant ses balivernes. Le distingué *Mister Eco* pourcentagise ses conseils ; car il se mêle de politique, de plus en plus. Et pourtant...

Et pourtant les grands hommes d'affaires ont presque toujours dédaigné la politique, et tous les grands politiques ont méprisé l'économie. On se souvient de « L'intendance suivra » ou « La politique de la France ne se fait pas à la corbeille » du général de Gaulle. On mesure moins les efforts surhumains de François Mitterrand, qui bringuebale un vocabulaire XIXe, pré-économique (la « richesse », les « patrons », les « forces de l'argent »), efforts couronnés malgré ou peut-être grâce au flou de Jacques Attali, qui lui permirent d'acquérir un vernis économique, heureusement écaillé dès les premières mesures de l'*Hymne à la Joie*.

La vie politique française avait marqué un tournant en 1974. A cette date, pour la première fois, le politique le cède à l'économique en la personne du nouveau président, Valéry Giscard d'Estaing. Le quantitatif triomphe, sous la forme génialement médiatique de l'énoncé tautologique : « Le déficit budgétaire est de tant ; la dette, le solde extérieur de tant, l'inflation chez nos partenaires de tant, et la reprise en Allemagne, prévue de tant, a été de tant. » Peu importe le chiffre, son existence dit déjà le vrai.

En 1976, après la bévue de l'expérience Chirac, pur politique, accède au côté du président un second économiste, plus grand encore. La période 1976-1981 est l'une des plus ternes de l'histoire économique de la France. On gère la grisaille de la crise, dans le ronron des petites défaites transformées en demi-capitulations : les plans sidérurgie, les accords de la Jamaïque... Souvenez-vous de VGE en slip de bain : « On a conseillé aux Américains l'adoption des changes flexibles. » Rions. Il leur fallait bien ce conseil, alors qu'ils essayaient de faire avaler le torpillage des changes fixes à l'Europe depuis dix ans. On attend la victoire de la gauche en mastiquant les restes du menu industriel pompidolien qui refroidit de plus en plus. Quelques épices africaines avec Bokassa, les diamants, et la Légion sur Kolwezi.

Le discours politique est mort. Triomphe inexorablement la parole économique, sublimée par le Premier ministre dans ce qu'il faut bien appeler une « métalangue économique », abstraite, chimiquement pure, enveloppe même du quantitatif, hypostasiée dans l'expression « les grands équilibres ». Les grands équilibres, c'est l'Idée de Hegel, La Norme de Kelsen, le Saint-Esprit des curés et le Marx du coco du coin. Mais le trait de génie de M. Barre fut d'instituer un au-delà de cette expression blanche et mallarméenne, un paradis en quelque sorte, un petit nuage scintillant sur lequel est sobrement assise Sa Paternité Economique. En effet, dressez bien l'oreille, le discours économique ne suffit plus lorsqu'on aspire au poste de magistrat suprême. François Mitterrand s'y est trompé, qui a bafouillé économie en 1974, le lapin qui sautait à l'eau, alors que son adversaire pour une fois décollait du terrain, s'envolait et nous regardait au fond des yeux — on en frissonne encore.

Alors, comment ne pas parler d'économie, lorsqu'on ne sait parler que de ça, qu'on en est l'incarnation comme M. Barre? On peut toujours prendre l'immense risque de déclarer à une émission littéraire que l'on aime Proust et Valéry *, ça ne suffit sans doute pas. Eh bien, au-delà de la métalangue des grands équilibres, se trouve le Silence de Sa Majesté. Et ce *silence* est *économique :* si M. Barre se tait, c'est qu'il dit plus encore que les grands équilibres. C'est l'anéantissement complet du discours de la Cité. C'est la fin. L'évaporation. La dissipation de la vie politique dans l'intersidéral économique.

Le retour de la gauche sera une révolte dionysiaque contre cette sérénité apollinienne, l'arrivée des intuitifs, des approximatifs, des sensuels et des gaspilleurs. On les attend au tournant. Malheureusement la chaleur dure peu, recouverte par la glace de la rigueur. Ces gens apprennent vite, hélas! On les gratifie même de bons points. Heureusement, par un curieux coup de hasard, la cohabitation restitue à la politique ses lettres de noblesse, en délestant le président des préoccupations d'intendance. Débarrassé des questions de budget, avec son petit pécule de cour et de voyage comme la reine d'Angleterre, il déambule et hoche la tête, donne des leçons, des petits conseils, morigène à l'occasion, bistrote, bavardouille, et soliloque. Il recouvre la parole, celle la IVe **, guetté à

* Imaginez : « Je ne relis que Sade et Jean Genet. »

** Exubérante IVe ! Admirons le tour de force des gaullistes d'avoir réussi à l'effacer, comme les Espagnols gommèrent les huit siècles andalous. Période de la plus grande croissance économique (le « miracle français »), de personnel politique riche, divers, florissant, savant, méchant, roublard, bizarre et cultivé — que sont nos minets de la quarantaine en prêt-à-porter de boutique et de Sciences-Po, à côté des Blum, Mendès, Schuman, Mollet, Pleven, Faure (les deux), Pinay, Mayer, Soustelle, Bidault, Defferre et ses duels, Duclos et Doumeng qu'il faut avoir vu porter la contradiction juché sur une charrette, en sa bonne ville de Noé! Période surchargée d'événements et de passions politiques, la Libération, deux guerres coloniales, un ou deux putschs...

droite par les regards matois des Cassandre avides de refermer le couvercle du quantitatif et des pourcentages.

Et dans la marmite, le bouillonnement du marché.

Ah ! le marché ! Nouveau culte exacerbé. Le monothéisme du marché. La mercantilisation de la vie. La monétisation contaminante, l'unification, la réduction, l'homogénéisation des hommes et des choses... On ne peut imaginer principe plus totalitaire que le marché. Principe plus antilibéral que le marché. Pire ennemi de la différence et de la diversité. Tous mesurables. Tous computables. Tous comparables. Tout est réductible par le marché. Tout a vocation à passer par lui, jusqu'aux rapports hommes-femmes ou hommes-enfants. Il n'est guère que les relations hommes-chats qui lui échappent encore, en attendant que ces pauvres bestioles possèdent leurs cartes de crédit Ronron.

Ce monothéisme est le drame de l'économie moderne bridée par la loi, la seule loi, connue depuis Adam. Adam Smith : la loi de l'offre et de la demande.

Que dites-vous ? L'économie n'aurait pas progressé depuis deux cents ans ? A la question « Quoi de neuf? », Friedman répond : « Adam Smith. » Ce n'est pas une boutade. Il le pense. Et il en est content. Et en plus c'est vrai, on n'a jamais fait mieux. En physique atomique, Newton c'est bien, mais insuffisant aujourd'hui. En économie, le seul progrès, minuscule, de l'après-guerre, c'est la redécouverte du concept de déséquilibre après les *Leçons sur la théorie du chômage* d'Edmond Malinvaud[3].

Et c'est pour ça qu'au fond tout le monde peut parler d'économie politique. Le marché, l'offre et la demande, c'est du bon sens, mon vieux ! La spéculation électronique qui s'est éloignée de l'économie réelle, ces petits jeunes qui ont voulu gagner trop vite, ceux qui prennent la place des autres, ceux qui ne travaillent pas assez, trop d'impôts, ces parasites de fonctionnaires... Bref, du bon sens économique qu'on vous enfonce à grandes bourrades dans le dos entre deux verres de pastis, le taux d'inflation et un résultat de foot. Sauf au café du coin, c'est à « L'heure de vérité » qu'on trouve les meilleurs spécialistes d'économie politique, où l'on tartine du bon sens dégoulinant et bien sucré, entre deux sondages d'opinion vite faits pour fixer les idées, au cas où t'aurais pas d'opinion ou d'idées, crétin de téléspectateur.

Jamais la litanie des chiffres n'a été aussi pesante, dévidée jour après jour, controuvée jour après jour. Chiffre contre chiffre, sondage contre sondage, moyenne contre moyenne. Ubiquité du chiffre, qui ne signifie plus, qui efface tout, et qui disparaît à son tour...

Le discours politique est mort. Liquidé par la « contrainte extérieure » et les « grands équilibres ». Mais même les histoires de comptables finissent par lasser : on comprend mieux l'échec en 1988 du « meilleur économiste » et de ceux qui crurent que la politique de la France se faisait à la corbeille.

Soit. Mais qu'est-ce qui fait donc ce prix, ce poids, cette valeur d'usage et d'échange du discours économique ? Pourquoi est-il désormais l'étalon et le numéraire de la parole du Prince, les dents dorées de son sourire ? Pourquoi la psychose sécuritaire se vend-elle moins bien, malgré tous les efforts de publicité, que la litanie des chiffres, tellement rigide et glacée qu'elle accède au statut de morale ? MM. Rocard et Barre sont des hommes d'une moralité exemplaire. On ne saurait en dire autant des autres, parce que leur *impeccabilité économique* est moindre. Pourquoi la biologie ou l'informatique n'ont-elles pas envahi le discours politique ? Pourquoi pas les sciences dures ? Et surtout pourquoi pas la médecine ? La société est bien semblable au corps humain, se disent le ministre et sa concierge. L'inflation est un cancer qui ronge, la santé du corps social est fragile, il faut purger, assainir. Deux raisons expliquent cette prééminence du discours économique.

Un, la rhétorique de la statistique et du chiffre est celle de la neutralité et de l'objectivité, de la non-émotion (que d'émotion en matière de santé !), de l'impartialité, qui est la vertu cardinale du Prince. Que peut-on opposer à un chiffre, sinon un chiffre ? Essayez d'opposer un haut-le-cœur ou un ricanement à un taux de chômage : mieux vaut dire qu'on fera mieux, et de combien.

Deux, l'économie patauge encore — et elle gardera longtemps les pieds humides — à un stade préscientifique, imaginaire et sophistique, même si elle est parfois aussi surprenante que l'astrologie aux belles figures ou aux mots merveilleux, un lieu d'où un prix Nobel, non des moindres, peut laisser entendre que l'*esthétique* assure la validité de sa science, et encore sa *complexité,* parce qu'un physicien génial un jour se détourna d'elle * ! Elle a rarement fait ses preuves, sauf sous sa forme embryonnaire de comptabilité, d'où le succès de Keynes, un succès de comptable, et les comptables et les hommes d'affaires réussiront toujours *malgré* les économistes. A l'inverse la médecine, elle, oui, a largement fait ses preuves : on ne peut plus l'appliquer à n'importe quoi, crises économiques, cycles lunaires ou taches solaires. Mais on peut toujours laisser en paix les voyants, médiums ou guérisseurs du cancer sur simple envoi de photo d'identité avec timbre pour la réponse, ou encore les économistes. Comme on dit (à tort), ils ne font de mal à personne.

Qu'ils échouent, après tout. Contrairement au médecin contre qui éventuellement on portera plainte, l'économiste n'a pas à faire ses preuves. L' « accumulation » de ses échecs ne l'affaiblit pas. On ira toujours chez Mme Irma. Le plus grave est ailleurs.

L'économie moderne, l'analyse coûts-bénéfices, est le niveau plancher de la politique. Tout problème moral, sexuel, social, éthique, amoureux... a *toujours* un aspect coûts-bénéfices. Un petit exemple, le dépistage du cancer du sein. Version coûts-bénéfices du problème : « Il vaut mieux ne pas dépister, car la survie des femmes à des âges avancés coûtera, en fin de compte, plus cher. » Deuxième exemple, la vision

* P. A. Samuelson, Nobel 1970, dans sa préface à l'ouvrage de Georgescu-Roegen, *La Science économique*[4]. Quelle honte ! La préface est à déguster les poings serrés du premier au dernier mot. Elle devrait être de lecture obligatoire pour tous les étudiants en sciences éco des pays où l'on meurt de faim — et les autres d'ailleurs. Le physicien en question est Max Planck. Au fait : et si Max avait délaissé l'économie pour de *tout autres raisons,* sur lesquelles il vaut mieux ne pas s'attarder, mon pauvre Paul Antoine ?

des droits de l'homme par le Nobel Gérard Debreu. Après la conférence des Nobel à Paris en janvier 1988, on l'interroge sur la situation de l'économie française. C'est humain, qui peut imaginer qu'il n'a pas la moindre idée de ce que peut être une économie réelle, qu'il ne fait que de la « théorie » ? Bref, il n'a de cesse de souligner qu'il appartient à la Commission des droits de l'homme. On finit par l'interroger sur les droits de l'homme. Et voilà ce qu'il dit : « Le devoir d'un économiste est d'informer que le droit à la vie ne peut être toujours assuré pour des raisons de coût*. » Ah, ça ! Comment s'appelait cette commision ? « Eugénisme » ? Vivement que les philosophes et les moralistes reviennent à l'économie politique.

C'est une nouvelle conception de la politique comme coût, sa dissipation dans le tableau, la courbe, le diagramme ou la série. Imagine-t-on les congés payés, peut-être la *réforme sociale du siècle,* acquis après un débat autour de tableaux ? Heureusement que le président du Conseil et le ministre de l'Intérieur (de l'Intérieur !) ne connaissaient pas plus que les dirigeants syndicaux présents le nombre moyen d'heures ouvrées ou chômées.

Extraordinaire est la pesanteur du couvercle des chiffres. En un sens, l'envahissement de l'économie est le triomphe de l'homme pensé comme moyenne : l'homme qui vit soixante-dix ans s'il est un homme et soixante-dix-sept une femme, qui a 1,8 enfant et une propension à épargner de 11 %, mais à qui l'on souhaite 2,5 enfants et 3 % de croissance du PIB au lieu de 1,5. Et que pourrait-on lui souhaiter de plus ? Même les curés ne savent plus que calculer le taux de déperdition de leurs ouailles... Quel objectif plus merveilleux, sinon de les battre au foot, que de rejoindre le taux d'inflation des Allemands, avant que ces sournois ne disparaissent de vieillesse ?

Allumez la radio, et vous savez immédiatement si monologue un communiste, un prêtre ou un économiste. Il y a une

* Autre délicieuse phrase nobélienne (cf. *Le Monde*, 23 janvier 1988) : « Les droits de l'homme commencent au petit déjeuner. » Et, comme on s'en doute, *ils continuent dans l'estomac.*

diction économique, une modulation, comme le grégorien est celle des cocos et des curés. Il y a même un accent économique. M. Bérégovoy l'a courageusement acquis : tout en demi-tons. Aplatie la politique, fini le volume, on parle en deux dimensions. Ou plutôt en une. On parle chiffres. Les ormes politiques meurent des vermisseaux statistiques.

Faut-il rire des économistes ?

Des experts, des savants, des professeurs, des Nobel ? Des membres de la Société d'économétrie de la Royal Academic Society, des éditeurs d'*Econometrica,* de la *Review of Economic Studies,* du *Journal of Political Economy,* de la grande *American Economic Review ?* Chez nous, à un degré infiniment plus modeste, sinon misérable confessent-ils eux-mêmes, de l'Association française de sciences économiques ? Des éditeurs de *La Revue économique ?* Faut-il rire de la Société d'économie politique ? Des théoriciens, des praticiens, des statisticiens ? Faut-il s'esclaffer quand on croise un économètre ?

Combien sont-ils côté cour du miracle marxiste, à part ceux inscrits au registre du commerce en bondieuseries de la place du Colonel-Fabien ? Même là, on les compte sur les doigts d'une main. Capitulation en rase campagne, anéantissement par la déferlante micro-économique, l'américanisation de l'enseignement, l'économie hamburger pseudo-abstraite qui oblige désormais l'étudiant sénégalais à estimer une fonction de demande de monnaie et des actifs monétaires de vingt-cinq variables à partir des miettes statistiques qu'il ne possède même pas. Avalés par l'économie *vulgaire,* comme disaient ces gens du monde en costume râpé. Exit. Plus rien à signaler.

Côté jardin du paradis walrassien, un culte marial voué à l'économie de marché, une adoration transie de la mathématique et de la pureté céleste. Depuis que dans la lignée des benthamistes et autres utilitaristes, la psychologie primaire de Marshall et Pareto a donné la micro-économie moderne (tous les pères fondateurs, Jevons, Sidgwick, Marshall,

Edgeworth, Pareto sont *obsédés de psychologie*) *, la « science » ne cesse de s'élever vers plus de propreté et de simplicité. Même *Homo oeconomicus* serait furieux d'avoir été caricaturé ainsi : une simple bête à classer les choix, un joueur rudimentaire, un raisonneur minimal. Enfermés dans leur temple solaire, sacrifiant à la pureté et à la beauté économiques, les « théoriciens » ont l'immense responsabilité de laisser la valetaille brailler et festoyer sous les murs du château. Et chacun d'y aller de sa petite spécialité et de ses petites sonnettes d'alarme démagogiques : le spécialiste de la paresse des autres, celui de l'étau syndicaliste, du goulag-providence ou de l'optimum de Pareto dans les bidonvilles de São Paulo. Y a-t-il un spécialiste de l'influence de l'Etat providence sur la stérilité des femmes ? Non ? Eh bien ça viendra.

Pour en revenir à la médecine, on trouve dans ses tiroirs Céline, Boulgakov, Aragon, Breton, mais aussi quantité de Duhamel, ce cher Paul Voivenel, sans citer le Dr Freud ou le curieux Dr Lacan. Proust a fait Sciences-Po, Kafka du droit même s'il « mastiquait de la sciure de bois déjà mastiquée par des générations », Soljenitsyne fut ingénieur et des bataillons de militaires firent des vers. Attendons de lire dans une biographie : « Après de brillantes études à la faculté des sciences économiques de Grenoble (ô Stendhal ! ô Laclos !), il obtient un poste à l'INSEE, vit paisiblement sa carrière comme Huysmans son maître, et se consacre à la littérature. » Il est clair que le sondage ne prédispose pas à la rêverie.

Oh, il n'est pas désagréable de lire Hicks **, qui pousse toujours la délicatesse jusqu'à renvoyer son ennuyeuse

* « *If I had to live my life over again, I should have devoted it to psychology*[5] » (Alfred Marshall, cité par Keynes[5]) Edgeworth écrit *Mathematical Psychics.* Dans son tardif *Traité de sociologie* (1916), Pareto s'épuise à distinguer actes logiques et illogiques. Il écrit : « Clairement, la psychologie est la base de l'économie politique. » *Ce sont des amateurs en psychologie qui ont fondé l'économie moderne.* Quel malheur que les divans se soient situés à Vienne et non à Rome ou à Londres ! Et reconnaissons que Keynes n'y échappe pas : les anticipations, le « tempérament sanguin » des entrepreneurs... Et lorsque Maurice Allais reçoit son Nobel, il déclare en substance que le cœur du problème économique c'est la psychologie.

** Sir John Hicks, Nobel 1972.

mathématique en annexe. Quel plaisir surtout de lire Keynes (si l'on doit absolument lire un livre d'économie autre que *L'Exégèse des lieux communs* de Léon Bloy, lire les biographies écrites par Keynes). Et il existe même un livre comique d'économie, oui *comique,* qui satisfera *in saecula saeculorum* le rentier autant que la grisette, c'est *Le Capital,* hélas ! Hélas parce que trop tard. Nous en dégoûtèrent des générations de glossateurs. Qui écrira un *Relire « Le Capital »* ?, ou mieux : *Rire et relire « Le Capital »*, antidote au poison injecté un jour par M. Althusser et ses affidés ? Pauvre Karl, émouvant, naturellement drôle, alors que la plupart des économistes ne réussissant ni dans celui de composition, de situation, de caractère ou de répétition, accèdent parfois à un douloureux *comique d'infatuation ?*

La fatuité naquit avec l'espèce. Mme Campan, première femme de chambre de Marie-Antoinette, est effarée par la prétention de ces Messieurs-Je-sais-tout qui composent ladite secte des physiocrates. La « secte » hante les salons, conseille, propose, sourit à demi, flatte la reine et réussit à faire virer Calonne, pragmatique, intuitif et remarquable d'astuce comme nombre de grands argentiers de l'Ancien Régime d'ailleurs. Depuis, les économistes n'ont cessé de ricaner et toiser avec condescendance les autres sciences « molles », droit, sociologie, psychologie. Ils pouffent dédaigneusement aujourd'hui en se retranchant derrière les supposés « grands équilibres », supposés assis sur le socle de béton des prévisions économétriques, en vérité de la bouillie de millet. Si les économètres ne connaissent, sauf *a posteriori* (et encore), la masse monétaire dans aucun pays, alors tu parles de prévisions à un an, surtout quand tu sais qu'il y a du Deng Xiaoping et du Hezbollah en liberté.

Seraient-ils nuisibles ? Pas plus que les casuistes, qui restèrent des siècles à pratiquer Buridan sans gêner personne. On peut même trouver une certaine esthétique à leurs constructions. Depuis le Facteur Cheval, on sait que la beauté parfois naît de l'inutile. Le facteur n'a jamais fait de mal à personne, et même, le pauvre homme, gagna honnêtement son pain. Au moins eut-il le mérite d'inspirer les surréalistes, et on attend encore quelque délire psychohallucinatoire provoqué par Gary Becker, Milton Friedman et leurs *Chicago boys.* Non, pas vraiment nuisibles. Les affaires marchent *ou ne marchent pas* malgré eux. Quant à finir de pomper le peu de sève qui irrigue encore le corps politique, vider ces pauvres petits ministres menacés d'avitaminose, qui n'arrivent pas aux orteils des animateurs socio-culs des télés (et heureusement qu'ils gagnent dix fois moins, bon Dieu ! il y a une *justice économique !*), ramener les débats à une querelle de chiffres, le fond sonore, celui du carrefour ou du périphérique, la ritournelle des taux, la rengaine coûts-bénéfices, le moulin à paroles de l'offre et de la demande, du marché, du consommateur, de la demande, la seule vérité depuis Adam Smith : soit. Même Gorbatchev le dit.

L'important est de savoir savourer un naufrage. Chanter « Plus près de Toi, Mon Dieu ! », ou boire une dernière coupe de champagne. Rire de l'air embarrassé du capitaine et de ses experts. Ecouter une dernière fois les oracles.

1.

Politique et politesse statistique

> « Une honnête moyenne ? Parfait ! Tout ce qu'il faut à une démocratie » Jules Grévy.

Signe des temps : « rompre des lances », c'est aujourd'hui échanger des chiffres. Représentation de l'opinion par le sondage, le chiffre est aussi une forme moderne de la démocratie. Il existe une homothétie apparente entre sondage et vote, échantillon représentatif et Parlement ; entre *démocratie* et *marché*. *A contrario,* se moquer du chiffre (parler de deux millions de séropositifs et de dix millions d'immigrés) sera jugé peu démocratique. Les deux millions de séropositifs traduisent la cohabitation entre chiffres sérieux et comiques, dans la plus grande confusion. Le démagogue s'y reconnaîtra.

Entre le mitraillage statistique du dirigeant et la réponse systématique du sondé, le marché, qui fonctionne sur le modèle de l'échantillon (individus nombreux et représentatifs) trouve son compte. La démocratie, elle, laisse des plumes. L'une des curiosités modernes est l'OPA, en passe d'être achevée, du libéralisme sur la pensée politique : impossible désormais de ne plus assimiler marché et démocratie. L'un et l'autre reposent sur la liberté du choix et la perfection de l'information. Or l'essence du marché (comme de l'Etat moderne, l'Etat providence) est la moyenne. En vérité, le modèle du marché dégrade la pensée politique. Et d'abord par l'irruption sur la scène publique du sondage et de la statistique.

Sondages et saupoudrage statistique

A propos d'une expression de M. Le Pen, « Durafour-crématoire », on fait immédiatement un sondage par minitel : « S'agit-il ou non d'une plaisanterie? Est-ce inacceptable? » Poser la question, c'est répondre. Puisqu'on admet que cette expression peut être une plaisanterie, c'est une plaisanterie. La suite est encore plus drôle : 19 % disent : « En effet, c'est une plaisanterie »; 70 % : « C'est inacceptable »; 11 % « ne savent pas ». Ceux qui se satisfont des 70 % se satisfont de traiter l'holocauste d'une manière statistique.

Le saupoudrage statistique est le trait moderne du discours politique ou social, vide, mais parsemé de chiffres. Les chiffres accaparent la rigueur, et laissent aux mots le rôle de musique d'accompagnement. Leur magie est telle que les journaux, avec l'éphéméride et le dicton, outre les graphiques du jour, ont aussi le *chiffre du jour,* qui est un *record,* ne serait-ce que depuis cinq minutes : le nombre de chômeurs en fin de droits, le volume des transactions sur une semaine à Wall Street, etc. Alors qu'une série statistique est déjà douteuse, un chiffre isolé, lui, n'a évidemment d'autre sens que magique. Mais les temps sont avides de records.

Aucun commentaire ne peut se passer de chiffres. Le commentaire sportif par exemple. Quiconque a suivi la retransmission télévisée d'un match de rugby a pu découvrir des graphiques d'occupation du terrain, présentés sous forme d'histogrammes. On écarquille les yeux, mais non, il s'agit bien de statistique, et d'ailleurs surgit un commentateur délirant, un parkinsonien du chiffre, un gâteux du pourcentage, qui cafouille ses petites mucosités statistiques à chaque phase de jeu. Quelqu'un frappe un coup franc, et on apprend qu'il a été tant de fois sélectionné, qu'il a tiré tant de fois, donc que son *taux de réussite* (*sic*) est de tant.

Imaginons la tauromachie racontée en statistique : « Paco Ojeda vient de terminer sa *faena;* à la *muleta,* on compte

25 % de naturelles gauche, 30 % de naturelles droite, 10 % de passes de poitrine, 5 % de passes agenouillées, 10 % de fausses naturelles (épée dans le chiffon), plus un certain nombre de passes non identifiées. Il gagne une oreille sur ses deux taureaux, soit 25 %. Estimation par sondage des mouchoirs blancs agités en vain pour la seconde oreille : 60 %. »

Le sondage est une régression, une simplification de la langue. Un retour aux onomatopées un peu malodorantes de l'enfance. Tout peut être sondé. Tout est affaire de choix et de pondération par des valeurs implicites ou explicites, des prix subjectifs ou réels. Etant un indicateur de rationalité économique, le sondage présente la vie sur le modèle de la concurrence, de l'offre et de la demande.

Exemple. Selon BVA[1], 53 % de femmes couchées préfèrent la lecture, 46 % une activité amoureuse, une femme hésite. En termes de valeurs relatives, cela veut dire que les femmes paieront l'activité lecture 53 francs et l'activité amour 46 francs (ou tout multiple de ces deux chiffres). Une femme sera à l'équilibre lorsque, sur 100 jours, 53 auront été consacrés à lire, 46 à aimer, et un à aimer un livre à la main. Or, la lecture et l'activité sexuelle *ne sont pas* mesurables et *n'ont pas* à être mesurées. Le choix amour-lecture n'est pas un véritable choix. Il est même blasphématoire de le mesurer, comme serait blasphématoire de mesurer le choix manger-regarder un tableau. Mais BVA fait ce sondage pour la Compagnie du Lit, spécialiste de literie : c'est l'analyse de la lecture et de l'amour par la Compagnie du Lit.

Avec le sondage triomphe cette moderne incapacité à penser l'individu autrement que comme moyenne, enserré dans un échantillon, avec sa distribution de fréquence, son mode, sa médiane, sa médiale, sa variance et ses seuils de fiabilité. Tout acte, votation, absentéisme, sortie au ciné, coït, maladie, mort, est irrémédiablement inscrit, *normé* (la « loi normale » ou loi de Gauss, l'essence de tout échantillonnage, qui suppose que dans toute population il y a autant de crétins que de génies, exactement). A chaque action est associé l'horrible *pour cent* qui conclut comme une déjection la présence sur terre. Les étudiants aiment la liberté de la presse à 58 % et le droit de propriété à 27 %[2]. La belle affaire, puisqu'ils avouent ne pas lire et rêver d'accéder à la propriété, mais l'essentiel est de les avoir catalogués. Les Français à 80 % ont peur du nucléaire, mais à 60 % approuvent l'EDF. En moyenne le niveau monte, comme l'ont amplement démontré des statisticiens, même en tenant compte du leur.

Le filet statistique — et il ne s'agit pas de ces bricoles de fichiers informatiques, des bricoles comparées à l'envahissement linguistique du chiffre — est le verre de l'aquarium : on le voit mal, mais à chaque instant s'y heurte notre museau. Dans une nouvelle glaciale de Cortazar, le héros découvre *in fine,* en heurtant le miroir du bocal, qu'il est le poisson dans sa prison de verre. Combien de temps avant cette découverte ?

Euphémisation de la politique

« Toute dégradation, individuelle ou nationale, est sur-le-champ annoncée par une dégradation rigoureusement proportionnelle du langage » (Joseph de Maistre). La dégradation de la langue politique, outre sa contamination par la statistique et le sondage, c'est le fait qu'il soit rigoureusement devenu impossible de poser un problème sans annoncer *d'abord* le coût des choses, l'aspect pertes et profits, la couleur monnaie. Tout problème humain a bien évidemment, toujours, un petit côté coûts-bénéfices. La nouveauté vient de ce que le petit côté apparaisse le premier. Il est frappant par exemple qu'un ministre de la Culture ne quitte le terrain des coûts, qui n'est pas fondamentalement celui la culture, que pour l' « exploitation des gisements culturels ». Sur trois mots, deux d'économie. Qu'un ministre de l'Education ne sache en parler qu'en termes de postes budgétaires, tout comme un ministre de l'Environnement (qui est fier, en plus, de ne pas avoir de budget). Le seul ministère où la charrue ne soit pas encore devant les bœufs, est celui de la guerre. Les questions de stratégie y dominent encore, apparemment.

Que la politique soit devenue un rameau de la rationalisation des choix budgétaires (RCB), elle-même branche de la micro-économie, elle-même surgeon des robinsonnades, ces ratiocinations issues du gâtisme économique de la fin du XIXe, n'est apparemment pas si affligeant. En tout cas pas pour les politiciens, très fiers d'être devenus des « gestionnaires », c'est-à-dire des sous-fifres et des manipulateurs de calculettes. On trouve altier de savoir gérer, on le dit et on s'en contente, ce qui est curieux, dans la mesure où *savoir gérer est la moindre des choses.* Etrange éloge de la gestion, philosophie du compte d'exploitation, autosatisfaction du minimum politique vital, où l'exploit politique se résume à savoir aligner le GVT* des fonctionnaires sur le taux d'inflation. Un plombier saurait le faire.

Jamais la France n'a été un pays aussi sûr. Quiconque ouvre un livre d'histoire peut se convaincre de siècles effrayants de violence et de répression. Que la question de la violence soit encore exaspérée (témoin l'obsession terroriste) montre son éternelle importance. Pourtant, celle-ci n'est jamais envisagée que comme compétition statistique entre ministres de l'Intérieur successifs : taux de réussite policière par rapport à l'évolution du nombre de crimes. Ce nombre est très faible, mais bien entendu l'insécurité est croissante. *Non seulement on ne peut pas se passer des chiffres, mais on ne les croit pas.* Chacun reste convaincu de l'accroissement inéluctable de l'insécurité dans des villes grouillantes d'immigrés et de policiers.

Ubiquité statistique : un débat sur, disons, la chasse à la palombe, va démarrer sur des « taux de prédation », des « taux de passage », « de survie », etc. Peu importe qu'il s'agisse finalement de l'opération assez misérable de transformation d'un animal gracieux en une livre et demie de plume et de chair inerte. Un sondage à chaud confirmera la bonne volonté de tous ces amoureux de la vie et de la nature. Et c'est reparti pour un tour sur les viols, l'enlèvement des enfants du divorce, les prix : violés, enlevés et primés étant illico mis en chiffres, sondés, sucrés et servis. Le mille et

* Glissement Vieillesse Technicité : l'essence du service public.

unième sondage n'est d'ailleurs même plus fait pour divulguer des opinions, mais pour vanter la mille et unième fois la beauté du sondage, c'est-à-dire celle de son jumeau, le marché.

Jamais la politique n'avait atteint un tel degré de politesse. Discuter de 2,5 ou 3 % de croissance du PIB, ou d'un taux de chômage de 10 ou 10,5 % ne sont pas des questions de fond, mais de virgules, et l'on ne meurt pas pour une virgule. Infinie délicatesse du débat : je te discute un taux en glissement, et tu me mégotes un chômage corrigé des variations saisonnières. Lors de son débat de présidentiable en 1988, M. Chirac martela que cinquante emplois étaient créés en France par jour, c'est-à-dire, si l'on compte bien, deux emplois à l'heure. On a oublié, heureusement, ce débat Rocard-Balladur de la fin 1987, sorte de triomphe de la dévitalisation, où rétiaire et mirmillon se jetèrent leurs chiffres dans un ennui poli. Visages blafards et costumes gris sur fond gris. Duel (tu parles d'un duel !), mis en scène dans une salle d'hôpital : Michel Rocard, miné par une avitaminose, surmaquillé, blême, et l'autre, vaguement médulleux, pâle et pincé... Comme plus rien n'étonne dans un débat politique, naquit cette idée du sondage au milieu, « pour fixer les idées », celles du téléspectateur, incapable de se les fixer. C'est le chiffre qui se rappelle à son bon souvenir. C'est exactement le rire *off*, la bande sonore du rire dans les feuilletons dits comiques, qui simule la présence du parterre et entraîne bon gré mal gré le téléspectateur, le rire forcé. Un rappel à l'ordre *soft*, un autoritarisme mou.

L'un des traits caractéristiques des écrits de François Mitterrand est l'unité de style. Il écrit à 70 ans comme à 18. On aime ou non. Mais 1973 marque une coupure : apparaissent l'économie politique et les premiers chiffres, taux d'inflation comparatifs France-Allemagne, chiffrage du programme commun, querelle sur les chiffres du commerce extérieur : « Savez-vous qu'on nous dissimule les chiffres du commerce extérieur du mois d'avril[3] ? » Nov-politique oblige. Pourtant, François Mitterrand n'aime guère l'économie et méprise la statistique, dont l'allégorie est VGE en pull-over qui vient de le battre d'un demi pour cent aux élections. « La vérité d'Alceste n'est pas faite pour gouverner la société des hommes. Celle de Philinte me suffit. Comment nommera-t-on la vérité des indices et statistiques ? Claudius Pulcher, écrit Suétone, voyant les poulets sacrés refuser leur nourriture, les fit jeter dans la mer, sous prétexte qu'il leur fallait boire puisqu'ils ne voulaient pas manger. Cela me fait penser à Valéry Giscard d'Estaing[4]. »

Peut-on mieux exprimer le dédain des oracles de l'économie ?

« *Parler économie* »

Exit le politique, surgit le gestionnaire, le personnage inéluctable à tous les échelons de la société. Questionné par sondage, un maire répond sans hésiter qu'il est un gestionnaire. Finis le pathos, la harangue pour le salpêtre, vive le budget ! Adoucissement des mœurs, euphémisation de la politique. Le gestionnaire parle *espéranto économique,* comme tous les acteurs de la vie sociale dans le monde entier. Les mots clefs sont le coût, l'efficacité et, beaucoup plus récemment, le marché (la liberté, la mobilité, l'équilibre). Pourquoi ?

Tout discours a valeur de vérité, d'autorité ou de séduction et valeur performative (le réel est créé par l'énoncé : le président dit « La séance est levée »). Performativité appelle « performance, productivité, rapport *input/output* et optimum[5] », et l'économie parle en effet de productivité et d'optimum, d'efficience. Pourquoi l'espéranto économique est-il devenu si performant ? Pourquoi ce langage du plus extraordinaire conformisme, que jamais dictature n'osa rêver, mais que pressentirent depuis longtemps des écrivains, Swift ou Orwell par exemple, est-il en passe de tout recouvrir, de tout décrire et créer ?

Même si elle est accessoire, on ne peut dénier à la langue une fonction de communication. Communiquer, s'accorder, contracter : l'économie moderne, science du contrat, est particulièrement bien armée pour parler de l'harmonie. Il n'en a pas toujours été ainsi, puisqu'elle fut d'abord science du désespoir (Ricardo), puis du conflit (Marx). Devenue un séraphisme, elle possède tous les atouts du discours du consensus, de cette espèce de « minimum vital, social, linguistique » indispensable à la cohésion sociale. Du *golden boy* à l'immigré, quel discours plus encourageant que celui qui dit que tous sont petits et égaux (concurrence, atomicité), tous ont leur chance (mobilité) ; quiconque ramasse une épingle va devenir Henry Ford ou Laffitte qui eut le bonheur de le faire dans la cour du banquier Perrégaux*. Alors que dans la lutte des classes, « patron » est un qualificatif misérable pour la classe appelée à disparaître, tous ses ersatz, « gestionnaire », « responsable d'entreprise », « entrepreneur », deviennent infiniment enviables dans le discours de l'égalité des chances. L'une des grandes forces du « parler marché », c'est l'égalité et l'unité : tous petits, tous semblables, tous unis.

Mais la qualité immanente de ce « parler », c'est la *distinction,* opposée au « commun », « cru », « populaire », « émotif » ou « vibrant » qui sont les attributs de l'ancien discours politique. La distinction donne de la hauteur et de la distance, la distance des grands équilibres par exemple, à mille lieues du terre à terre d'une revendication de salaires, lorsqu'elle est issue de la bouche gouailleuse d'un Krasucki ou nasillarde d'un Maire. Il y a un accent économique distingué (Balladur, Delors, Béré) et on ne peut imaginer M. Pasqua aux Finances, alors que l'accent marseillais peut laisser supposer qu'il connaît le milieu.

La distance évite toute exagération. Parler économie, c'est appeler au calme. Difficile de gesticuler en parlant des grands équilibres, et on ne peut qu'apprécier l'exquise modération des ministres des Finances qui se sont succédé depuis l'introduction de la conversation économique au salon par Valéry Giscard d'Estaing. La langue économique

* Voir Flaubert, « Economie », *Dictionnaire des idées reçues.* Perrégaux est le fondateur de la Banque de France avec Le Coulteux. L'épingle joue un grand rôle dans l'inconscient économique. Adam Smith découvrit la division du travail en visitant une fabrique d'épingles, Jean-Baptiste Say comprit la loi qui porte son nom en s'asseyant sur une aiguille à tricoter dans un salon.

est ajustée, précise, elle parle facilement rigueur, du bout des lèvres, à la bourgeoise. Si quelqu'un se laissait aller à élever la voix, les chiffres seraient là pour ramener le calme.

La neutralité et le chiffre renvoient à l'autorité scientifique, au discours autorisé. Or la spécificité du discours d'autorité, c'est qu'il n'est pas fait pour être compris, mais reconnu. A la limite, son côté abscons est une estampille d'authenticité, par un curieux paralogisme : « Je ne comprends rien à l'économie, qui est quelque chose de très compliqué ; je ne comprends rien à M. Rocard, lequel parle d'économie ; donc M. Rocard comprend l'économie, et je peux lui faire confiance. » Ne rentrons pas dans les détails ; c'est une question technique ; je pourrais vous citer des chiffres ; c'est un débat un peu compliqué ; cela nous conduirait trop loin... Le mystère de l'au-delà économique est inaccessible au profane qui se contentera de l'antienne du différentiel d'inflation avec l'Allemagne.

Emanant d'une personne autorisée (M. Barre, professeur d'économie), il est par définition discours d'autorité : on lui fait *crédit, stricto sensu.* On fit crédit à M. Barre, jusqu'à ce que les faits démontrent qu'il n'était, simplement, pas pire qu'un autre. Il se peut que M. Giscard d'Estaing lui ait joué un tour pendable en amplifiant sa prestance et en le présentant comme le meilleur économiste de France. En tout cas, il a porté un coup terrible à la « science » économique, ce qui explique le souci de pragmatisme des épigones (M. Balladur, sagesse notariale ; M. Bérégovoy, homme de bon sens, et surtout sans titres, autodidacte, un Pinay de gauche).

Avec la neutralité et la rigueur, qui en font l'appui privilégié du discours politique, neutre et impartial par définition, la dissimulation est une autre grande vertu de l'espéranto économique. Si en politique, « le langage sert exactement à dissimuler sa pensée * » (François Mitterrand), l'appui de la rhétorique des chiffres devient incommensurable. Le maquis économico-statistique permet un camouflage aussi efficace que celui du feuillage pour le visage

* L'art politique est dans la dissimulation : « Depuis belle lurette, je ne dis jamais ce que je crois, et ne crois jamais ce que je dis » (Machiavel).

caché des jeux enfantins. Dès qu'un homme politique sort ses chiffres, on sait qu'il endosse sa tenue camouflée : au lieu de parler du chômage, il va parler de 10,25 % ; au lieu de parler d'éducation, il va parler d'augmentation du budget de 2 %. Ce qui est frappant dans les grands moments démocratiques, pendant les Etats Généraux par exemple, c'est l'absence de chiffres, comme si la vérité politique ne les supportait plus. Ce qui ne veut pas dire qu'on les ignore : le discours de Necker précisément, à l'ouverture des Etats Généraux, est une interminable litanie de chiffres, très justes d'ailleurs, sur des questions de bouclage de budget. Il n'a rien compris au moment révolutionnaire. Dès ce jour, la royauté est cuite. Il n'y eut jamais un chiffre crié en mai 68, sauf par Séguy, et l'époque ne manqua pas de cris.

L'essence de la statistique étant le travestissement, on ne voit pas pourquoi le pouvoir s'en priverait : « Les chiffres sont les chiffres », « la dure réalité des chiffres », « un seul chiffre suffira », et « les chiffres sont têtus » qui remplace avantageusement le célèbre « les faits sont têtus », qui obligeait au moins à parler et à mentir sur des faits. Mais on ne ment pas sur un chiffre. On commet une erreur, une approximation, *on se trompe,* ce qui est le privilège de l'expérimentation, donc de la science, donc de la vérité. Par un merveilleux renversement, si je me trompe, c'est que je dis vrai.

La rhétorique de la scientificité, c'est-à-dire de la neutralité, du juste milieu, de l'équilibre (concept qui est le cœur de l'économie), dépolitise la politique : *la statistique est une forme d'apolitisme.* La statistique dénigre la politique, de manière douce et subtile, autorisée parce que savante, infiniment plus subtile que le langage extrémiste (« Députés ! Tous pourris ! »). Mais le résultat est le même. Il s'agit encore de protester contre une corruption. Quoi de plus net, clean, rigoureux, clair qu'un technicien qui parle d'*équilibre* au nom de l'économie *pure* et *parfaite,* devant la toile de fond de la science et des Nobel ? Comment nier la *rigueur morale* d'un économiste entrant en politique ?

L'euphémisation de la politique, c'est le perpétuel jeu de mots du pouvoir : ne jamais dire la « guerre » ou l' « armée » pendant la guerre d'Algérie, mais le « maintien de l'ordre » et les « forces de l'ordre », aujourd'hui parler de l' « arme des taux » et de la « guerre économique ». C'est aussi, tout simplement, vider le contenu, tendre vers une élocution vide, et pour ça, le jargon économique est irremplaçable. « Toutes les théodicées politiques ont tiré parti du fait que les capacités génératives de la langue peuvent excéder les limites de l'intuition ou de la vérification empirique pour produire des discours *formellement* corrects, mais sémantiquement vides[6]. » L'usage de l'économie permet de réaliser systématiquement cet abus de pouvoir : l'économie excède largement l'intuition (« c'est compliqué »), et elle est largement invérifiable (« c'est très compliqué »). Parler pour ne rien dire se fait de façon différente selon que l'on parle d'une chaire ou du parterre. On pérore (péroraison) ou on caquette. La prosodie des taux, des coûts, des contraintes, des équilibres réalise le cauchemar d'Orwell où, soudain, on n'entend plus que le caquetage des parleurs.

Orwell raconte comment, dans la construction de la novlangue, « le langage est taillé jusqu'à l'os » par la destruction quotidienne de centaines de mots. C'est ce que réalise la rhétorique du chiffre qui parle carré, concret : il n'y a pas de synonyme ou d'antonyme à 10 %, 10 % sera toujours 10 %. Pendant ce temps les écrans de télévision fonctionnent en continu : « Nous avons gagné la bataille de la production ! Les statistiques, maintenant complètes du rendement dans tous les genres de produits de consommation montrent que le standard de vie s'élève de rien moins que 20 % au-dessus de l'année dernière... » « Les fabuleuses statistiques continuaient à couler du télécran[7]. »

Records absolus, niveaux historiques, comme on dit aujourd'hui. On aura reconnu dans la nov-langue l'espéranto économique où la statistique remplace les mots : avantageuse simplification.

Dernière manifestation de l'appauvrissement linguistique : *l'unification.* L'espéranto économique permet d'unifier les langues sociales. Une langue se substitue à d'autres, par la force des choses et des prêtres (comme le français en 1789 grâce à l'abbé Grégoire). Un parler distingué se substitue à des patois. Fabius parle français, Mauroy patois. L'économie étant « la plus scientifique des sciences sociales[8] » (Braudel), quoi de plus naturel que de la laisser parler pour les autres ? La rhétorique du chiffre, de la contrainte, des coûts-bénéfices et du marché permet à chacun de se comprendre, du ministre de l'Agriculture à celui de la Culture et de celui de la guerre (Défense) à celui de la guerre économique (Finances).

« Les fabuleuses statistiques continuaient à couler du télécran » fut écrit en un temps où il n'y avait ni télécrans ni statistiques. Maintenant que les télécrans sont jusque dans les couloirs du métro pour y chanter en continu les beautés du marché, on peut mesurer le génie de *1984,* que d'aucuns crurent être simplement une caricature du stalinisme (« Big Brother »). Ce que Orwell pressent, c'est plutôt le *terrorisme doux du chiffre,* cet effet d'euphorie des records qui tombent continuellement, des séries exponentielles qui explosent, des cours boursiers répétés et répétés, jusqu'à atteindre une *transe statistique,* l'extase de la société mercantile chantant sans trêve ses propres louanges. Souvenons-nous des derniers mots de *1984 :* « Il aimait Big Brother. »

Le poids et le prix des mots

L'espéranto économique crée la réalité : l'expert et le ministre déclarent que la France est en crise et illico la France se retrouve en crise, alors qu'il n'y a pas plus de crise que de bataillons de femmes voilées aux coins des rues. Déclaration de la France en guerre économique, et resurgissent les ennemis, l'Allemagne, le Japon. Déclaration enthousiaste d'existence de l'Europe économique à l'horizon 1992, et voilà la nécessité de l'Europe. « *Self-fulfilling prophecy* », dit le Nobel Gunnar Myrdal, à propos de la perversité particulière de la prévision économique créant le monde enchanté de l'économie. La prévision, c'est l'institution d'un destin économique, le destin économique européen par exemple : que voulez-vous qu'on y fasse, nous sommes embarqués. Comment envisager l'Europe différemment d'un marché ? Et puisque le marché c'est la performance, comment le discours du marché ne serait-il pas performatif ? Comment ne le serait-il pas puisque le discours sur le discours c'est aussi de l'économie politique ?

Parlant de la « science dominante dans les sciences sociales[9] », la linguistique, Pierre Bourdieu propose un modèle du marché, « une économie des échanges linguistiques ». On y trouve tout ce qui peut servir comme concept ou métaphore économique : « production et circulation des mots et des concepts », « univers d'échanges symboliques », « marché des mots », « valeur », « minimum vital de communication », « le prix des mots », « les signes extérieurs de richesse », « la dévaluation », « l'obsolescence », « les profits symboliques », « la concurrence », « les marchés officiels », « la formation des prix et l'anticipation des profits », « la recherche du maximum de rendement informatif », « les transactions », « le fixing »... ASSEZ !

On a compris ! On a compris qu'on était à la Bourse et que les mots avaient un poids et un prix. Ecoutons l'aimable économiste Barthes maintenant : « Dans *Werther*, à certain moment, deux économies sont opposées. D'un côté il y a le jeune amoureux qui prodigue sans compter son temps, ses facultés, sa fortune ; de l'autre il y a le mari, Albert, qui ménage son bien... D'un côté une économie bourgeoise de la réplétion, de l'autre une économie perverse de la dispersion, du gaspillage, de la fureur... Un tel déséquilibre fait partie de cette économie noire qui me marque de son aberration, et pour ainsi dire de son luxe intolérable[10]. »

Déséquilibre ! Economie noire ! Economie perverse ! Dispersion, gaspillage, fureur ! Que n'avons-nous eu Roland comme professeur d'économie politique !

Ce petit détour non pour appuyer Pierre, mais pour estoquer cette économie à prétention de science : jamais l'économie n'est si *utile* que pour parler de ce qu'elle déteste, la langue, jamais le *trésor de la langue* n'est si utile que pour parler d'économie. L'obsession du mathématicien est de se débarrasser de la gangue du parler et de toutes ses connotations poétiques, intuitives ou autres (cf. les essais du « groupe Bourbaki »). Les économistes modernes eurent la même obsession. Ainsi, dans les années soixante, la tentative hilarante d'un Gérard Debreu de constituer l'économie en axiomatique. En vain. On peut affirmer *a contrario* que les mots « valeur », « propriété », « prix », « marché », « échange » sont *à jamais* la possession de l'humanité, et que jamais économiste ne pourra les confisquer et les débarrasser de l'histoire et de la pensée des hommes vivant en société. C'est comme ça : de même qu'un charcutier prouvera difficilement que son tablier est une toile tachiste, aucun économiste ne démontrera que son économie est pure et in-humaine. *Car la valeur, le travail, la propriété le situent* — et il ne le mérite pas, le bougre — *au cœur du langage et de l'humain.* Pierre et Roland l'ont bien compris qui utilisent l'économie pour en parler.

Pour saisir l'inanité de la tentative de Gérard Debreu de vider les mots économiques de leur sens, tentative qui effectivement aboutit à la vacuité et à la nullité de l'économie contemporaine, et à ses deux symboles, le vide et le zéro, il faut lire... Miguel de Unamuno : « Si nous pouvions en économie politique, laisser de côté cette terminologie damnée de la *valeur,* de la *richesse,* du *revenu,* du *capital,* mots si gros de vie latente, mais si corrompus par le péché originel [11] ! » Ah ! Don Miguel, comme vous y allez : *damnée, péché originel !* Toute l'économie contemporaine dans votre phrase. Ricardo était-il donc le diable, qu'il dût être exorcisé par Debreu ? Paix à vos cendres, Don Miguel : les modernes ont réussi, au-delà de vos espérances, à écorcher et dépiauter l'économie de toute humanité.

Le 13 octobre 1936, dans le grand amphithéâtre de l'université de Salamanque, le général manchot Millan Astray cria devant le recteur, vous-même : « Vive la mort ! », le cri de la Légion. Vous répondîtes : « Moi qui ai passé ma vie à façonner des paradoxes, je peux vous dire, en qualité d'expert, que ce paradoxe barbare est pour moi répugnant. » Et le général Astray : « A bas l'intelligence, vive la mort ! » Et l'amphithéâtre : « Vive la mort ! » Vous sortîtes, pâle, au bras de Mme Franco, qui sans doute ce jour-là vous sauva la vie, après avoir murmuré le célèbre : « Vous vaincrez, vous ne convaincrez jamais. » Vous mourûtes quelques semaines plus tard, avec la démocratie.

Démocratie et marché

Ressemblance étrange... Le marché est-il le modèle de la démocratie ? La démocratie fonctionne-t-elle comme un marché ? Questions auxquelles les économistes répondent oui, renvoyant pour une fois à l'histoire et à la naissance concomitante de l'industrie (la société anonyme et la démocratie du capital) et du Parlement. Identification abusive : le marché modèle la démocratie, qui n'est pas (pas encore) le marché.

Les économistes anglo-saxons d'après-guerre * ont développé la théorie économique de la politique. Les choses sont finalement simples, disent-ils : les individus sont les mêmes dans la sphère de l'économie et dans la sphère de la politique. Partout ils procèdent par choix, arbitrage, calcul.

Pour eux, les partis politiques, ceux-ci sont assimilables à des firmes. Comme elles, ils s'efforcent de maximiser des profits, qui sont les coûts-avantages des dirigeants politiques. Ils vendent des produits aux citoyens, leurs programmes. Ces programmes ont un prix, exprimé en termes d'impôts à payer. Or, la démocratie est une concurrence : les partis-entreprises proposent des produits en compétition, à des prix différents. A l'équilibre, lorsque la concurrence a joué, les profits sont très faibles sinon nuls. C'est le grand avantage de la démocratie. Comme le marché, elle fait pression sur les prix, pour le plus grand bonheur des citoyens. Pour cette raison la démocratie est la forme supérieure de l'organisation politique, bien supérieure à la dictature par exemple. La dictature, comme le monopole fait monter les prix, vend cher. La dictature est inefficiente.

Dans l'entreprise existe la démocratie du capital : multi-

* Friedrich von Hayek (Nobel 1974), G. Stigler (Nobel 1982), James Buchanan (Nobel 1986), Jack Hirshleifer notamment.

plicité des actionnaires, vote à la majorité, P-DG élu. Enfin, du côté des citoyens, la similitude avec les consommateurs est frappante : le choix de l'homme politique à élire se fait en fonction d'un calcul coûts-avantages. Les citoyens sont sollicités exactement comme des consommateurs : publicité et marketing. Meilleure est l'information, meilleure est la concurrence, mieux servis sont les clients. *A contrario,* sont néfastes les groupes de pression, monopoles, lobbies, syndicats, trusts, cartels et autres entraves au marché et à la démocratie. D'où le rôle importantissime de l'*information,* lubrifiant des rouages du marché et de la démocratie.

Drapés dans la toge de Tocqueville, Hayek et Stigler, théoriciens minimaux et de l'Etat minimal, contèrent comment le marché, agent de transmission de l'information, garantit, à l'âge de l'information, la liberté des individus. Comment l'information et le profit « permettent à tous les agents de bénéficier d'une somme de connaissances que personne en particulier, ni aucun groupe, ni aucune autorité ne possèdent ni ne peuvent posséder[12] ». Jamais de propagande, d'information privilégiée, de désinformation, d'intoxication tant qu'il y a le marché. Le marché véhicule l'information jusqu'au cœur de la plus épaisse forêt. Le marché protège les Indiens.

Démocratie et marché présentent donc deux similitudes : l'atomicité (agents nombreux et petits, ne pouvant avoir d'incidence sur les prix là, le scrutin ici) et l'information parfaite. Mais il faut ajouter ceci : *le marché de concurrence est une démocratie directe.* Les économistes précisent bien que la seule démocratie véritable est la démocratie directe. Pourquoi ?

1) Condorcet montra, dans un paradoxe célèbre, qu'aucun scrutin à deux tours ne garantit la cohérence des choix individuels, autrement dit l'existence d'une logique collective à partir des logiques individuelles.

2) Kenneth Arrow (Nobel 1972) généralisa ce paradoxe dans un théorème célèbre : *il n'existe pas de système de vote qui garantisse, à partir de choix individuels rationnels, la rationalité des choix collectifs.* Dès lors, la vraie démocratie, la seule démocratie techniquement possible, c'est le choix « oui-non » à la

majorité, le référendum, ou encore le scrutin uninominal à un tour.

Les économistes ont été très troublés par le résultat d'Arrow. En fait, Arrow prouve qu'on ne peut passer des choix individuels aux choix collectifs : *no-bridge*. D'où la méfiance des économistes pour tout ce qui prétend parler au nom des individus, homme politique, délégué, bureaucrate. Dans les années soixante-dix, ils essayèrent de montrer comment la croissance de l'Etat, de la dépense publique et de la bureaucratie était liée à celle de la classe moyenne. L'argument fut le suivant : la dépense publique est destinée à la classe moyenne, mais payée par les plus riches et les plus pauvres, du fait de l'anti-progressivité de certains impôts (plafonds de Sécurité sociale, qui pénalisent les plus pauvres, TVA et taxes indirectes) et de la sur-progressivité des autres (impôt sur le revenu). La diminution des inégalités, l'émergence de la classe moyenne, est donc un facteur de croissance de la dépense publique.

Mais d'où sort la classe moyenne? Eh bien, de la redistribution et de la bureaucratie qui la nourrit et s'en nourrit. Les hommes politiques flattent la classe moyenne, en lui proposant plus de biens publics que nécessaire ; la classe moyenne accepte parce qu'elle ne finance pas véritablement ces biens publics, piscines en Ariège ou écoles en surnombre dans le Gers. Conclusion : supprimons les impôts des riches et des pauvres, à bas l'Etat et vive le référendum ! « Les représentants du peuple sont des représentants de commerce » (B. de Jouvenel). Vive la *société civile*, qui n'est que l'un des nombreux visages du marché.

Les constituants de 1789 furent infiniment conscients de ce problème de la représentativité, ainsi que de la similitude de la démocratie et du marché. Mirabeau eut aussi l'intuition de l'impossibilité d'Arrow. Mirabeau assimilera même le Parlement à un échantillon de la Nation. Il est clair que si les élus sont bien élus, s'ils se distribuent selon une loi normale, alors on peut assimiler *la vérité à la moyenne*, ou à la médiane, si la courbe représentative de l'échantillon n'est pas exactement une courbe en cloche. De sorte que le choix de la Nation est aussi celui de l'électeur moyen ou médian. Dès lors, un authentique Parlement serait institué par tirage au sort au sein des citoyens. C'est ce que proposait déjà Montesquieu. Au-delà de cette *tombola* des élus du peuple, on pourrait envisager une tombola des ministres et vizirs. C'est la permutation aléatoire du ministre et du chauffeur, comme de la soubrette et de la maîtresse, inépuisable source de comique. Swift contera cette démocratie authentique dans *Les Voyages de Gulliver*.

Comme ce loto, cette tombola du pouvoir paraît assez utopique, les économistes et les libéraux concluent que la vraie démocratie est le référendum associé au marché. Le libéralisme est d'ailleurs en passe d'achever son *raid* à la bourse des valeurs politiques. Comme le *raider,* il ment. Le *raider* ment par omission, parce qu'il n'a pas le moindre sou pour acheter la société qu'il entend dépecer, mais qu'il a le culot d'émettre des obligations gagées sur sa future victime et laisse croire qu'il est, lui, l'affaire saine. Le libéralisme ment deux fois. D'abord, il oublie que l'opinion moyenne, le nivellement (« la moyenne et le nivellement, tout ce que nous appelons l'opinion publique... Ce bavardage où les interlocuteurs entendent la même chose par ce qui se dit et se comprend dans son sens commun moyen[13] ») naissent de l'envahissement statistique. C'est l'édulcoration politique par le chiffre et le sondage qui provoque « la décadence démocratique, fille du nombre et de la quantité[14] ». Ensuite, et c'est plus grave, la démocratie n'est pas la moyenne, et l'anagramme démocratie-médiocrité n'est qu'une plaisanterie de potache royaliste. *Mais le marché, lui, est bien la moyenne.*

Marché et moyenne. Naissance de l'homme moyen

Confusion trop fréquente : croire que le marché travaille pour les individus en réalisant leur libre jeu. Le marché exprimerait le règne des consommateurs, c'est-à-dire d'agents *petits,* nombreux, concurrents, mais qui soumettent, *in fine,* les entreprises à leurs vœux. La sanction ultime de la demande traduirait le triomphe du consommateur sur la production et l'échange. Il est, comme on dit, le roi.

L'activité essentielle du marché est d'échanger et d'homogénéiser par la computation et la valorisation. Tout est mesurable par le marché, et dès lors réduit à peu de chose, car généralement « ce qui a un prix possède peu de valeur ». Le contresens le plus flagrant affirme que le marché travaille pour l'individu. En vérité il travaille pour la demande. Or la demande, c'est la masse et la moyenne, l'ensemble des individus. L'essor du marché fut celui d'une production de masse — contre une production rare destinée à peu d'individus, donc artisanale, donc artistique —, la réussite d'une vulgarisation de la production.

Certes, la demande commande : mais cela signifie simplement que la masse commande, et que si la production doit être écoulée elle doit frapper au milieu. Le consommateur est l'individu immergé dans la foule amorphe, monocolore et régulière des sorties de métro, l'antithèse de la foule bariolée du Palais-Royal, « ce lieu de féerie où les femmes bavardent avec une perruche sur l'épaule » (Mercier). Production de masse, consommation de masse, loi de l'offre et de la demande, loi des grands nombres. La loi des grands nombres, fondement du sondage, suppose *qu'en moyenne*, etc. La notion même de marchandise est inconcevable hors d'une très large production. Songeons que le magasin moderne est une immense accumulation de marchandises, que la « prise au tas » s'y réalise tous les jours. Les marchandises sont des objets sans qualités : elles sont « contre l'unicité, contre le composite, contre la différence [15] » ; substituables, reproductibles, remplaçables, aliénables ; homogènes sous leur clinquant et leurs reflets. Qui nierait que ce monde est rutilant ?

Le marché pense l'homme comme moyenne, auquel il offre une production de masse, et *l'Etat moderne pense aussi l'homme comme moyenne*. Non seulement rien de plus faux que l'opposition libérale Etat-Marché, mais il y a collusion entre les deux, et ceci explique cela : socialistes et libéraux qui convergent, sans jeu de mots, vers un juste milieu.

L'Etat moderne, l'Etat providence, celui de la Sécurité sociale, du contrôle social, de la démographie, du planning familial, de la couverture des accidents et du chômage, a lui aussi une conception purement statistique de l'homme, très précisément la conception d'une compagnie d'assurances. Avec la loi de l'offre et de la demande, il assure le triomphe du nombre et de la moyenne. L'espérance de vie est au cœur du calcul de la compagnie d'assurances. En son nom sont menées, par exemple, les actions contre les accidents de la route évalués en moyennes d'années de travail perdues pour la Nation et coûts de journées d'hôpital. Il est admirable non seulement que la vie (non pas le travail, *la vie*) ait une valeur marchande, baptisée *espérance,* valeur qu'elle avait perdue depuis l'esclavage, mais que cette valeur soit définie par une moyenne, mesure *approximative* s'il en est. L'homme possède sa valeur monétaire, son équivalent général, et, juste retour, il est plus ou moins évalué en monnaie de singe. L'allongement de l'espérance de vie qui permet de béatifier le progrès technique, le marché et l'État, n'est que le résultat de la baisse de la mortalité infantile. C'est parce que des fœtus un peu améliorés cessent de disparaître que la durée moyenne de vie des populations augmente, ce qui n'ajoute pas une seconde, et moins encore une once d'intérêt à la vie.

Alfred Sauvy et Robert Escarpit écrivirent en 1955 une pièce inspirée d'une utopie *La Iatrocratie ou gouvernement du monde par les médecins*. Dans ce monde qui est l'achèvement de la rationalité économique, les médecins font mourir les gens à petit feu pour maximiser leurs bénéfices. La monnaie utilisée s'appelle l'*espévie*. Facile de mesurer le capital d'espévie : il suffit de mesurer l'écart qui sépare de l'âge moyen au décès. A 40 ans, je dispose de 35 unités monétaires, puisque l'espérance de vie des hommes de 40 ans est 35.

L'utopie d'Alfred Sauvy est drôle, triste et vraie. Elle fut racontée sans malice par le Nobel Gérard Debreu en janvier 1988 à Paris.

Est-il besoin de rappeler que les sociétés précapitalistes furent hautement mercantiles ? Que le commerce, l'échange international, la monnaie, le crédit, les techniques d'assurance, la comptabilité en partie double, le profit, le taux d'intérêt existent de temps immémorial ou du moins depuis longtemps ? Que les sociétés socialistes sont effroyablement vénales, que la frénésie mercantile (cf. les pays en voie de développement) est d'autant plus grande que les peuples sont démunis ? La Révolution française fut initiée par des notables et des anoblis, ces parlementaires de Grenoble qui, par cupidité pure, refusèrent une réforme fiscale et brûlèrent dans le feu qu'ils avaient allumé. Elle fut poursuivie par des commerçants qui instituèrent la concurrence. Ils « dérégulèrent » en abolissant les corps intermédiaires et en interdisant les associations (loi Le Chapelier et décret d'Allarde), puis proclamèrent le droit au profit *. C'est vrai. Mais la Révolution fut autre chose qu'une affaire de représentants de commerce, comme celle de 1917 fut un peu plus qu'une « vague crise ministérielle ». Le libéralisme politique est infiniment plus que le libéralisme économique et si la Déclaration des droits de l'homme consacre deux articles à la propriété, elle en consacre quinze à autre chose que la propriété. Et encore, sur les deux incriminés, l'article 17 affirme que la loi et la nécessité sont au-dessus de la propriété. Ramener la Révolution française à une question d'impôts et de commerçants est une vision un peu *raccourcie* des choses.

Deux siècles après, alors que l'effondrement de la Russie stalinienne annonce la mercantilisation maintenant rapide du monde, l'aboutissement paraît être une société où il n'est d'éloge que du marché. Tout au plaisir de l'euphorie bavarde, le révolutionnaire n'envisageait qu'une sorte de révolution permanente : « Une génération ne peut asservir à ses lois les générations futures » (article 28), « le devoir d'insurrection est le plus sacré et le plus indispensable des devoirs » (article 35) **.

Mais le marché a ses lois, et sa dictature assez douce, sans doute pour longtemps. La parole à laquelle se substituait la parole révolutionnaire était éminemment religieuse : au droit

* « Tout citoyen, dont l'industrie et les relations tendront à vivifier le commerce, a bien mérité de la Patrie » (décret du 26 vendémiaire an III).

** Déclaration des droits de l'homme et du citoyen, préambule à la constitution de 1793.

divin succédait le droit. Un nouveau fatalisme surgit, celui de l'offre et de la demande, de la « fatalité de la moyenne et de la banalité de la moyenne[16] ». La tâche de secouer le nouveau joug n'a rien d'exaltant. Virer Dieu de la politique, ça avait quand même de la gueule ; et accessoirement le roi et les pommadés. Se débarrasser du Nombre est une autre paire de manches. Son nom est légion et il est autrement malin.

2.

Le nouvel économiste

« Les mots démonétisés... » Aragon.

NAISSANCE du gestionnaire en politique, triomphe du libéralisme. Les sciences humaines sont envahies par la théorie des choix et les techniques comme la recherche opérationnelle et la théorie des jeux. L'histoire, les séries, le cycle s'effacent. Après la parenthèse keynésienne (la politique économique au niveau de la Nation), réapparaît le solipsisme qui fonda au XIXe la science économique : les besoins de l'individu sont infinis, les ressources rares.

Portées par une vague nord-américaine, ces *néo-robinsonnades* connurent une expansion considérable dans les années soixante. Vers 1980, la crise replaça au premier rang la macro-économie, très brièvement, autour du concept de déséquilibre.

Aujourd'hui, s'impose définitivement le nouvel économiste. Nous avons également la chance de contempler de nos propres yeux, en direct, l'effondrement de la pensée socialiste et des systèmes qui s'en réclament. Les contorsions cérébrales de Mikhaïl Gorbatchev qui appelle, au nom de Lénine, une vigoureuse classe de capitalistes capable de mettre ses compatriotes au boulot, tout en félicitant les mineurs grévistes de Sibérie de ne pas s'en laisser conter par les syndicats jaunes à ses bottes, valent les émois des socialistes français à la recherche d'un « grand dessein », mais qui glissent sous la table une loi d'amnistie sur l'argent noir de la politique. Oubliez le passé, et nous, si bons gestionnaires, on va gérer désormais le PS comme une vitrine. Et pourquoi pas, comme une banque. A force de dilution, les *yuppies* socialistes en sont à trouver du piquant au notaire macrobiotique Waechter, gestionnaire appliqué du patrimoine écolo, sponsorisé par Kellogg's Corn Flakes, et dont chaque apparition exacerbe cent vocations de bétonneurs.

A socialiste nouveau, nouvel économiste. Armé d'une belle assurance et d'une rutilante panoplie de mathématicien, il conte les choix humains à sa manière.

Pop-économie

Arrivée de Chicago dans les années soixante, la nouvelle économie a vocation ubiquitaire. Le principe est lumineusement simple : tout, dans la vie, est affaire de choix. Tout est arbitrage, alternative. L'alternative assis-debout, le choix dedans-dehors. Le choix *travail-loisir.* Ah ! voilà un grand choix de la vie moderne, n'est-ce pas ? Toutes ces histoires d'impôt négatif, de revenu minimum d'insertion, voilà de l'arbitrage. Travailler ou pointer au chômage. Clochard ou non. Le choix d'une carrière, le choix des études. Vais-je faire une année supplémentaire d'études, qui me rapportera plus tard un meilleur salaire ? Des forêts furent détruites et des bibliothèques construites pour commenter ces choix.

L'école de Chicago parle par la bouche de trois grands prêtres, Milton Friedman, prix Nobel 1976, Gary Becker, futur prix Nobel, et Theodore Schultz, prix Nobel 1979 [1]. Theodore Schultz fut longtemps président de l'American Economic Association, l'Académie des sciences économiques américaine, c'est-à-dire mondiale, qui édite la plus sérieuse revue du monde, l'*American Economic Review.* L'*American Economic Review* diffusa largement les productions microéconomiques.

L'une des plus vilaines excroissances de l'école de Chicago reste l'*économie du crime*. Le criminel est un être rationnel. Il effectue un calcul, il pèse le pour et le contre. Le calcul suppose des contraintes et un objectif. L'objectif du criminel est un profit net, bénéfices moins pertes. Les bénéfices sont les larcins, les pertes les jours de prison, associés d'une valeur monétaire. Les contraintes du calcul sont la législation plus ou moins répressive de l'Etat dans lequel il se trouve, la densité de la police et divers paramètres. A chaque larcin, le criminel associe une probabilité. A chaque jour de prison aussi. Evidemment, le criminel ne sait pas ce que c'est qu'une probabilité. Le criminel est fruste. Tout ce calcul est implicite. Tout se passe *comme si* le criminel calculait. Il évalue subjectivement l'espérance mathématique de ses profits et pertes, c'est-à-dire la moyenne probable de ses profits et pertes. Puis il sort dans Bowery Street.

Le *suicide :* nos économistes pour consommateurs de pop-corn ou de bouillie de maïs en surproduction dans l'Iowa ou l'Illinois se sont penchés sur la question du suicide. C'est sans doute le point ultime du *delirium oeconomicum,* la dérégulation absolue du délire rationalisant. Robinson Crusoé au bord du suicide effectue-t-il un calcul économique ? Evidemment, répond le micro-économiste. Comme il est difficile de dire qu'il maximise un plaisir, on va dire qu'il maximise un déplaisir ; non plus un bonheur, mais un malheur. Or, qu'est-ce que le malheur, sinon le bonheur affecté du signe moins ?

Robinson masochiste et Robinson criminel ont donc leur place dans la galerie des portraits d'*Homo oeconomicus,* à côté de ce bon vieux Robinson hédoniste.

Mais soudain, *Homo* et *Mulier* décident d'*enfanter*. Que faire ? D'abord un petit calcul. Enfants d'accord, mais cela veut dire plus d'argent pour eux, moins pour nous. Le bon sens. Mais comment évaluer un enfant ? A-t-il un prix seulement ? Bien sûr, dit le Dr Becker. L'enfant a un prix, un prix implicite, un prix fictif, tel qu'il ressort du calcul du couple. Calcul il y a, donc prix il y a. Vous disposiez de 100 000 francs. Vous avez décidé d'en consacrer la moitié à vous-même, jeune couple, et d'enfanter : c'est qu'*implicitement* vous estimiez l'enfant à 50 000.

Articles, séminaires, thèses et colloques. La prolifération de Chicago fut telle qu'elle déclenchera des réactions jusque chez les Nord-Américains. Même Samuelson finit par être outré[2]. Les *Chicago boys* manière Becker n'en continuèrent pas moins leur petit bonhomme de chemin dans la jungle sociale. Après le mariage et les naissances, le divorce. Après le divorce, la *charité*. Ah ! la charité ! Comment ce radin d'*Homo oeconomicus* peut-il être charitable ? Simplissime : j'ai du plaisir à posséder un dollar, mais du plaisir à donner un dollar ; à l'équilibre, le plaisir du dollar possédé est égal à celui du. dollar donné. Quelques équations, un ou deux graphiques, et voilà, « pour une âme très haute un solliciteur est un bienfaiteur » (Bloy).

Après la charité, le *travail*. Le travail féminin notamment, objet d'une infinie sollicitude. Consacrant une heure à élever un enfant, *Mulier oeconomica* perd une heure de salaire mais gagne une heure de baby-sitting ; mais elle accroît illico le bonheur d'*Homo* (les hommes préfèrent les femmes au foyer) ; mais le gardiennage de son enfant donne du bonheur à *Mulier*, qui peut être évalué, et qui va s'ajouter à l'économie réalisée sur le baby-sitting. Articles, séminaires, thèses et colloques.

Toute, absolument, toute activité humaine peut être étudiée à la manière de Chicago. Gary Becker a même découvert la contrainte fondamentale de l'activité des hommes : le *temps*. Manger prend du temps, se déplacer prend du temps, dormir prend du temps. Avec la contrainte du temps, *Homo* est coincé, définitivement. Car tout peut se ramener, *ultima ratio*, à du temps dépensé à telle ou telle chose. On pourrait par exemple, calculer l'optimum du consommateur qui choisirait dans sa relation sexuelle entre le temps passé aux préliminaires et à la consommation proprement dite.

L'arbitrage travail-loisir, arbitrage de temps, n'est pas autre chose. Derrière lui, toutes les querelles récentes sur ce funeste RMI (revenu minimum d'insertion) qui tue l'incitation à travailler.

Attention : ne pas croire que les modèles type Becker sont simples ! Le niveau mathématique est raisonnable, parfois élevé. Gary Becker a peu à envier à Maurice Allais. Ne pas s'imaginer non plus que Maurice Allais aborde des choses tellement différentes. Ce que Becker raconte pour la femme qui hésite à divorcer ou à se lancer sur le marché du travail, Allais l'évoque pour l'EDF qui choisit entre une centrale thermique ou nucléaire, ou la SNCF qui développe ses services de première classe plutôt que de seconde. Allais n'a cessé de dire qu'il méritait d'avoir sa statue dans le hall de la gare Saint-Lazare, Becker devrait avoir la sienne dans n'importe quel supermarché. Gary Becker est le Maurice Allais du pauvre.

A force de s'étaler, la vague micro-économique devait finir par lécher les pieds de l'idéologie la plus douteuse qu'ait exportée l'université américaine ces dernières années : la *sociobiologie.* Cela ne doit pas surprendre, la sociobiologie fait largement appel à la notion d'espace. Ayant étudié l'organisation rationnelle du temps, Becker déboucha logiquement sur celle de l'espace et apporta sa petite pierre à l'expérimentation des « biotopes » humains. Il rejoignit les assertions pertinentes d'Edward T. Hall comme : « Les Arabes utilisent davantage l'olfaction et le toucher que les Américains » ; « les Anglais des classes supérieures témoignent d'une capacité très supérieure à celle des Américains dans la modulation de leur voix » ; « les Arabes et les Japonais ont une plus grande tolérance à l'entassement dans les lieux publics [3] ». Depuis Montesquieu et sa « théorie des climats », on savait que le « grouillement » est une tendance méditerranéenne, ainsi que la « lascivité ». Hall et Becker ne nous apprennent guère plus, sinon cette obsession anglo-saxonne pour le clean, le neutre, le désodorisé. On conçoit mieux la vocation de la micro-économie moderne, fécondée dans le biotope de Chicago, au lavage moral des peuples mangeurs d'ail et goûteurs de parfums trop sucrés.

Écrasement de la pensée socialiste

La fin du siècle voit l'effondrement d'une pensée en passe de tomber dans les poubelles auxquelles elle destinait ses rivales. Autant le libéralisme, de Bernard de Mandeville à Maurice Allais, est marqué d'une continuité paisible assortie d'un goitrisme vaguement moralisateur, point trop excessif, autant le socialisme se tord dès l'origine de convulsions intestines en purges et déchirements fratricides. Que l'on songe à ces liquidations stalino-staliniennes : Trotski liquidé pour ambition stalinienne; Kamenev-Zinoviev, les Dupont-Dupond du révisionnisme, liquidés pour stalinisme tiède; Jdanov pour excès de stalinisme; Boukharine, stalinien de gauche, ayant eu une position droitiste sur le problème central de la collectivisation des terres, mal à l'aise le gars, fusillé, pardonné, réhabilité, etc. Le courant utopiste a disparu. Fourier ne fait plus rire.

Le seul courant économique socialisant à conserver un peu de vigueur est le *courant saint-simonien.* Il porte la planification, les ingénieurs économistes, les grands travaux, les ponts et les routes, les fleuves et les canaux. Il s'embourbe à Fos, construit Concorde, se prend les pieds dans le câble, et stocke les centrales nucléaires comme des boîtes de conserve mal fermées, « au cas où ». C'est le versant gauche de Robinson. La productivité moins l'affairisme, mais le gigantisme en plus. L'optimum de Pareto par le Plan et non par le Marché. La science conduisant la liberté sur la cime du mont Blanc sculpté en statue de Newton, comme le souhaitait Saint-Simon, idolâtre du progrès, de la machine et trafiquant de biens nationaux. Le mariage de l'administration et de la banque, les frères Peirere et les frères Talabot, la grande parousie des producteurs, des artistes et des savants. Le mythe de l'entreprise et du capitaine d'industrie. La productivité, Stakhanov qui n'eût pas triché, le cercle de qualité. L'industrie nationale, forte, prête à l'ouverture des frontières.

Le *courant traditionnel* — Marx, la plus-value, le cycle, la baisse tendancielle du taux de profit, la valeur-travail — a tout simplement disparu. Dans l'université, Marx n'est plus guère évoqué que comme curiosité, comme Fourier autrefois. Un auteur prolifique, chez qui l'on trouve avec un peu de chance et en fouillant bien quelques bricoles intéressantes, le vase Gallé au milieu des porcelaines à quatre sous, la crise, le fétichisme... On en est même réduit à lire Marx à travers la traduction qu'en donnent Samuelson ou Montbrial dans leurs manuels ; deux ou trois petites équations, et hop ! voilà pour qui prétendait remettre Hegel sur ses pieds. Keynes connaît le même sort.

Après avoir annoncé celle du capitalisme, les penseurs socialistes annoncent la fin de la pensée socialiste, ce qui laisse une lueur d'espoir *. Au-delà de l'évidence policière des modèles de l'Est, cubain, chinois et autres sous-modèles yougoslave et algérien, grands pourvoyeurs en leurs temps de voyages instructifs pour mutuelles d'enseignants, c'est la faillite économique de ces systèmes qui a fini par frapper les classes moyennes de l'Ouest, non pas au moral, mais au portefeuille. On eût volontiers pardonné à Trotski d'avoir prêché le bagne, « le travail forcé organisé au niveau de la Nation et réparti par la contrainte[4] » et à Staline, ma foi, de l'avoir réalisé dans le goulag, si le Moscovite avait gagné deux fois plus que le Parisien. Mais que ce soit le Canada, l'Illinois et bientôt l'Inde, qui nourrissent l'Ukraine, et que l'Algérie, patrie du néo-socialisme-couscous en vienne à massacrer des jeunes gens qui réclament de la semoule, voilà qui finit par frapper des imaginations dont l'horizon politique se résume au demi-point de pouvoir d'achat.

Or d'emblée, les pays socialistes se sont situés sur le terrain de la quantité : la quantité de produits, de machines, le gros, le lourd. C'est la *lourdeur* qui les caractérise. L'investissement lourd, l'industrie lourde. A la fin des années cinquante, Khrouchtchev se donnait vingt ans pour rattraper les Etats-Unis, Mao un petit peu moins parce que son

* Alain Touraine, *L'Après-socialisme ;* André Gorz, *Adieu au prolétariat, au-delà du socialisme,* etc.

modèle était légèrement meilleur. Aujourd'hui, c'est la Corée du Sud qui s'apprête à industrialiser la Chine. En termes de quantité, fiasco. En termes de qualité, le seul exploit de l'Est est d'avoir produit une littérature merveilleusement désespérée, carcérale, et farouchement antisocialiste. L'environnement n'y est pas mieux traité qu'à l'Ouest. Les Russes ont vidé le lac Sevan, et à défaut de forêts à raser, Ceaucescu se rabat sur le centre historique de Bucarest. On latérise ce qu'on peut.

Qui produira le plus, du socialisme ou du capitalisme ? Maintenant on le sait. Marx s'en doutait : impossible de ne pas évoquer sa fascination (dans le *Manifeste* par exemple) pour le mouvement, le processus, la bourgeoisie à l'œuvre et arasant le vieux monde, faisant place nette. Logiquement, le déclin du courant socialiste orthodoxe allait suivre tendanciellement l'écart Est-Ouest du PNB par habitant. Etant sur le même terrain (l'économie) et parlant de la même chose (le bonheur mesuré par la quantité de marchandises par habitant), socialistes et libéraux devaient finir par s'entendre. Les premiers donnent aujourd'hui dans un libéralisme exacerbé, un libéralisme de converti, à laisser pantois Maurice Allais : « Je vois maintenant certains membres du parti socialiste grandement me dépasser en matière de libéralisme[5]. »

Du côté de la « pensée », de l'université, des enseignants, des chercheurs, personne n'ose plus guère s'affirmer comme penseur critique, voire socialiste. Mis à part deux ou trois qui pincent encore la corde dialectique par distraction ou dandysme, et le cas stupéfiant de Philippe Herzog qui espère sincèrement devenir président de la République, les savants de gauche se scindent en deux courants en voie de tarissement.

— *L'école de la régulation.* L'école étudie une économie globale, une macro-économie donc, animée de mouvements longs et sujette à des fluctuations cycliques liées à des crises. Comment sont *régulées* ces crises, c'est-à-dire absorbées puis dépassées ? Voilà qui permet de gloser depuis quinze ans sur la dernière crise (1973) et laisse augurer d'une vingtaine d'années de commentaires sur le krach d'octobre 1987. Les économistes de la régulation ont lu Keynes et Marx. Ils sont les pères de la modélisation française*. Tous les planificateurs français utilisent aujourd'hui des modèles keynésiens faits par des marxistes pour en tirer du prêchi-prêcha libéral.

Les économistes de l'école de la régulation montrent comment le capitalisme retombe toujours sur ses pattes, ce dont on se doutait depuis quelque temps. Ils ne sont ni normatifs ni dirigistes. Ce sont des interprètes. Ainsi, ils interprètent inlassablement la crise du système américain. Utilisant les notions de cycle et de crise, ils ont de bons rapports avec les historiens, desquels ils partagent peu ou prou le statut : penseurs à impact marginal ou nul.

— *Le courant tiers-mondiste*. Plus flou, plus large, aux frontières indécises. Méthodologie : générosité teintée d'un peu de pessimisme. Ses tenants, comprenant bien que le socialisme est obsolète dans les pays riches, tentent de sauver les meubles dans les pays en voie de développement. Las, de socialisme sucrier en socialisme pétrolier, en passant par toutes les teintes de la corruption bananière, le combat est désespéré. Les derniers socialistes finissent dans l'écologie : Brillat-Savarin et son beau-frère Fourier ouvrant un restau végétarien.

Le culte de la virginité

Il faut comprendre comment le socialisme, l'histoire et la littérature furent exorcisés par les économistes modernes. L'économie fut purifiée. Pareto inventa le terme « économie pure ». Maurice Allais écrivit un *Traité d'économie pure*. Et non contente d'épurer, l'économie moderne s'est employée à *réécrire* la pensée économique, à sa manière, en *blanc*. Paul

* Robert Boyer, Michel Aglietta, Philippe Herzog. Philippe Herzog est vraiment le dernier marxiste avoué sinon authentifié de la planète, le grand ossificateur et modélisateur de la planification française, avant de sombrer dans le militantisme désespéré. Rêve de transformer le PCF en secte pacifico-écolo, ce qui fait ricaner jusqu'au PSU. Que sont les staliniens devenus... A pour bras droit un Bernard Marx.

Samuelson s'était fait une spécialité du genre. Il a mis Ricardo en équations. Puis Marx. C'est plus net. Plus simple. A son tour Thierry de Montbrial, dans son dernier ouvrage, réécrit sobrement le barbu, l'exploitation, la plus-value[6]. Deux pages d'équations, et passons aux choses sérieuses. Staline en son temps fit colorier en rouge la geste des tsars, puis effaça de quelques photos la silhouette barbichue d'un compère.

La dernière étape de la purification appartint à Gérard Debreu, Nobel 1983, élève de Maurice Allais, naturalisé américain. En 1956, il publia une *Théorie axiomatique de la valeur*. Toujours la bonne vieille histoire de l'offre et de la demande, plus on la rabâche, meilleure elle est, mais racontée maintenant à partir de la théorie des ensembles. Partant de cette rationalité minimale de ce pauvre diable d'*Homo oeconomicus*, la *transitivité* *, Gérard Debreu démontra qu'il existait un état de l'économie, dit *état d'équilibre*, susceptible d'être atteint par les agents. C'est, comme on dit au café du commerce, le point où l'offre est égale à la demande. Le point du contrat. Tous les jours il y a des contrats. Tous les jours de l'offre équilibre de la demande.

Le théorème de Debreu émerveilla ses contemporains. Ils y virent la justification théorique, *a posteriori*, de l'économie qui avait été inventée par Walras et Pareto. Walras supposait l'existence d'un tel équilibre, mais ne l'avait jamais démontrée. Désormais, on savait que la théorie de l'offre et de la demande était valide conceptuellement. C'est l'histoire de Neptune à l'envers : alors que l'observation de la planète par Galle avait suivi la conjecture théorique de Le Verrier, Debreu découvrit que non content d'exister réellement, le marché existait aussi théoriquement. Cela valait bien un Nobel.

Après lui, les économistes se lancèrent dans une frénésie de démonstrations de théorèmes d'équilibres. Une véritable danse de Saint-Gui. Une sorte de transe. L'économie commença à léviter. Elle s'éleva. L'économie mathématique

* Ou syllogisme du consommateur : « Si je préfère une auto à un vélo, et un vélo à une assiette de soupe, alors je préfère une auto à une assiette de soupe. »

connut un fantastique développement, un triomphe comparable au triomphe du monothéisme sur les rites anciens. Ce fut une merveilleuse opération d'assainissement et de purification, d'*éradication du réel.*

Lorsque Sir John Hicks (Nobel 1972) narre dans son ouvrage fondamental, *Valeur et capital,* l'évolution de la théorie de l'utilité marginale et son aboutissement, il ne prétend à rien d'autre qu'à un « travail d'assainissement », lequel le conduira à la « lumière nouvelle et pénétrante qui éclaire la scène[7] ». Il veut dire l'équilibre général de Léon Walras. Michio Morishima, futur prix Nobel après épuisement du stock anglo-saxon et dernier chantre du libéral-shintoïsme en papier japonais, amoureux frissonnant de Walras, parle du « soleil » qui éclaire sa pensée[8]. Ce culte de la lumière et de la pureté aboutit à une véritable mariologie économique, une idolâtrie de la virginité chantée dans le bruissement des équations. L'utilisation maniaque de la mathématique exprime cet amour marial. La mathématique préserve du contact, de la chair, de la corruption, du temporel. Celui-ci est sale (la misère, le chômage, les PVD, l'argent, le luxe). Il ne peut avoir engendré Dieu-Walras, lequel naquit de la mathématique, éternellement pure et atemporelle. La dévotion liturgique à Debreu est le pendant de l'exorcisme de Marx, l'Antéchrist, vautré dans l'humain trop humain, le Mal (la lutte des classes, l'exploitation). Le théorème d'existence de Debreu est la quatrième preuve de l'existence de Dieu, après les preuves cosmologique, téléologique et ontologique : *ce qu'avait écrit Walras est vrai, désormais vrai.* En un sens, Gérard Debreu fut le Marcion de l'économie. Marcion menaça de couper la racine judaïque du christianisme en refusant l'Ancien Testament comme écriture révélée. Debreu, sectionnant la racine judéo-ricardo-marxienne de l'économie, la libère de toute fréquentation suspecte. Architecte du néant, musicien du silence, il l'élève jusqu'à la pureté absolue, celle du vide.

La mathématique désincarne. Rien de plus net qu'un squelette, rien de plus net qu'un modèle. Rien de plus clean qu'un économiste-mathématicien. Lorsque le Pr Milleron réclame à cent de ses collègues un article pour le « jubilé » d'Edmond Malinvaud, il ne pose « aucune contrainte, autre que de forme ». Aucune exigence dit-il, « sinon celle de propreté[9] ». Il veut du lyophilisé. De l'économie sous vide. « Les mathématiques sont l'ossature de l'économie », ricanait déjà Mirabeau le physiocrate. C'est juste. Les économistes mathématiciens sont les homards de l'économie. Ils arborent leur squelette à l'extérieur. Debreu est le grand crustacé de l'économie contemporaine. Et comme les fils s'incarnent toujours avant les pères, il eut le Nobel avant Allais.

La roue de la science

« Les milliers de petits bassets tournebroches de la rôtisserie de la science » José Ortega y Gasset.

L'homogénéisation de la science économique a conduit à une fantastique taylorisation du travail scientifique. Muni de sa petite trousse à outils, chacun traficote dans son coin. Quelques séries statistiques si l'on est un empiriste, une variante du modèle ou du théorème d'un grand si l'on s'intitule théoricien. Un simple commentaire sur un modèle pondu par un éminent petit rongeur d'une université voisine, et voilà notre ragondin assuré d'une carrière. N'est-ce pas, Bardamu ?

« Quand je l'abordai dans ma jeunesse, nous n'étions que quelques chercheurs à prospecter ce domaine, et nous pouvions en somme aisément nous compter, nous faire valoir mutuellement... Tandis qu'à présent, que vous dire ? J'ai vu le monde devenir en moins de quelques ans, une véritable pétaudière de publications universelles et saugrenues sur ce même sujet rabâché. Je me résigne, pour y garder ma place, à produire et reproduire mon même petit article d'un congrès à l'autre, d'une revue à l'autre, auquel je fais simplement subir vers la fin de chaque saison quelques subtiles et anodines modifications bien accessoires... Non, j'aime autant vous l'avouer, je ne me sens plus de force à me tracasser davantage, ce que je cherche, pour achever mon existence, c'est un petit coin de recherche bien tranquille...

« Entre autres fadaises, j'ai songé à une étude de l'influence comparative du chauffage central sur les hémorroïdes dans les pays du Nord et du Midi. Qu'en pensez-vous [10] ? »

Ce que j'en pense ? Les chercheurs qui se font valoir mutuellement, la pétaudière de publications, le petit article que l'on reproduit de congrès en congrès, le rêve du petit coin bien tranquille de recherche... Mais c'est ça, la recherche ! Quant aux thèmes « Hémorroïdes et conjoncture » ou mieux : « Hémorroïdes, équilibre et valeur », ils sont certainement d'un grand avenir.

Après Einstein qui dut se saturer de Planck et de Kant, surgit le *spécialiste,* qui ne connaît qu'une science déterminée, et encore, un petit morceau de celle-ci, sa petite rondelle de saucisson. Le plus incroyable taylorisme scientifique lui permet d'avancer incognito, et dans la volupté d'être inconnu, car sans cela personne ne le laisserait faire. Comme le hamster dans son cylindre, tricotant de ses petites pattes, le chercheur en économie avance et avance sans fin. « On n'insistera jamais assez sur le fait que la science expérimentale a progressé grâce au travail d'hommes fabuleusement médiocres, et même plus que médiocres... Car autrefois les hommes pouvaient se partager, simplement, en savants et en ignorants, certains plus ou moins savants et plus ou moins ignorants. Le spécialiste n'est pas un savant, car il ignore complètement tout ce qui n'entre pas dans sa spécialité ; mais il n'est pas non plus un ignorant, car c'est un homme de science qui connaît très bien sa petite portion d'univers. C'est un *savant ignorant* [11]. » Espèce nouvelle et chose très grave, car, comme on s'en doute, notre homme aura toute la suffisance du savant dans tous les domaines qu'il ignore, assurance gagnée à la sueur de son front de jardinier de son petit carré de salades économiques.

Par définition, le spécialiste est hermétique et satisfait. Et comment ne le serait-il pas ? Ça tourne, ça colloque, ça publie, ça se congratule, les livres s'empilent, la poussière s'accumule sur les kilos de papier des rayons des bibliothèques, tandis qu'il reste enfermé dans la cellule de son labo comme l'abeille dans celle de sa ruche. Sa petite méthode économétrique au bout des doigts, comme un sécateur, il raccourcit puis nous brandit ses résultats. Et il en est fier. Car sa méthode lui donne force et assurance. Il sait très bien qu'il est seul spécialiste de son petit taillis dans la grande forêt de l'univers à tailler au carré. Avec tous les « petits bassets tournebroches de la rôtisserie de la science », il avance en levant vaniteusement la patte aux quatre coins du progrès économique.

Imagine-t-on la médiocrité des recherches économétriques ? Les thèmes dérisoires ? Ce pauvre consommateur charcuté, retourné, pressé, disséqué, vidé comme un poulet, analysé, observé et scruté, en vain et en vain ? *Playometrics,* Gunnar Myrdal, Nobel 1974, dixit. Il était trop bon. Ce n'est pas un jeu. On n'imagine pas l'ennui qui sourd de la recherche économétrique. Toutes les sciences sont aujourd'hui passionnantes, sauf la science économique. C'est un signe qui ne trompe pas.

A cet égard, on ne peut que respecter la paresse universitaire. Selon le rapport Schwartz, plutôt optimiste, plus de la moitié des universitaires ne font pas de recherche. On les comprend : l'instinct de survie. Quand on sait que les générations d'étudiants qui se sont succédé depuis vingt ans sont d'une passivité, d'une hébétude et d'une mollesse à faire rougir un banc de méduses, qu'elles ne réclament rien sinon de survivre pendant deux ou trois ans en attendant de s'inscrire dans un institut de gestion, on en vient à estimer des chercheurs qui se contentent de recopier un article dans leur vie, en respectant le quota par page d'équations. A côté, les entrepreneurs continuent d'entreprendre et les consommateurs de consommer. L'instinct conseille aussi aux chercheurs de raconter en gros qu'il faut gérer et consommer, et que les noces des consommateurs et des entrepreneurs donneront de belles marchandises. D'ailleurs, contrairement aux médecins, chimistes, physiciens et autres biologistes, on ne leur a jamais rien demandé. Ni d'écrire, *ni surtout de prouver quoi que ce soit.*

L'un des fondements de la science économique est son irresponsabilité. Alors qu'un médecin peut payer une erreur de la prison, que le physicien doit faire partir la fusée, le prix Nobel de sciences économiques peut venir raconter ce qu'il veut, le chaud ou le froid, conclure que « les affaires sont les affaires et que tout ça est très compliqué », on le remerciera. On ne lui tiendra jamais rigueur de son ignorance ou de ses fausses prévisions, et en effet, dès le lendemain, les affaires seront les affaires. Personne n'aurait l'idée d'incriminer après une émeute de la faim quelque économiste. Non point faute de cruauté, mais on sait bien, au fond, qu'en matière économique le dernier responsable à rechercher est un économiste.

Dans l'incapacité à être sanctionnée de quelque manière que ce soit, réside l'immarcescibilité d'une science qui bégaie la même chose d'Adam Smith à Milton Friedman. Il n'y a pas d'expérimentation économique possible, au sens où il y a une expérimentation physique, ce que reconnaissent bien volontiers tous les économistes, lâchement soulagés quand même[12]. Ils continuent de clamer néanmoins que « l'économie c'est comme la physique », « Walras c'est de la mécanique », et « Samuelson et Allais de la thermodynamique ». Du fait de cette inaccessibilité au concret, la science économique n'est pas biodégradable comme n'importe quelle science *vivante*, en progrès. C'est pourquoi on tolérera toujours l'économiste, comme le prêtre, qui raconte aussi depuis une douce éternité des choses invérifiables. De même essence que la théologie, le savoir économique est fondé sur la compilation et la glose, le commentaire et l'approfondissement du commentaire.

Économie et casuistique

Voilà qui permet de comprendre la construction par l'économie d'un langage parfaitement logique et abscons, qui n'a de comparable dans l'histoire que la casuistique, la méthode logico-déductive de la Compagnie de Jésus.

La similitude économie-casuistique est fascinante. Les casuistes (« ceux qui étudient les cas ») passent du général au particulier et réciproquement avec une allégresse d'économiste. Ils théorisent des actions morales individuelles. L'expérience intime leur suggère un comportement rationnel dont *Homo oeconomicus* devient *casus extremus*. Pascal se battra comme un beau diable contre la raison raisonnante des casuistes. Comme leur lointain descendant Becker, ils ont réponse à n'importe quelle situation. Dans la *Summa resolutionum moralium* du père Diana, environ vingt mille cas sont envisagés qui renvoient à un millier d'ouvrages. Dans son panorama consacré au « théorème d'impossibilité d'Arrow » Amartya Sen[13], du Massachusetts Institute of Technology, Polytechnique américaine et temple de l'économie contemporaine, recense plus de mille ouvrages consacrés au dit théorème, ce qui laisse augurer du double de thèses, d'environ cinquante mille articles, *papers*, cours et autres études redondantes, redémontrant à l'infini le théorème, ergotant, glosant sur lui sans y ajouter une molécule de sens. Il est impossible de ne pas parler du « théorème d'impossibilité d'Arrow ».

Ces variations, ce *boléro* joué à Arrow à propos d'une question purement mathématique, de sous-mathématique même, ce que les mathématiciens appellent une « curiosité », *le fait, tout de même extraordinaire, que la question la plus traitée par les économistes soit extra-économique,* ramène encore au-delà de l'hypnose exercée par les mathématiques sur les économistes, aux jésuites. Les jésuites furent d'excellents mathématiciens. Des pionniers même de la mathématique. Ils comprirent très vite l'importance du concept de *modèle*[14]. Ils furent fascinés par les raisonnements logiques et vides, en face desquels Pascal éprouva du vertige. Pascal avoua avoir été tenté d'admirer les jésuites. Et comment ne pas frissonner en soupesant un livre écrit par Maurice Allais ?

Peut-on dire que la grande science économique ignore le séculier ? Le chômage, etc. ? Non. Elle en parle sans cesse. Comme la Compagnie. Elle explique n'importe quel problème économique par l'offre, la demande et l'optimum. Les jésuites, eux, expliquaient toute attitude humaine par la

« grâce suffisante » ou le « pouvoir prochain ». *Ce qui caractérise la science moderne, ce n'est pas le déficit d'explication, c'est le trop-plein. Elle en sait trop.* Elle déborde de théories et de théorèmes. Pas un fait de la vie économique, le plus minuscule, sur lequel elle n'ait accumulé dix théories, cent concepts et mille modèles. Trop éloignée de la réalité ? Oui. A des millions d'années-lumière, mais pouvant déverser illico ses torrents d'équations sur n'importe quel sujet, des hésitations de la ménagère devant les rayons du supermarché à l'équilibre politico-économique *. Oh, c'est toujours la loi de l'offre et de la demande, mais aucune question ne se pose que la théorie moderne ne puisse écraser sous des kilos de symboles. La théorie n'est pas innocente. Elle autorise la diffusion des revues, des suppléments économiques et de ce *bel canto* du marché qui atteint maintenant jusqu'aux oreilles les plus opaques à l'économie (les élus, les fonctionnaires, les profs, les artistes...), jargon délimité de qualité supérieure par la position de gardiens de la foi des Allais et Debreu.

Ceux-ci produiront pendant quelques siècles encore des concepts comme « anticipations rationnelles », qui vivront ce que vécut le concept de « motif » du père Escobar, dont on appréciera la subtilité : « Si on donne un bien temporel pour un bien spirituel, non pas comme Prix mais comme Motif qui porte le collateur à le donner, alors il n'y a pas simonie [15]. » Le jésuite Barre a quelques progrès à faire.

On ne voudrait tout de même pas trop accabler les jésuites en les comparant aux économistes : le père Lavalette, flibustier en soutane qui se tailla un empire commercial aux Antilles avant de tomber en déconfiture ; les jésuites astronomes, éminents sinologues, qui devinrent conseillers du Céleste Empire ; les missionnaires du Paraguay qui sauvèrent provisoirement les Indiens Guaranis... Ils effacent largement tous les experts du FMI, de la BIRD ou de la CNUCED réunis. Surtout, les jésuites furent infiniment tolérants. On ne saurait en dire autant des moralistes du marché.

* Concept, un peu désuet, dû à Edmond Malinvaud (années soixante).

Le kilo de théorèmes par économiste

Si l'on prend les dix meilleures revues internationales, on peut estimer que depuis 1973, à raison de cinq théorèmes fondamentaux par article, trois articles par revue, six numéros par an, environ 13500 théorèmes ont dû être consacrés aux questions fondamentales liées à la crise par les plus éminentes signatures. Chiffre qui doit être triplé si l'on envisage les très grandes signatures, et certainement décuplé si l'on considère seulement les grandes signatures. Sans compter la kyrielle de chercheurs qui publient dans les *working-papers* ou simplement dans des revues de moindre renom que les revues internationales. Auquel cas il faudrait multiplier par cent ou plus. C'est donc au bas mot 100000 théorèmes qui doivent traiter du chômage depuis 1973, date de la croissance du chômage dans les pays riches.

Personne n'attacherait évidemment d'importance à ce type de calcul, sauf un économiste. Il se trouve que les économistes s'évaluent entre eux exactement de cette manière, en décomptant les lignes qu'ils ont écrites dans telle ou telle revue. C'est au kilo par tête qu'ils se reconnaissent, ce qui après tout vaut le nombre d'andouillers. Voilà comment on procède : on lit les signatures dans les dix meilleures revues ; on compte les pages ; on établit un équivalent-page (si l'*American Economic Review* (AER) est le numéraire, une page du *Journal of Political Economy* égale — disons — une demi-page d'AER) ; on refait le total en équivalent-page du numéraire par signature ; et ensuite on regroupe les signatures par laboratoire, ou par université, ou pays, ou couleur de peau, ou sexe. Tout est possible. Puis on fait le classement. Les Américains adorent ce genre de classements. Ils arrivent en tête d'ailleurs.

Ce procédé donne une idée de la vénalité et de la marchandisation de la recherche dans une science humaine tellement obsédée par le décompte et la quantification des êtres et de leurs actes, qu'elle ne peut même plus envisager qu'il y ait dans ses rangs de chercheur autre que mercenaire.

On renverra ces calculateurs à Gauss, qui oubliait dans les fonds de tiroirs des manuscrits enfermant les découvertes les plus merveilleuses, puis, quand quelqu'un mettait au jour quelque chose de sensationnel, faisait remarquer négligemment : « Tout cela est exact, je l'avais trouvé il y a quinze ans, mais on peut aller beaucoup plus loin dans ce sens, poser tel ou tel théorème [16]. » On les renverra à Sraffa * qui ne publia qu'un livre, fort maigre ; à Ramsey * qui ne publia qu'un article. Que ce type d'évaluation diminue la valeur de la production des économistes et la ramène au niveau d'objets soldés n'effleurera pas une seconde nos publimètres, qui d'ailleurs, en bons économistes, n'ont qu'une idée très approximative du concept de valeur.

Tellement effrayante est la prolifération de leurs publications que les économistes éprouvent de plus en plus fréquemment le besoin de faire le point, dans des panoramas de recherche, des *surveys*. Ainsi le Pr Beaud [17] fait-il état d'un *survey* du Pr Stanley Fischer, toujours du Massachusetts Institute of Technology, sur la prolifération impressionnante dans tous les domaines : les cycles, les bulles financières, la théorie de la banque, de la Bourse, la demande de monnaie, etc. Au terme de son panorama, le Pr Fischer « se trouve comme pris de vertige ; la macro-économie a-t-elle progressé ?, s'interroge-t-il. Oui : de remarquables progrès ont été faits dans la compréhension de nombreuses questions théoriques ». Autrement dit la théorie avance vers elle-même. Elle se creuse. Continuons : « Mais en même temps il y a une plus grande — non une moindre — confusion dans la tâche qu'a à assumer la macro-économie de comprendre les causes effectives des fluctuations macro-économiques et d'appliquer la macro-économie à l'élaboration d'une politique. »

Il faut relire cette phrase. On relit : la macro-économie comprend de moins en moins les fluctuations économiques, la macro-économie sert de moins en moins à l'élaboration d'une politique. Elle ne sert à rien. Et moins encore la micro, qui voudrait fonder la macro.

* Piero Sraffa, économiste italien, contemporain de Keynes. Frank Ramsey, logicien génial, traducteur de Wittgenstein, ami de Russel, et de Keynes.

Stanley Fischer est convaincu que le champ de la macro est devenu bien trop vaste, et qu'il convient que chacun... *se spécialise bien sûr !* Que pourrait-il faire d'autre que continuer de creuser son petit bout de jardin, déposer ses petits théorèmes sur sa petite parcelle connue de lui seul, et hop ! hop ! lever la patte ! Rendez-vous dans cinq ans pour le prochain compte rendu d'ignorance spécialisée du Pr Fischer.

On en vient même à se demander, qui sait, si dans cette boursouflure il n'y aurait pas quelque part, sur un rayon oublié, la bonne thèse, la bonne théorie, le bon théorème, qui expliquerait enfin quelque chose, la formule philosophale, la clé, l'Aleph en quelque sorte. Dans la « Bibliothèque de Babel », bibliothèque infinie qui contient toutes les combinaisons de signes et de phrases possibles, le héros, promeneur désespéré, conjecture qu'il doit bien y avoir ici-bas *le* Livre, l'explication du monde. Le singe pianotant sur la Remington peut écrire : « Rien », le premier mot des œuvres complètes de Mallarmé. On ne sait jamais. On ne saura jamais. Il se peut qu'un économiste américain ait dissimulé la clé de tout ce fatras : « *Nothing.* » Rien, sinon le plaisir, celui de ce personnage après tout infiniment respectable et plaisant : le casuiste.

Née de l'utilité, l'économie est devenue la science de l'inutile. En soi ce n'est pas antipathique, quoique le plaisir de l'économiste soit honteux : comment n'aurait-il pas honte d'être l'inutile serviteur de l'utilité ?

L'utile et l'inutile

« Entre le pénis et la mathématique, Monsieur, il n'y a rien » Céline.

Le concept d'utilité est ignoré des mathématiciens. Si l'on en croit le mathématicien Dieudonné[18], la quasi-totalité de la production mathématique est « inutile », c'est-à-dire sans application proche ou lointaine pour le physicien.

L'obsession du mathématicien, par contre, est la non-trivialité : produire dans sa vie au moins un théorème original. Dieudonné ajoute que quantité de thèses de maths sont absolument triviales. La trivialité, le déjà dit, la compilation, voire le simple plagiat ne sont pas seulement l'une des tares de toute science se développant hors de tout contrôle * — la tumeur Lyssenko en Russie — mais l'un des aspects de la production scientifique : la « littérature grise », la littérature universitaire, est généralement triviale. Pourtant si la quasi-totalité de la pure, de la belle mathématique est triviale, et si la quasi-totalité du reliquat est inutile, il est clair que l'économie est doublement frappée de trivialité et d'inutilité, qu'elle réussit à être *trivialement inutile,* si ce monstrueux hybride à un sens autre qu'économique.

La mathématisation de l'économie a-t-elle rejailli sur la mathématique, comme la physique a pu susciter l'expansion de certains champs mathématiques, telles les équations aux dérivées partielles ? Ou bien la science de l'utile tourne-t-elle sur elle-même, pour le plus grand plaisir de ses hamsters tourne-cylindres ?

A la première question devraient répondre des mathématiciens, qui se garderont bien de le faire, *car elle ne les intéresse pas :* « Un mathématicien français se sentira toujours beaucoup plus proche d'un mathématicien chinois que d'un ingénieur de chez lui. » Pas plus que ne les intéresse la logique pure à laquelle ressortit le théorème le plus commenté de l'économie, le théorème d'Arrow : « Les mathématiciens n'accordent pas plus d'attention aux logiciens qu'à des sciences très éloignées des mathématiques comme la biologie ou la géologie... Rien de ce que font les logiciens ne peut aider le mathématicien à résoudre ses problèmes... *Les paradoxes ne sont pour la mathématique que de pseudo-problèmes*[20]. »

Paradoxe pour paradoxe, l'un des plus drôles est le suivant : *futiles sont devenus les utilitaristes.* Inutile la science de l'utile. Mathématique du pauvre, elle procure sans doute

* Et des autres, dans la mesure où la quantité fait la carrière : « Un travers particulièrement regrettable a émergé récemment dans les milieux de la recherche : la prolifération des publications délibérément malhonnêtes. C'est une activité en pleine expansion[19] » (John Maddox).

quelques jouissances à ses adeptes, qui ont la certitude de faire de la mathématique, comme les enfants dans leurs voitures à pédales seront éternellement convaincus de conduire des bolides. Oh, ils détestent le chiffre. Ils laissent les séries statistiques aux subalternes, aux besogneux d'institutions spécialisées type INSEE, qui « vont au charbon » comme on dit en volapuk statisticien. La construction des modèles dans les limbes de la pureté céleste les occupe infiniment. Ils bricolent, peaufinent, ajoutent quelque allumette à leur cathédrale, concept par-ci, symbole par-là. Travail presque sympathique. C'est ce côté *autodidacte,* peintre du dimanche, qui est attachant chez les économistes. Quelques notions empruntées à la mécanique, deux équations de thermodynamique, trois grains de bon sens et de la farine d'introspection.

Constructeurs de modèles, ils échangent leurs impressions comme ces membres de clubs de modèles réduits, admirateurs réciproques de leurs petits bateaux, qu'ils contemplent sur le bassin des Tuileries, en rêvant de naviguer sur le grand océan du réel.

Justine au Palais Brongniart

Ecoutons Jacques Lesourne[21] célébrer Maurice Allais, qui profita des années paisibles de l'Ecole des mines (on y fit relâche, apparemment, pendant l'Occupation), pour écrire les mille pages de sa somme théologico-économique. « Il amorçait dans l'ombre son itinéraire intellectuel, à l'heure de l'effondrement du pays et de ses élites *(sic : une petite pensée pour, par exemple, Brossolette, qui s'effondra avec son élitisme par la fenêtre d'un immeuble)...* Seuls les plus âgés des économistes d'aujourd'hui peuvent se souvenir de ce qu'était l'état désastreux de la discipline dans les années d'après-guerre. La France avait en science économique vingt ans de retard sur les pays anglo-saxons. L'inculture économique de la presse et des élites (re-*sic*) était proprement inimaginable... Seules émergeaient avec courage une poignée de personnalités de valeur... », c'est-à-dire le cyclopéen Lesourne et l'immense Allais. Bref coup de pulvérisateur aux moustiques de l'entre-deux-guerres, qui efface l'une des productions les plus typiquement françaises, l'*économie historique*. François Simiand. Personne ne sait plus qui fut François Simiand, « philosophe, sociologue, économiste, historien, le maître à penser des historiens français, l'un des grands orienteurs aux côtés de Marcel Mauss des sciences sociales dans notre pays[22] » (Braudel).

Daniel Villey, le plus grand nom de l'histoire de la pensée économique en France, qui dédie son ouvrage le plus célèbre aux économistes des stalags, qui n'étudie pas Walras mais cite Chardonne et Huxley, dit de François Simiand qu'il est le plus grand nom de l'économie positive en France. Jamais, au grand jamais, un étudiant en sciences économiques n'entendit parler du grand Simiand, de Marcel Mauss — la part maudite, qui dans nos sociétés a simplement pour nom plus-value. *D'un côté c'est heureux : on lui parle de ce qu'il mérite.*

Simiand aux poubelles de la pensée économique... L'assassinat de l'économie historique est à mettre à l'actif des seconds couteaux, spadassins de l'équation, et nègres qui voulurent se blanchir. Ainsi ces jurys qui recrutèrent les plus pures des vierges de la mathématique économique pour se faire pardonner de ne pas savoir analyser une fonction du premier degré et qui poussèrent la crédulité jusqu'à coopter, à tout hasard, tel personnage sympathique qui leur chantait sur l'air des lampions, à mots à peine couverts, qu'ils étaient tous de distingués crétins *. Pour le reste, heureusement qu'il reste des historiens pour faire de l'économie, puisque les économistes n'en font plus. Sur les 236 articles « synthétiques et panoramiques » publiés par le *Journal of Economic Literature* depuis 1972, deux sont consacrés à l'histoire économique générale[23].

Quelle est la défense des économistes modernes ? L'utilité ? Ils n'en ont que faire et savent bien que c'est impossible. Le

* Y. Caro, *Les Economistes distingués,* Presses de la Fondation nationale de sciences politiques, 1983.

plaisir ? Ils sont honteux. Non, leur seul argument a toujours été le sophisme de Fontenelle : « On appelle généralement inutiles les choses qu'on ne comprend pas ; c'est une espèce de vengeance, et comme en général la physique et la mathématique ne sont pas comprises, elles sont déclarées inutiles. » C'est un vieil argument. Aussi vieux que les casuistes qui l'utilisèrent contre Pascal, abondamment qualifié d'ignorant : « Et ils ont la hardiesse de nous traiter *d'ignorants, de factieux, d'hérétiques, de loups et de faux pasteurs* ! Et ils disent : *il est bien sensible à la Compagnie des Jésuites de voir que les accusations se forment contre elle par des ignorants qui ne méritent pas d'être au nombre des chiens qui gardent le troupeau de l'Eglise*[24]. » On se drapera dans son jargon, on arguera de la difficulté de sa science, on jouera sans vergogne les petits compliqués, on traitera les autres d'ignorants et d'hérétiques.

L'un des reproches les plus cruels qu'on puisse faire à l'économie est qu'elle ne produise plus d'ouvrage qui donne à penser, le dernier étant, sans doute, la *Théorie générale* de Keynes (1937). *Et la formalisation n'est pas en cause :* jamais la physique n'a été ni aussi rigoureuse ni aussi passionnante, de l'indéterminisme à la théorie des catastrophes en passant par la question de l'origine, ni d'ailleurs si sceptique. Les économistes sont tellement à côté (ou peut-être au-dessus) des choses que les journalistes en sont à leur donner quelques conseils. Le seul ouvrage d'économie recommandé à ses proches par François Mitterrand fut celui de François de Closets, *Toujours plus*. Les journalistes ont l'avantage de trouver de jolis titres : *Les Possédés de Wall Street, Le Jour le plus bas, Le Grand Cirque fiscal, Le Roman de l'argent, Crise, krach, boom.* On ne saurait trop recommander aux pittoresques porteurs de toge d'accrocher comme plume d'autruche quelque titre salace à leurs ouvrages : *Justine au Palais Brongniart* ou *Angélique et le plan Barre* par exemple.

Pourquoi ne peut-il y avoir de sanction du marché pour ces inutiles spécialistes du marché ? Où se cache l'utilité de ces inutiles utilitaristes ? A quoi sert un prix Nobel de sciences économiques ? Intuitivement, on devine l'usage d'un

Nobel de médecine. Mais celui d'un Nobel d'économie ? En un sens, la société consacre à sa manière les apôtres de l'économie marchande en les récompensant de queues de radis. Elle ne gaspille pas ses sous avec des personnages qui, par profession, devraient lui faire gagner des millions. Quant aux économistes sautillant autour des princes, Attali, Baker, Brady, Feldstein, Laffer, les cours ont toujours fourmillé de personnages sautillants. Alors ?

Le grand Jack Hirshleifer, auteur du manuel le plus vendu aux Etats-Unis *, se pose en début d'ouvrage cette grave question (qui d'ailleurs revient très souvent dans la profession) : « Pourquoi les économistes, qui connaissent si bien les rouages de l'économie, ne sont-ils pas plus riches que les autres ? » Angoissant, en effet. Les quelques économistes, qui, bardés de leurs modèles probabilistes de prévision, se sont heurtés à la Bourse en sont revenus le plus souvent plumés comme des poulets. Jack n'est pas n'importe qui : il est l'auteur fameux d'un des derniers panoramas sur la théorie de l'incertain dans le fameux *Journal of Economic Literature*[25]. Jack est nobélisable. Il propose un tableau des revenus des professeurs de toutes les disciplines aux Etats-Unis, et, ô miracle ! l'économiste ne gagne pas plus, mais... il ne gagne pas moins ! Conclusion : il est aussi scientifique que les autres. Point.

C'est comme si on démontrait *le caractère chimique de la chimie* par l'existence d'atomes de carbone chez le Nobel Prigogine. Dear Jack... Aimables savants, baignant dans le plaisir égotiste et subtil d'une pseudo-mathématique... Si l'économie savante est une élucubration auto-entretenue, dont le pire crime est de se prendre au sérieux, le moins sympathique n'est pas Milton Friedman, qui s'esclaffe pour un oui ou pour un non, raconte à qui veut l'entendre que l'énonomie n'a jamais progressé et que la meilleure action que puisse faire un de ses collègues est de ne rien faire. Hayek dit en substance la même chose.

Allons, confessons-le : l'économie ne conserve qu'un rôle magique. Il y a des savants, là-haut dans le Temple.

* *Price, Theory and Applications*, New York, 1re éd. 1979.

Rassurés par le mystère et la complexité du monde économique et la mélodie savante du marché, nous pouvons jouer à l'offre et à la demande. « Vendre et acheter : but de la vie » (Flaubert).

3.

Le savant, l'expert et l'oracle

> « Nous nous sommes mis à rire, en nous rappelant les prédictions des économistes en 1914 : la guerre pas plus de quelques mois, les Etats n'ayant pas les moyens pour plus longtemps... »
> Léautaud, *Journal*, 27 janvier 1932.

Les économistes ont en commun avec les astrologues de s'être toujours défendus de donner des prédictions. « Les astres inclinent mais ne contraignent pas », disent les uns ; « les faits sont connus en tendance », confirment les autres.

Les astrologues concèdent aisément que l'ambiguïté du langage et des signes offrent toutes les issues possibles. Très prisée des marchands au Moyen Age, capable de tout expliquer, prévoir, et le contraire, l'astrologie ne déclina véritablement qu'aux XVIIe-XVIIIe siècles. Quelques siècles furent nécessaires (quatre ou cinq) pour la consacrer monstruosité épistémologique. En tant que scientifiques du futur, les savants, experts, oracles et diseurs de bonne conjoncture économique ont l'avenir devant eux.

De Jeremy Bentham à Maurice Allais

1. Celui par qui le malheur arrive

« *The dismal science* », la science lugubre, « *the three dismal economists* », les broyeurs de noir... Ricardo, Malthus, Mill.

Ricardo fut un *golden boy* saisi de vertige. Qui veut se donner la peine de scruter Ricardo y verra un monde où la nature (la « terre ») est expropriée, détruite au bout du chemin de l'expansion humaine, le corps finissant de mourir avec la maladie qui le ronge. Pessimiste, désabusé comme Stuart Mill, comme « Malthus l'infâme » (Flaubert), le Jérémie de l'économie politique, Ricardo, fut malheureusement avalé puis rejeté par Marx et des épigones prometteurs de lendemains qui chantent. Depuis, de pessimiste et globale, l'économie est devenue individualiste et optimiste *. Au lieu de suivre Ricardo, l'économie a suivi Bentham.

Bentham... « La niaiserie tranquille. » Telle pourrait être la devise de cet étrange moraliste qui vécut paisiblement à cheval sur la période la plus instable du siècle (1748-1832). Après Jeremy Bentham, les phénomènes moraux seront considérés comme choses mesurables. On ramène la philosophie à de la psychologie, et la psychologie à une mécanique. La personnalité devient une somme, au sens arithmétique du terme, de plaisirs, de peines, d'utilités, d'instincts. Instincts altruistes et égoïstes gouvernent les actes. L'homme est plus ou moins malheureux, plus ou moins belliqueux. Certains sont deux fois plus heureux que d'autres. Bref, on découvre de petites machines à jouir et à souffrir.

Quantifions. Le problème, c'est de trouver une unité de mesure. Et voici que surgit la découverte qui inondera d'une

* La dernière lueur de pessimisme salubre, dans la tradition ricardienne, fut sans doute dans les années soixante-dix le Club de Rome autour du Pr Meadows. Ses travaux péchèrent par béatitude statistique et excès de confiance dans les extrapolations, ce dont se gaussèrent des experts rivaux, plus mécanistes et plus idolâtres encore du chiffre. Intuitivement, les rivaux comprirent que ce qu'annonçait Meadows, c'était d'abord la *catastrophe des économistes*.

inextinguible joie une dizaine de générations d'économistes. Voici ce que dit Bentham : « L'argent est un instrument qui permet de mesurer la quantité de douleur et de plaisir. » « Si d'un plaisir ou d'une douleur, nous sommes incapables de dire qu'ils valent tant d'argent, il sera vain d'en dire quoi que ce soit en termes de quantité. » « Or, étant donné que l'argent est l'instrument habituel du plaisir, il est clair, par expérience indiscutable, que la quantité de plaisir réel est de toute façon à mettre en rapport, dans telle ou telle proportion, avec la quantité d'argent[1]. »

On appréciera le « par expérience indiscutable » : c'est évident. Bien sûr ! L'expérience indiscutable, la mienne, celle de Jeremy Bentham, bonhomme tranquille délivrant mes sentences philosophiques, écouté par Joseph Prudhomme, entendu au-delà de l'Atlantique par les satisfaits sentencieux débordant du bon sens qui baigne la mythologie américaine, du western au roman noir. Tel est le *solipsisme fondateur de la science économique*. On le retrouve chez tous les économistes modernes. Chez Samuelson. Chez Raymond Barre. Ou encore Robbins. « *Il est évident* que les besoins sont infinis et les ressources sont rares ; c'est cette contradiction qui fonde l'économie politique[2]. » L'évidence indiscutable, mon évidence, mon expérience.

Sachant mesurer les plaisirs, Bentham sacrifie à la manie d'entomologiste qui perturbera bientôt Pareto : il classe selon le sexe, l'âge, la profession, l'éducation, la nature du climat, du gouvernement, des opinions religieuses. Plaisirs de boulangers, de nègres, d'Indiens. Plaisirs de militaires et de curés. Humeurs, tempérament, habitudes. Hypocondrie, mollesse, intelligence. Il est exact d'affirmer que Bentham est le père des sciences humaines. Le premier, il a fait sauter le couvercle du crâne pour traficoter dans les méandres du cerveau armé de tenailles.

L'homme de la satisfaction tranquille, de la vie paisible, du contentement de soi. Le Homais de l'économie. Déjà Milton Friedman. On l'imagine bien à « L'heure de vérité », serein, balsamique, lénifiant, un Jacques Calvet. Car Bentham est déjà un moderne. Il est peu cultivé, n'aime guère les livres, n'a guère fréquenté — ce qui est extraordinaire pour l'époque — les penseurs de son temps. Il a le bon sens des publicités d'Edouard Leclerc ou des dialogues de Marcel Dassault au café du commerce.

L'anti-Bentham, c'est John Stuart Mill, « la vieille dame qui sait tout » (Daniel Villey). L'homme le plus savant de son siècle, l'érudit tant admiré de l'érudit Borges. Mill écoutera poliment Jean-Baptiste Say, le père de l'économie de l'offre, fréquentera poliment les saint-simoniens, deviendra poliment socialiste. Libéral avec Say, ricardien avec Ricardo, malthusien avec Malthus, utilitariste avec Bentham, parlementariste avec Montesquieu, c'est un être infiniment désenchanté, un héros de Patrick Modiano, qui cherche ses images comme des ombres, de livre en livre. Mais soudain, il découvre le Midi et la passion. Avignon et Mrs Taylor. Non conformiste, il se prononce pour le vote des Noirs de la Jamaïque. Il se méfie de la « dictature de l'Assemblée », celle de la majorité, de la moyenne et du nombre. Et il dit de Bentham : « Il n'avait pas d'expérience, ni intérieure, ni extérieure; la teneur tranquille, toujours égale, de sa vie et la santé de son esprit l'excluaient de l'une et de l'autre. Il ne connut jamais ni la prospérité, ni l'adversité, ni la passion, ni la satiété : pas même jamais les expériences que donne la maladie; de son enfance à quatre-vingt-cinq ans, il vécut toujours en bonne santé, comme un enfant. Il ne connut pas l'abattement ni l'oppression de l'esprit. Il ne sentit jamais la vie comme un poids douloureux et débilitant. Il fut un enfant jusqu'à la fin[3]. »

Voilà qui fut Bentham, le père de l'économie politique moderne. Un bêta. Un incurable optimiste. Un inconscient qui fonda sa science sur son intime conviction. Le doux Stuart Mill ne pouvait rien contre l'assurance tranquille de Bentham. Son « Etat stationnaire » où la nature est respectée, la population limitée, la croissance nulle, où l'enrichissement, si ce terme a un sens, n'est que spirituel : tout ce *stoïcisme écolo* ne pouvait qu'être balayé. Pourtant, Mill n'est pas un utopiste, un bâtisseur de cités. Non, c'est un mélancolique. L'apathie et le grouillement de la population sont le destin de l'humanité. L'humanité du bidonville. L'humanité des banlieues du globe.

Mill est la douceur de l'Ancien Régime qui s'efface. Installé au soleil, travaillant en regardant le cimetière qui recèle son épouse, il est de ces Anglais fascinés par le Midi (Robert Graves à Majorque, Orwell à Barcelone). Entre deux lectures, il collectionne fleurs et coléoptères : devant lui Ernst Jünger, regardant la course lumineuse d'une cicindèle, et Nabokov, son filet à papillons à la main. Trop logique était le triomphe de Bentham, l'autodidacte, le sot génial.

Bentham fut momifié à Cambridge. La seconde momie optimiste et scientiste, qui veille en sa compagnie sur le bonheur de l'humanité, gît dans un mausolée, à Moscou. Deux momies pour la même foi : le bonheur comme quantité.

2. L'optimum de Pareto, ou la supériorité du marché comme forme d'organisation sociale

Après Bentham, l'économie devient de la psychologie et raconte l'offre et la demande. Alfred Marshall, grand inventeur de la loi de l'offre et de la demande, fut un obsédé douloureux de psychologie. Désormais on peut dire : « Tout ça, mon vieux, c'est la loi de l'offre et de la demande. » Quelques bourrades dans le dos, une deuxième tournée, et nous illumine la vision fataliste de l'économiste : le salaire d'Ockrent ? L'offre et la demande. Les cours boursiers ? Idem. La guerre des taux d'intérêt ? Idem. Les loyers ? L'offre et la demande. Le pétrole, l'Amazonie, la politique, les livres, les journaux... Il faut dire « l'offre et la demande » avec un léger haussement d'épaules, comme « il en faut » ou « y-en-aura-toujours ».

Le solipsisme marshallien trouva son aboutissement chez un extraordinaire personnage, un ingénieur, véritable maniaque, faux psychologue et vrai malade qui s'intitula sociologue, le père de l'économie mathématique avec le Français Walras : l'Italien Vilfredo Pareto (1848-1923).

D'Annunzio, Mishima, deux noms qui viennent immédiatement à l'esprit. Exaltation et tragédie. Halètements.

Economie et *De profundis*. Pareto est le grand trompé d'une science qui en compta des bataillons, à commencer par les experts en prévision grugés le jour après la nuit. Il inaugure la tradition des ingénieurs-économistes, dont la France se fera une spécialité. D'abord, les équations de l'équilibre économique de Walras le fascinent. Ça c'est de la mécanique, de l'harmonie, du propre, du net, de la belle horlogerie sociale. Pareto invente le terme « économie pure ».

Il met en équations la psychologie et pratique l'introspection. Il est d'ailleurs passablement inquiet et torturé, enfin abominablement souffrant comme tous les cocus. Il classe les actions humaines, les intelligences, les sensations, ce qui a trait à la beauté, à la santé, etc. Dans son monumental *Traité de sociologie* (1916), il distingue les actes logiques et non logiques. Tout cela est affreusement compliqué. Ayant entrebâillé la porte d'une explication « généticofonctionnelle » des actions humaines, prélude aux élucubrations des sociobiologistes, il conclut, désespéré : « Il n'y a pas de solution scientifique au problème des actions humaines, non plus qu'à celui de l'organisation sociale. » C'est la fin.

Peu auparavant, il avait rompu avec l'économie walrassienne, après avoir accédé à la chaire du maître de Lausanne : « On s'imagine qu'en appliquant les mathématiques à l'économie politique, on donnerait aux démonstrations de cette science une évidence qui leur fera défaut, et que, de la sorte, on obligerait tout le monde à les accepter. Walras a donné en plein dans cette erreur[4]. »

Rien à ajouter. Si : un instant tenté par elle, Pareto fut horrifié par cette monstruosité baptisée *Homo oeconomicus*. *Homo* qui pousse son caddie dans le monde merveilleux des pyramides de marchandises. L'homme du pour et du contre, des coûts et des bénéfices, des pertes et profits, des avantages et des inconvénients. *Homo oeconomicus* provoquait une véritable répulsion chez notre marquis de Toscane. Pareto sait que l'âme est tellement compliquée que c'est un véritable péché de la réduire au calcul économique. L'âme des hommes... et celle des femmes ! Sa rupture avec Walras coïncide avec le départ de son épouse. Pareto reste prostré quelque temps, médite, marmonne ses poètes préférés, Vigny et Musset. Il contemple avec horreur le gouffre du subconscient.

Adversaire des idéologies et de toute philosophie, ennemi de l'Etat, vénérant l'ordre néanmoins, l'autorité, la hiérarchie, l'élite... « L'histoire est un cimetière d'élites. » Le peuple a besoin de pain et de poésie, dira Eluard, de pain et d'idéologie, disait Pareto : de socialisme. Il flirtera avec le national-socialisme, sans illusion. Le mot « progrès » est le plus sinistre qu'il connaisse. Amoureux jaloux et atrabilaire de son Italie, être désolé, pessimiste tragique, il devait logiquement finir adulé par l'économie moderne, optimiste, niaise et conquérante, adoratrice de tout ce qu'il rejetait, à commencer par l'économie mathématique. Il venait d'acquérir la nationalité de l'Etat libre de Fiume lorsque les fascistes lui proposèrent un poste de sénateur : trop tard. Pas de chance, ou tant mieux, puisqu'il mourut peu après, évitant la cohabitation compromettante qui souilla la fin de la vie de D'Annunzio. Pour lui ce vers de Musset, qu'il aimait tant :

Les chants désespérés sont les chants les plus beaux.

Il léguait à l'humanité le concept qui porte l'économie moderne : l'optimum.

Optimum au sens de Pareto... Une minute de recueillement. Derrière cette expression défilent les visages graves de toute l'école d'économie publique française, d'Augustin Cournot à Maurice Allais, en passant par Jacques Lesourne, Marcel Boiteux, Pierre Massé ; les anciens, Dupuit, Colson, sans oublier ce coquin d'abbé de Saint-Pierre, aumônier de la duchesse d'Orléans... Derrière elle la planification française, la question des nationalisations, la gestion des entreprises publiques, des ressources naturelles, le programme nucléaire, tout ce qui touche à l'économie publique. Derrière elle, le prix Nobel de Maurice Allais.

Qu'est-ce qu'un optimum au sens de Pareto, ou encore un optimum social ? C'est un état de l'économie nationale où le bien-être d'aucun agent ne peut être amélioré, sauf à diminuer celui d'un autre. C'est un état d'efficience de l'économie : étant donné les ressources de l'économie, le travail, le capital dont elle dispose, *on ne peut mieux faire.*

Sur l'île déserte, Robinson et Vendredi, après échange, sont à l'optimum. La « société » Robinson-Vendredi connaît quelque chose comme un maximum de bien-être, ou d'utilité, ou de bonheur. La momie de Bentham sourit. Le jury de Stockholm aussi.

Comme toute question simple, la question de l'optimum de Pareto est importantissime. D'une certaine manière, c'est la question sociale moderne. Posée au siècle des Lumières, sa solution triomphe aujourd'hui du Pacifique à l'Oural et bientôt en Chine, après la parenthèse Tiananmen, demain au Viêt-nam. C'est celle de la supériorité du marché et de la démocratie économique comme forme d'organisation sociale. Il faut savourer le théorème établi par Maurice Allais, intuitif chez Bentham ou Smith : *le marché conduit à l'optimum de Pareto.*

Si la société fonctionne comme une économie de concurrence, selon la loi de l'offre et de la demande, elle connaîtra une répartition efficiente des marchandises. Les économistes anglo-saxons attribuent cette merveilleuse harmonie à *the invisible hand,* la petite main mystérieuse qui tisse les fils de la concorde et qui du bien-être individuel conduit au bien-être collectif. Merveilleux saut de l'ange de l'individuel au collectif, du simple au complexe. Main de Dieu ou du contrat, peu importe. La contemplation d'un pays de l'Est ou d'un pays sous-développé suffit à nous convaincre que Dieu et le contrat sont du côté de l'Occident.

Le marché maximisera le bien-être d'une société. Et ce bien-être collectif est fait des égoïsmes individuels. Bentham, certes. Mais aussi Bernard de Mandeville, médecin de salon, écrivain, auteur de la *Fable des Abeilles, ou les Fripons devenus honnêtes gens, avec le commentaire, où l'on prouve que les vices des particuliers tendent à l'avantage du public,* histoire d'une ruche âpre au gain et luxurieuse. La ruche est prospère. Après passage d'un prédicateur, les bestioles sollicitent de Jupiter de devenir honnêtes. L'industrie périclite, les prix s'effondrent, le chômage sévit. La ruche meurt.

La fable des abeilles, c'est la Tchécoslovaquie ruinée par

la prédication communiste, l'Iran dévasté par la foi, l'Algérie par le socialisme à la grenobloise, la Côte-d'Ivoire par les prédicateurs du cacao. C'est la publicité payée par le RPR à pleines pages en 1986 pour justifier, foin d'hypocrisie, l'amnistie des capitaux enfuis. Foin d'hypocrisie et foi d'économiste, c'est le blanchiment de l'argent de la Mafia par la Banque de crédit et de commerce international, la banque aux cent filiales.

Marx respectait Mandeville (« une forte tête »). Keynes écrivit un éloge du médecin libertin dans l'appendice à la *Théorie générale.* Mais Adam Smith le détestait. A l'équation *vices privés-prospérité publique* il préférait, et le puritanisme anglo-saxon après lui, celle-ci : *vertu privée-vertu publique.* En toute sincérité, Allais, Debreu, Arrow n'ont guère apporté qu'on ne sache depuis Bernard de Mandeville. Ils mirent en forme la fable des abeilles. Ils transformèrent un placet en fatras mathématique. Sans doute certain fat mettra un jour la *Recherche* sur ordinateur à fin d'en décompter l'adverbe « longtemps ». Mandeville avait compris comme tout un chacun, comme nous qui nous réunissons au café du commerce, le fonctionnement d'une économie.

Le sous-titre de *L'Histoire de Juliette,* la grande œuvre du marquis de Sade, son *Das Kapital,* une allégorie de l'exploitation, n'est autre que celui de Mandeville : « Les prospérités du vice ». Prodigieux final. On laisse échapper cette pauvre Justine, torturée de la plus ignoble façon. Elle s'enfuit en remerciant le Ciel, qui la foudroie illico. Un éclair la traverse de part en part, en choisissant évidemment l'itinéraire le plus immonde. Juliette se penche sur le cadavre : « Oh ! Mes amis ! s'écria Juliette, ivre de joie. Aura-t-il tort, celui qui quelque jour, écrira l'histoire de ma vie, s'il l'intitule : LES PROSPÉRITÉS DU VICE ?[5]. »

Les prospérités du vice (Sade), vices privés et bénéfices publics (Mandeville), la main invisible (Smith), les harmonies (Bastiat), l'optimum (Allais)... Insistons, comprenons bien ce théorème Sade-Mandeville, dit de Pareto, systématisé par Allais. Résultat fabuleux. C'est le résultat qui établit la supériorité du marché comme forme d'organisation sociale. C'est un résultat qui dit : si vous voulez le maximum de bien-être, alors, faites confiance au marché.

3. *Nobel*

Pour chanter infiniment les beautés du marché, il manquait quelque chose à l'économie, qu'elle acquit en 1969 : le prix Nobel. Depuis 1901, le Nobel concerne trois disciplines scientifiques : médecine, physique, chimie. La biologie, d'une puissance effrayante, qui dispute aujourd'hui à la physique la place de première science, n'a jamais réussi à avoir le Nobel. L'attribution en 1969 du Nobel à la science du marché, incapable d'expérimenter et moins encore de prévoir, tout juste de raconter *ad vitam aeternam* l'offre et la demande, en dit long, et d'abord sur la mercantilisation de la science. Mais le mal est fait. Désormais, on ne contestera la scientificité des propos d'un Nobel d'économie pas davantage que le caractère religieux du communiqué de la commission épiscopale.

A l'occasion du krach boursier d'octobre 1987, on exhiba quelques Nobel aux fins de commentaires. Chacun put être extrêmement frappé par la pusillanimité des personnages : aucun Nobel n'a jamais rien dit qu'un journaliste à demi spécialisé doté d'une pincée de bon sens n'ait dit. Toute la différence vient de ce que l'incertitude du second est impossibilité scientifique chez le premier : s'il dit qu'il ne sait pas (et reconnaissons honnêtement que c'est ce qu'il dit dans 99 % des cas), c'est qu'on ne peut savoir. Il ajoute que le désir de certitude n'appartient qu'aux ignorants. On est bien forcé de le croire. On respecte cette *sagesse* un peu prudhommesque.

Les Nobel d'économie sont anglo-saxons. Tous les Nobel le sont, mais ceux d'économie plus que les autres, et nettement plus américains que les autres. Il n'y eut que deux Nobel hétérogènes dans le lot : Leonid Kantorovitch (URSS,

1975), et Maurice Allais (1988, France) *. Kantorovitch fut nobélisé parce qu'il avait restauré une certaine notion du profit dans son pays, ce qui méritait récompense.

L'attribution du prix à Maurice Allais surprit tout le monde, à commencer par le promu qui se méfie comme de la peste de « la mafia des économistes américains ». Mais en récompensant Allais, l'économie contemporaine se récompense d'abord elle-même. Indiscutablement il est le père du calcul économique. En 1943, il publie à compte d'auteur un énorme ouvrage d'un millier de pages, au titre proustien, *A la recherche d'une discipline économique*, republié en 1952 sous le label purifié de *Traité d'économie pure*. Le traité est « très en avance sur les productions anglo-saxonnes de l'époque[6] ».

Les attitudes face au risque, une aversion pour le risque, une préférence pour le risque, un taux d'oubli, un temps psychologique sont des concepts typiquement allaisiens. Comme tout économiste qui se respecte, le prix Nobel est friand de psychologie, non pas celle de Freud, horreur ! non, la psychologie du bon sens, de l'introspection. Par exemple le « paradoxe d'Allais », qui opposa le Français à l'Américain Arrow, paradoxe qui est le triomphe du « vécu psychologique » sur la logique désincarnée[7]. Allais a écrit des milliers d'équations, créé des centaines de concepts, et fait autant de propositions : supprimer la progressivité de l'impôt, généraliser la taxation du capital, et indexer tous les emprunts. Il pense qu'un banquier est un faux-monnayeur, que la création de monnaie *ex nihilo*, la création moderne de monnaie, fondée sur le crédit, est une escroquerie pure. Il faut interdire la « transformation bancaire », autrement dit le multiplicateur de crédit : un banquier ne prêtera cent francs que s'il les a en caisse. Il propose que tous les hommes politiques, une fois arrivés au pouvoir, convertissent toute leur fortune en titres de la dette publique — Fourier, lui, proposait de convertir la dette de l'Angleterre en œufs de poule.

Goût du néologisme, idées bizarres, production foisonnante, Allais est un utopiste. C'est le Fourier de l'économie mathématique. Il jardine le monde. Dans son petit bureau

* 15 Américains, 5 Anglais, 2 Suédois, 2 Norvégiens, 1 Hollandais.

de l'Ecole des mines, désertée pendant l'Occupation, il construit la Nouvelle République des ingénieurs-économistes, comme Fourier, dans sa petite échoppe de Lyon, construisait le phalanstère et rêvait à l'angélicat, cette ronde de pulpeuses jeunes filles chargées de rasséréner le vieillard hypocondriaque. « Je suis un amateur, dit-il, un autodidacte[8]. » C'est Fourier.

A la recherche de l'optimum, le roman de l'économiste moderne. Il ne lui viendra jamais à l'idée de se demander s'il faut vraiment transformer l'Amazonie en square urbain. Il faut faire au mieux, sans chercher à savoir pourquoi on le fait. C'est l'utopie de l'économiste, qui serine aux oreilles princières « coûts-bénéfices », la seule parole publique aujourd'hui, accompagnée de « grands équilibres », ce qui est d'ailleurs la même chose, il l'a démontré le premier. Ah, si chacun possédait son petit ordinateur, permettant de calculer instantanément le coût-bénéfice de sa petite vie, branché sur le Grand Ordinateur, situé à l'Ecole des mines, derrière lequel pianoterait le grand Allais, nul doute que l'Individu atteindrait le Bonheur Individuel et la Nation le Bonheur National. Ce serait l'harmonie, et l'harmonie, c'est l'utopie.

L'une des contributions majeures de Maurice Allais, dix ans de travail — on peut le croire, et plutôt quinze que dix heures de sueur par jour —, fut la méthode dite des « surplus ». Le surplus apporté par le marché à une entreprise, pas de problème, c'est le profit. Mais pour un consommateur ? Quel est le profit apporté par le marché au consommateur ? C'est très simple, dit Maurice Allais[9], on va le mesurer à partir d'un « bien unique désiré par tous les agents... ».

On se frotte les yeux : bien unique désiré par tous les agents, ça a un nom, ça... C'est la monnaie, non ? Bien évidemment c'est la monnaie ! *On mesure le bonheur social par la somme des bonheurs individuels exprimés en monnaie.* Mais enfin... mais c'est Bentham, non ? Mais oui, c'est Bentham ! c'est de l'ultra-benthamisme, du benthamisme sectaire, du vrai, du pur ! Retour à la case départ.

Ajoutons enfin que c'est une mesure de bon sens, la chose

la mieux partagée du monde et amplement disponible chez le Nobel 1988, qui ne cesse de dire « qu'un sou c'est un sou ». Bien entendu lors de la remise du prix Nobel, le Français fit de grandes envolées sur la psychologie des hommes et des femmes, et l'assistance crut avoir affaire au prix Nobel de psychiatrie. Mais il est vrai que Maurice Allais peut bien faire de la psychologie, puisque Rika Zaraï fait de la médecine, Léon Schwartzenberg de la politique, Albin Chalandon des affaires, Bernard Tapie de la chanson et Yves Montand de l'économie politique.

L'expert

Une centaine de statisticiens officiels en 1940, sept mille en 1944, autant qu'aujourd'hui : Vichy crée la statistique. Vichy est beaucoup de choses, mais d'abord un régime d'experts. Les politiques ont disparu avec la démocratie, les technocrates ont enfin la paix. Ils vont pouvoir dénombrer, classer, et finalement regrouper et stocker. La rafle du Vél' d'Hiv' est un triomphe de l'expertise, depuis l'identification et le repérage des sujets jusqu'à leur évacuation par la SNCF, en passant par le remarquable travail des architectes qui réussirent à transformer un stade en lieu de transit. D'un bout à l'autre de la chaîne, les experts se frottent les mains. Ailleurs, les gestionnaires des camps sont férus de statistique.

En 1941, est créé le Service national de la statistique, ancêtre de l'INSEE. Très excité, tout ce petit monde rationne et rationalise, met en fiches, crée les codes, les nomenclatures, les premières banques de données. Fichiers, cartes d'identité, numéros d'état civil sont inventés. Apparaît la carte perforée. Dirige tout ça de façon enthousiaste un certain Carmille, personnage complexe, espion et professeur à Sciences-Po, grand fonctionnaire du régime et grand résistant. Il réussit à réorganiser à la barbe de l'occupant un service de mobilisation de l'armée, est déporté à Dachau, tué. Carmille illustre la *neutralité* statistique.

L'irruption de l'informatique donne une nouvelle dimension à la statistique. Dans les années soixante, apparaissent autour de l'INSEE les services statistiques des ministères, un peu plus loin ceux des organismes professionnels *. Tous ces organismes utilisent des modèles de prévision.

1. Les modèles « sophistiqués »

Si une cathédrale d'allumettes est d'autant plus sophistiquée qu'elle est haute, alors les modèles des économètres sont sophistiqués. Et ceux de la comptabilité nationale française très sophistiqués.

Ainsi le modèle DMS (dynamique multisectoriel), trois mille équations. C'est le modèle de cette particularité si franchouillarde qu'est la planification « à la française ». Le modèle METRIC (mesures économiques trimestrielles de la conjoncture) est minuscule : mille équations. Il sert à la préparation des *budgets économiques* et des politiques conjoncturelles. En sont issues toutes les petites erreurs ou divines surprises qui défraient la chronique conjoncturelle.

A côté de ces deux modèles de base, on trouve un certain COPAIN, un AVATAR et un RONDANLO. Pas besoin d'être grand psychanalyste pour voir tout l'intérêt porté par son créateur à un produit baptisé « rondanlo ». Il y a aussi un incroyable APU, consacré à l'administration. Au total, vingt mille équations environ, autant d'inconnues et le double de paramètres exogènes, ronronnent en permanence pour le plus grand bonheur de la Nation.

L'informatique a permis une hypertrophie modélisatrice. On en vient à regretter le bon vieux temps où les plans français se faisaient *à la main,* sans calculette, au crayon et la gomme, rien qu'avec des règles de trois, temps où ces plans étaient également réalisés. Tous les modèles du monde sont

* Les principaux : IPECODE, Institut de prévision pour le développement des entreprises (patronat). IRES, Institut de recherches économiques et sociales (syndicats). BIPE, Bureau international de prévision économique, OFCE, Office français de conjoncture économique, GAMA, Groupe d'analyse macro appliquée (université de Nanterre), COE, Centre d'observation économique (Chambre de commerce et d'industrie de Paris).

fondés sur la théorie keynésienne dans sa version ultrasimplifiée dite du « multiplicateur ». C'est la pensée définitive en matière de conjoncture. On mesure les conséquences de ces deux leviers quasi exclusifs de la politique conjoncturelle que sont la *dépense publique* et la *fiscalité.* Un seul type de modèle, américain, s'écarte du sentier, celui de la Banque de Saint Louis, construit dans une optique monétariste : on lui doit les prévisions les plus catastrophiques de l'histoire catastrophique des prévisions. Depuis, plus personne ne s'avise de prévoir quoi que ce soit en matière d'évolution de la masse monétaire. Surtout pas la Banque fédérale de réserve américaine et le joueur de clarinette Alan Greenspan, chargés de surveiller cette évolution.

Seul un gogo croit qu'un modèle est « sophistiqué ». En vérité, la représentation du fonctionnement de l'économie par un modèle économétrique est désespérément simple : agrégats et indices de la comptabilité nationale sont liés par des relations linéaires (les plus simples) ; en général pas de retards ou de rétroactions — *feed-back* — autrement dit, pas de relations dynamiques. Tout se passe au même instant. Un modèle représente une *simulation,* qui est la chose la plus élémentaire qui soit, fondée sur une logique moniste, tout à fait adaptée aux commentaires politiques : « Si la TVA baisse de tant, sachant que le dollar est à tant, alors l'investissement augmentera de tant. »

L'homogénéité des modèles explique d'ailleurs l'homogénéité des erreurs, en dépit des multiples organismes qui dégorgent de la prévision. Il n'y a pas de « concurrence » de la prévision en France (ni aux Etats-Unis, ni nulle part — et moins qu'ailleurs en Angleterre, où c'est une mafia de prévisionnistes qui joue au ventriloque avec la poupée Lawson ; cf. chapitre 10). Les modèles des centres non directement dépendants de la Direction de la prévision (Finances) ou de l'INSEE — les modèles OFCE, GAMA, COE, IPECODE, IRES — sont des ersatz de modèles déjà bricolés par l'INSEE. De la seconde main. Il n'existe pas non plus de modèle dit d'*optimisation* (par opposition à *simulation*), où la trajectoire l'économie dépend de fonctions d'objectif, *définies à partir des choix des décideurs politiques.*

Ragnar Frisch (Nobel 1969, le premier Nobel) en fut un chaud partisan. Ce type de modèle se heurte pourtant à une impossibilité évidente : pour construire une fonction d'objectif, il faut enquêter auprès des hommes politiques. Or, dans les enquêtes il faut leur présenter les résultats passés de l'économie et les perspectives ; et ces perspectives sont évidemment liées aux décisions de politique conjoncturelle. Cela revient à demander quelque chose à quelqu'un qui demande exactement la même chose : je-te-tiens-tu-me-tiens-par-la-barbichette.

Le modélisateur se contentera donc de simulations. Il présentera des « menus » à l'homme politique. Un étal de politiques économiques alignées en rang d'oignons.

Depuis quelques années, le Sénat dispose biannuellement de projections réalisées à un et deux ans par l'équipe METRIC, de la division des comptes trimestriels, de l'INSEE. L'INSEE met à la disposition des braves sénateurs un diagnostic sur l'évolution de l'année qui s'achève, et des scénarios macro-économiques pour l'année suivante. Juste avant l'ouverture de la session budgétaire, les élus ont une donne de différentes politiques dans la main. C'est fort intéressant. D'abord pour les sénateurs, qui peuvent enfin se reposer un peu. Lorsqu'ils disposeront du droit de vote par minitel, ils pourront depuis leur domicile tirer une de leurs cartes et composer le 36-15 RM S1, « rigueur modérée, scénario de hausse de salaires n° 1 ». Ensuite pour l'INSEE, c'est-à-dire le ministère des Finances, qui peut leur faire paisiblement avaler sa compote.

A leur tour, les services de l'Assemblée nationale ont depuis peu accès à un mini-DMS avec scénarios et projections alternatifs. Comment ces braves députés ne seraient-ils pas tentés par ce qu'on leur tend, sans chercher à se demander s'il n'existe pas aussi du lard ou du cochon ? Est-il situation plus commode que de répéter ce qu'un expert pense pour vous ? Pourtant, utiliser les modèles macro-économiques pour étudier les conséquences de politiques alternatives se heurte encore à la critique fondamentale qui dit que la structure de l'économie, et donc le modèle, *dépendent des politiques suivies, précisément de ce que le modèle doit éclairer*. Encore une fois, le je-te-tiens-tu-me-tiens-par-la-barbichette. Résultat : c'est le doigt mouillé qui fait la construction du modèle. On donne les résultats « au moral » ou « à l'intuition ».

Il n'y a qu'en météorologie qu'on trouve aussi simple et peu fiable *.

2. *Boîtes noires*

Les piètres performances en matière de prévisions ont fini par décourager même les économètres. S'y ajouta une remise en cause du *big is beautiful :* incontestablement plus un modèle est gros, plus il est sot. Et plus on lui ajoute des kilos d'équations, de variables exogènes, endogènes, stochastiques ou non, plus il commet de sottises (phénomènes mystérieux et cumulatifs, et cet écueil affreux, occupant 90 % de la vie triste et studieuse des économètres, qui fait qu'une équation bonne isolément devient vicieuse lorsqu'elle est mise en rapport avec d'autres).

On proposa alors de leur substituer des boîtes dites « Box-Jenkins », du nom des chefs de la réforme. Il s'agit de modèles 1) petits ; 2) *qui ne veulent plus rien expliquer*[10]. C'est le retour à l'extrapolation, la règle de trois, cette règle qu'on appelait « règle d'or » ou « clef du marchand » au Moyen Age, et qui permit de soulever le monde. Personne à l'INSEE qui possède un minimum de pudeur ne dira qu'il en sait plus que la règle de trois.

L'extrapolation consiste simplement à reproduire le passé, en restant dans le futur très proche, car c'est là, évidemment, qu'on a le moins de chances de se tromper. La boîte noire avale des séries passées et donne des séries futures. On déplace la boîte, sans savoir ce qu'il y a dedans. Elle est opaque. Image du grand Haavelmo, grand modélisateur, un peu déçu : « On mesure la vitesse d'une automobile en fonction du degré d'enfoncement de la pédale d'accéléra-

* Les modèles météo sont aussi de simulation. L'homotétie modélisation économique et météorologique est d'ailleurs fascinante. Brouillard identique. A l'heure actuelle, aucun expert honnête ne peut prétendre savoir quoi que ce soit sur le réchauffement de la terre.

teur », sans savoir comment fonctionne le moteur, ni même au fond s'il y a un moteur.

Les modèles Box-Jenkins sont nettement plus « performants », comme on dit. Ils sont l'aveu complet de l'ignorance économique. C'est exactement de la mesure sans théorie. De la mesure pour de la mesure. Du chiffre pour du chiffre. C'est aussi l'avenir de la science économique. Car c'est ça que veut l'homme politique, du chiffre. T'en fais pas, on va t'en donner. Et en prime il sera meilleur que celui que te proposent ces besogneux d'économètres.

Dans les années soixante-dix, Koopmans, Nobel 1975, s'opposa aux empiristes du NBER (National Bureau of Economic Research, INSEE américain) qui lui avaient ri au nez en lui sortant du chiffre, erroné bien sûr, mais moins grotesque que celui dégorgé par ses fameux modèles explicatifs. « En économie, moins on explique, plus on est sûr de ne pas se tromper », dirent-ils. C'est vrai. C'est pour ça que l'erreur fait désormais partie de la panoplie de l'économiste : un économiste qui ne se tromperait pas, et même un peu systématiquement, n'en serait pas vraiment un.

3. Erreurs

Après le krach de 1987, même le moins expert des experts comprit qu'il se passait quelque chose : il prévit donc, tout fier, une récession. Manque de chance il y eut une expansion. Il prévit donc, un peu dépité, une récession pour l'année suivante. L'année suivante, toujours pas de récession. La bouche pincée, il annonce une expansion pour 1990. Dès lors, le pire est à craindre. C'est une intéressante chorégraphie à contretemps, où Monsieur Economiste marche toujours sur les pieds de Dame Economie.

Box-Jenkins posent cartes sur table : mieux vaut dire que l'on n'y comprend rien, plutôt que de rester un jour sans chiffres. L'accumulation des erreurs est sans conséquences. On mettra en parallèle les opinions d'experts réputés équivalents, le premier annonçant la récession, l'autre l'expansion. Pour ou contre la dévaluation, pour ou contre la sortie du

SME, pour ou contre la réduction du déficit budgétaire. Pour ou contre la monnaie unique européenne. Les deux argumentaires sont excellents. L'essentiel est de respecter les formes, celles de l'expertise, dont la méthode de base est la « belle assurance ».

L'histoire de l'économie devient celle de ses erreurs. En octobre 1987, on eut beau jeu de rappeler les déclarations satisfaites des grands-pères des oracles actuels, jurant la veille du krach de 1929 que « la situation étant fondamentalement saine, nous nous trouvons au seuil d'une grande expansion industrielle et commerciale » (Hoover). On découvre ceux qui avaient prévu (Allais en 1987, Keynes en 1929), et ceux qui bien que n'ayant rien dit, n'en pensaient pas moins. La veille de 1929, un millier d'économistes et d'experts divers avaient signé une pétition adressée à Hoover, pour lui demander l'abrogation de la loi dite Smoot-Hawley majorant les tarifs douaniers. En décembre 1987, une trentaine d'économistes de treize nationalités dont deux Nobel, espérant rester eux aussi dans l'histoire, poussèrent à tout hasard « un cri d'alarme » : ils signent une déclaration intitulée sobrement « Résoudre la crise économique mondiale[11]. »

En vérité Keynes disait simplement que tôt ou tard, il y aurait un retournement, et Allais que tôt ou tard il y aurait un réajustement. Il reconnut, trop modestement pour le coup, qu'il s'était trompé de six mois. Le retournement étant l'essence de la conjoncture, tout économiste un peu patient peut espérer se retrouver *tôt ou tard* dans une position anticipative, comme les trente-trois oracles précités. Mais on ne saura jamais vraiment gré à un économiste d'avoir prévu quelque chose : la façon dont on dit « Allais avait prévu le krach » ne renvoie nullement à son prestige scientifique, dont tout le monde, sauf Lesourne et Allais, se moque éperdument, mais au contraire à une sagesse de devin ou de vieil homme, perclus d'expérience, vaguement sorcier, ce dont Allais a fini par prendre ombrage pour clamer qu'il n'était pas si gâteux que ça et n'avait rien prévu du tout.

On demande simplement à l'expert de savoir parler des erreurs. Erreurs passées, erreurs à venir. Jamais on ne lui demandera de gérer — pour ça, il y a des chefs d'entreprise

— ni au fond de prévoir, on sait qu'il en est incapable. On attend de lui qu'il rassure ou inquiète, bref, qu'il évoque le futur, l'incertain et le mystère. C'est le sorcier, le chef des tribus indiennes sans chef, le prince bavard des sociétés sans Etat. Celui qui parle *continuellement*, pour éviter que le ciel ou la pluie ne tombe, éventuellement pour faire pleuvoir. Les économistes l'ont parfaitement compris : en 1988 le gourou Montbrial a publié deux ouvrages ; un, scientifique, où il dit qu'on ne peut rien dire ; l'autre, où il fait un panorama du monde et de l'avenir mondial, et où il montre, effectivement, qu'il avait raison dans le premier [12].

En matière d'erreurs, l'année 1988 fut un excellent cru. L'OCDE avait prévu 2,5 % de croissance, il y en eut 4 %. Compère FMI se trompa à son tour, mais révisa subrepticement ses chiffres. Certains ministres, surpris de se retrouver avec quelques lignes budgétaires supplémentaires au bout des doigts, voulurent du coup vérifier l'état de leur propre fonds de commerce : en vain. Cette année-là, personne ne connut vraiment le coût du Rafale, à 50 milliards près. Personne ne put dire le coût de TDF1, satellite pourtant achevé et doté même d'un petit jumeau, apparemment générateur d'un gouffre équivalent que tout le monde ignore. Plus que quiconque l'ignore le lobby industriel qui appuya la bonne marche du dossier TDF1 au nom du « formidable pari technologique et culturel » que représente le tas de ferraille. Pari gagné.

Le comble, *c'est que l'erreur devient argument de bonne gestion.* Après la découverte d'un excédent de 40 milliards pour le budget 1988, M. Balladur clama en substance qu'il s'était trompé de 40 milliards sinon plus, et que le gouvernement socialiste, comme à l'accoutumée, allait tirer les marrons du feu. A quoi M. Charasse répondit que pas si grande était l'incurie des prédécesseurs, qui exagéraient leurs erreurs, pour minimiser sans doute les siennes à venir. Et commentant la surprise de la croissance, M. Bérégovoy remarqua qu'il fallait rester prudent ; sous-entendu l'INSEE ne s'est peut-être pas trompée autant qu'on peut l'espérer.

4. *Effets de style économiques*

Quel est le seuil de tolérance aux experts ? Il n'y a pas de limite. L'incertitude est là, l'expert l'exorcise, bénit les portes, chasse les mauvaises pensées. Il dispose d'une impressionnante batterie de *lois* économiques, à usage essentiellement allusif, fausses ou invérifiables. Il préfère utiliser les *effets*, tout aussi invérifiables, mais plus variés, plus colorés, plus gais en quelque sorte, avec les noms des savants qui y sont attachés : effets Keynes, Wicksell, Myrdal, King, Pigou, Giffen, effet de levier, d'éviction, d'annonce, de résonance, de cliquet... Finalement, le grand effet de la surabondance des lois, effets et prévisions ces dix dernières années est de les avoir complètement démonétisés, d'après une loi économique fondamentale d'ailleurs, qui veut que la valeur soit inversement proportionnelle à la quantité.

S'il est un domaine où l'excès d'expertise a fait s'effondrer le cours de l'expert, c'est bien le pétrole. En matière de prix pétroliers, les théoriciens du marché ont un siècle d'avance sur les experts qui en ont autant sur les courtiers. Ils peuvent déterminer les prix en concurrence, monopole, oligopole, concurrence imparfaite, monopolistique, oligopolistique, oligopsonique et monopsonique. Ils connaissent la théorie des grands marchés, des cartels et des ententes ; de l'information parfaite, imparfaite et asymétrique. Ils utilisent toutes les finesses de la théorie des jeux. Ils connaissent tous les types d'équilibres possibles et imaginables. Tous les systèmes de prix. Tous les cas de figure. Tout. Ils sont parfaits.

C'est incontestablement le domaine où ils se ridiculisèrent le plus. En 1973, le « choc ». Les experts parient sur la chute prochaine. L'INSEE suit. Cinq ans plus tard, il faut se rendre à l'évidence : pas de chute. A la mort du Shah, les experts anticipent à la hausse, modérée : 5 %, 10 %, certains 50 % [13]. La hausse dépasse les 200 %. Echaudés, ils anticipent alors une récession. Pas de chance, l'expansion est au rendez-vous, pour huit mois, le temps de mettre en place une politique erronée (le plan Chirac-Fourcade). En 1984, miracle : toutes les prévisions sur les prix pétroliers sont concordantes. Mais toutes sont fausses de 100 % [14]. Depuis, les experts font preuve d'une exquise humilité.

Eté 1988. Fin du conflit Iran-Irak, le prix du brut a monté. Les experts approuvent du bonnet. Effectivement, la fin de la guerre provoque une meilleure cohésion de l'OPEP, donc une pression sur les prix. Manque de chance, moins de huit jours plus tard, effondrement : de 16 dollars le baril à 12,5. En septembre, le prix est au plus bas : 9,5 dollars.

Et soudain, inondation de pétrole de la part de l'Arabie, les sempiternels records battus, etc. « Pour une fois, commente, désabusé, l'un d'eux, on ne s'est pas simplement arrêté entre le simple rapport entre l'offre et la demande. » C'est l'une des meilleures paroles d'expert jamais entendues : *le marché mon vieux, c'est plus compliqué que le marché.* Sourire en coin, mèche ramenée sur un front d'étudiant, il part. Quelques jours plus tard, comme les prix ne baissent plus, malgré les dissensions de l'OPEP, malgré les surcapacités, les surproductions, l'Iran et l'Irak qui commencent à produire à tire-larigot pour payer leur guerre, nos spécialistes, un peu crispés, proposent une ultime explication. En vérité, il y a « pénurie de carburant aux USA [15] ». Bien joué. Ils refilent le relais de l'erreur à d'autres experts. A ceux qui ne sont même pas capables de connaître les stocks de pétrole des USA.

Le mot de la fin au Nobel Arrow : « Demander à un économiste de prévoir avec précision le prix de l'énergie à la fin de l'année prochaine revient à demander à un spécialiste de l'évolution quelle est la prochaine espèce qui va évoluer [16]. » Alors là... Même Samuelson n'aurait pas osé. *Car si un économiste ne sert même pas à prévoir un prix,* à quoi sert-il ? A étudier le taux de substitution bananes-mangues sur l'île déserte ?

Les biologistes, qui n'ont pas de Nobel, auront produit dix clones du Nobel Arrow et autant du Nobel Friedman, que les experts s'interrogeront encore sur l'humeur du marché du pétrole.

Oracles

« Rien de plus faux qu'un faux curé » Carlyle.

Il était naturel que le vieux fonds jésuite de la science économique resurgisse. Il triomphe dans le commentaire de conjoncture. C'est quelque chose au-delà de la langue de bois, qui elle, au moins, assomme ; quelque chose qui aurait été déjà mastiqué par des cohortes et des cohortes de soldats de la statistique, ces bâtons de réglisse que les écoliers font circuler de bouche en bouche, réduits à de la fibre humide mais imperceptiblement sucrés.

En juillet 1988, nos deux commères, l'INSEE et la Direction de la prévision, que nous aurons l'occasion de retrouver dans la cuisine budgétaire, firent leur apparition sur le marché de l'expertise internationale, en lançant une nouvelle publication commune, la *Note de conjoncture internationale*. Un modèle du genre. Piqué au hasard : « *Si* un ralentissement *trop tardif* de la croissance provoquait de nouvelles hausses des taux courts aux Etats-Unis et de fortes pressions à la hausse du dollar, les autorités étrangères *pourraient* être contraintes de durcir *au-delà du souhaitable* leur politique monétaire. » Tout dans ce « au-delà du souhaitable ». Toute la notion économique de seuil. C'est du grand style, de l'édulcoration, de l'euphémisme, de la demi-teinte et du sous-entendu, du « je n'en pense pas moins, mais plutôt le contraire ». C'est le jeu de l'*exténuation,* figure de rhétorique idéale, où l'on adoucit en continu les phrases, jusqu'à épuisement du souffle et du lecteur, jusqu'au vide.

A propos des erreurs continuelles ayant précédé et suivi le krach de 1987, certains s'inquiétèrent de ce que des pronostics aussi sombres finissent par déprimer les chefs d'entreprise. Il n'en fut rien évidemment, les chefs d'entreprise, en bons bourgeois, ne manquant jamais la messe mais ignorant les commandements, feuilletant pour le principe les études de leurs services statistiques qui résument et délaient les notes de conjoncture de l'INSEE, mais concluant leurs contrats entre cigares et liqueurs. Pour eux, l'économiste est un peu le type qui leur décrirait, dans une marche en forêt, toutes les catégories de plantes et tous les grains de sable que leurs pieds sont en train de fouler. Alfred Sauvy, le grand-père de la statistique française, conta souvent la phobie des organisations patronales à l'égard de la règle de trois. Les patrons ne supportent pas les règles de trois. Serge Dassault construit le Rafale, mais en ignore complètement le coût. D'une certaine manière c'est à son honneur. L'intendance suivra. C'est pourquoi les économistes ne comprendront jamais les industriels qui les ignorent.

Mais lorsque l'expert est manifestement trop incertain, ou les circonstances trop graves, on en appelle à l'oracle. C'est la dernière carte.

L'oracle possède un degré de liberté supplémentaire. Il ne dit jamais : « d'après mes calculs » ou « selon la conception keynésienne » ni même « selon la loi de l'offre et de la demande ». Il intervient en tant qu'oracle délivrant son humeur d'oracle. On ne lui en demande pas plus. L'expert envie l'oracle, car l'expert ne peut pas ne pas faire référence à son expertise. Il est donc constamment ridicule. L'oracle, lui, n'a que faire des savants, des sciences, et particulièrement des sciences économiques. L'oracle est ironique : il ne prétend plus rien. Il ne commet plus d'erreurs. Comme l'horoscope, il satisfait tout le monde et sera toujours consulté. Il peut dire qu'il ne sait rien, car tel Socrate, qui fut sacré « oracle de son temps », il est le seul sachant qu'il ne sait rien. Allais et Friedman se spécialisèrent après leurs Nobel dans cette espèce d'*ignorance supérieure*.

Henry Kaufman est l'oracle (le gourou) de Wall Street. Il avait prévu le krach. A dire vrai, il n'avait jamais rien dit de tellement concluant là-dessus, ni même prétendu avoir dit quoi que ce soit, en tout cas infiniment moins que le néo-gourou Allais. Un an après, il apparut évident qu'il avait prévu les choses. La *doxa* ne pouvait l'envisager autrement.

Roland Leuschel est l'oracle belge. Il est conjoncturiste à

la Banque Bruxelles-Lambert. Bien entendu, il avait prévu le krach. Au début de 1988, comme le berger lisant l'avenir sur l'omoplate de son mouton, il se gratta l'épaule, se regarda dans un petit miroir de poche, et prévit une « sacrée surprise » sur le billet vert. Sans autre précision. Elle ne saurait tarder.

La *doxa* aime l'oracle, tolère le savant, et méprise l'expert. Les économistes ayant prophétisé la récession après le krach, puis, dépités, la surchauffe (deuxième erreur), l'oracle belge s'irradie : « Ce sont les économistes qui ont un coup de chaleur ! » Il songe au Pr Martin Feldstein, ancien chef des conseillers économiques de Ronald Reagan, qui affirmait mordicus que le dollar allait continuer à chuter. « Non, la hausse du dollar n'est pas éphémère. Quant au déficit commercial américain, *no problem* : résorbé en 89[17]. » Un mois plus tard le dollar s'effondre, le déficit s'aggrave. Ça ne fait rien. On aime les oracles. On aime qu'en fin d'année les sorciers annoncent la mort de Mitterrand, le cancer de Gorbatchev et la résurrection de Dieuleveult, toujours prisonnier quelque part.

L'oracle en sait-il moins que l'expert, pourtant d'une ignorance crasse ? Plutôt moins. Personne n'ignore que les experts en tableaux, objets d'art, meubles, fissures des murs... sont les ratés périphériques des professions touchant à la peinture, l'ébénisterie, etc. Si quelqu'un ne réussit pas dans une profession, il peut toujours s'y faire expert. De même en économie. Quiconque est un peu lassé par l'enseignement, la recherche idiote, les colloques abrutissants du CNRS, les articles crétins du mathématicien lus de lui seul et de la malheureuse correctrice torturée par les symboles, les ratiocinations à salaire de misère sur les grands équilibres, peut toujours aller expertiser par-ci par-là, c'est-à-dire empocher quelques deniers en saupoudrant un rapport d'un peu de bon sens sucré.

Autre question passionnante : l'expert en sciences dures, comme la physique, est-il aussi lamentable que celui en sciences molles, comme l'économie ? Il est à craindre que oui, et que l'expertise, qui est exigée à propos de tout, de zoophilie, d'inceste, de viol, de recrutement, d'aérobic, de diététique, de fluctuations boursières et de catastrophes aériennes, ne soit qu'ersatz de sorcellerie rassurante. Les catastrophes de l'année 1988, dues à la loi des séries, c'est-à-dire, précisément, à l'absence de loi — explosion d'une plate-forme pétrolière, chute d'un A-320, déraillement en gare de Lyon, incendie dans le métro de Londres, chutes diverses d'hélicoptères et d'avions militaires, pollution de la Loire —, ont propulsé au premier plan quantité d'experts et de contre-experts, qui ont expertisé d'abord leur propre inexpertise, avant que de se contredire à peu près sur tout puis de se chamailler comme de vulgaires économistes : « On se divise sur tout : la dioxine est dangereuse pour les uns, presque innocente pour les autres ; les tests de cancérogénéité des nouveaux produits chimiques sont pour certains efficaces, pour d'autres peu fiables ; les risques de largage d'un virus manipulé pour les uns risibles, pour les autres évidents ; la multiplication des enceintes des centrales nucléaires est une solution pour cet expert-ci, sans intérêt (et même périlleux) pour celui-là ; à Bhopal, pour certains il y eut formation de cyanure, pour d'autres l'asphyxie fut due à des causes différentes ; selon une voix autorisée, Tchernobyl induira à terme cinq mille cancers mortels, pour d'autres dix fois moins, pour d'autres encore (tout aussi sérieux) dix fois plus [18]. »

Les experts en sont d'ailleurs arrivés au stade où *ils négocient leurs résultats*, à la bonne franquette, comme les Mexicains leurs élections. A propos de la catastrophe de l'A-320, on apprit que la tradition du catastrophisme aérien voulait que l'on confiât les boîtes noires aux compagnies aériennes ou plus simplement à la Direction de l'aviation civile, porte-parole du lobby aérien, lesquelles clament une inébranlable confiance en leurs propres avions et propres pilotes. Le juge qui ordonna la mise sous scellés de la boîte noire de l'Airbus fut dessaisi de l'affaire et comme on ne pouvait mettre trop rapidement celle-ci au placard, vu que l'avion était neuf, on négocia sur le degré de responsabilité des pilotes. Ce *partage à l'amiable de la faute*, à mille lieues des causes de la catastrophe, fut la raison d'être des experts, de Tchernobyl à Three Miles Island en passant par Seveso. Après les curieux résultats du Dr Benveniste sur la mémoire de l'eau, on vit débarquer une étrange brigade d'experts, pilotée par un magicien du nom de Randi, sorte de chasseur de l'arnaque parapsychologique, portant dans sa gibecière la tête de l'illusionniste Uri Geller et illusionniste lui-même. Que les savants de la revue *Nature* se fassent assister par cet individu en dit long sur la confiance en leurs propres capacités à analyser la scientificité d'une expérience. Il ne leur viendra jamais à l'idée non plus que leur sympathique acolyte puisse soudain s'amuser à leur détriment.

L'amateurisme en sciences dures n'enlève rien, hélas !, aux guignolades en sciences molles : l'expert en chemin de fer est là pour dire : « Continuez à prendre le train », celui en économie : « Continuez à continuer. » La seule différence notable tient chez celui-ci aux invocations de plus en plus fréquentes de la « divinité » : divins surprises, signes, prodiges ou miracles.

Lorsque les experts financiers européens (six cents) se réunissent à Genève, à l'occasion du Congrès mondial des analystes financiers, ils invitent naturellement John Pheelan, oracle et président de la Bourse de New York. Tout se passe bien, tout le monde est heureux, c'est l'anniversaire du krach, les bourses ont réussi à remonter la pente. John Pheelan est particulièrement satisfait. Il parle des « trois miracles ». Premier miracle : « Le marché a techniquement survécu. » Frissons dans la salle. Deuxième miracle : « Malgré l'avalanche d'expertises et de rapports, pas de régulation gouvernementale. » Les experts n'ont servi à rien, ouf ! Le bateau ivre continue. Troisième miracle : ce merveilleux public. « L'attitude des consommateurs et du public... Les Américains n'ont pas paniqué, ils ont continué à acheter. » Un vrai miracle de bovinité en effet. Rires dans la salle. Encouragé, l'oracle Pheelan avance une probabilité de récession pour les Etats-Unis : 20 % [19].

Eh oui ! L'économie est un dé : sur une face « croissance », sur les autres « récession », « inflation », « chômage », « krach », « crise ». Et hop ! on lance.

Ailleurs, c'est l'angélisme qui prévaut. Dans son compte rendu obséquieux du *Rapport annuel mondial sur le système économique et les stratégies* (RAMSES), publié par un institut de futurologie dirigé par Thierry de Montbrial, professeur à l'Ecole polytechnique, Jean Peyrelevade, professeur à l'Ecole polytechnique, évoque dans un déluge de superlatifs les hasards, les prodiges, les événements inimaginables dont l'accès de Gorbatchev au pouvoir, et les miracles d'anticipation contenus dans le RAMSES comme : « Le risque de récession existe ; rien ne sera facile ; la voie européenne sera semée d'embûches, etc[20]. » C'est en effet un vrai miracle de prévision minimale offerte par le RAMSES, le zéro absolu de la futurologie. Quelque chose comme un commentaire de l'INSEE édulcoré, la révérence anthropomorphique mercantile en sus : « Le marché ne se trompe pas, le marché corrige, l'humeur du marché, le sentiment du marché, le marché réagit, le marché a estimé, le marché nous dit. » Bref, on ne peut rien contre le marché : tout retourne tôt ou tard au marché comme la poussière à la terre *.

L'expert fut inventé par la Sainte Inquisition. Lorsque ses tribunaux s'installèrent à Pamiers, il apparut qu'il n'était pas si facile de brûler parfaits et parfaites, car quelque chose choquait la raison — et jusqu'à celle des inquisiteurs — dans cette extermination un peu débridée. On nomma donc des experts en hérétiques, qui purent classer en paix les péchés, de la peccadille au péché mortel, avec assortiment choisi de châtiments, de privations, de confiscation des biens et de grillades. Comme dit l'expert Peyrelevade à propos du RAMSES, tout fut « décrit, analysé, chiffré, mesuré », et l'extermination continua de plus belle. Mais avec l'estampille « hérétique expertisé », tout le monde fut rassuré.

Lorsque la revue américaine *Science* interroge les oracles de l'économie sur leur activité, il apparaît que « 1) le contrôle

* A propos de planète, il est quand même extraordinaire que cette quintessence de la prévision planétaire faite par celui par qui le miracle arrive — Thierry de Montbrial acquit, avec des efforts à user la peau du commis voyageur, le Nobel pour son maître Allais —, longue de quatre cents pages avec graphiques et cartes *en couleurs*, ne contienne pas une ligne, pas une, sur la dégradation de la planète, ce qui en dit long sur les experts, futurologues, et autres fabricants de RAMSES.

scientifique des travaux est nul ; 2) les ordinateurs les plus gros sont toujours en deçà du plus maigre bon sens ; 3) les prévisions sont toujours fausses ; 4) *tout le monde le sait ;* 5) ça ne fait rien, bien que ça coûte cher[21]. » C'est ce « tout le monde le sait » qui est passionnant. La lucidité des économistes est parfois effrayante. Pour Wassily Leontief (Nobel 1973), « *garbage in, garbage out* », les modèles sont du vent Sauf en période électorale : « *garbage in, gospel out* ».

Mais pas besoin d'aller si loin : *l'INSEE aussi le dit :* « Les conjoncturistes disposent d'outils de plus en plus perfectionnés : indicateurs, enquêtes, comptes trimestriels. Pour autant les progrès de la prévision ne sont pas manifestes[22]. » C'est un euphémisme. Alors que la comptabilité nationale a cinquante ans et l'économétrie trente, que la statistique et l'économie mathématique ont explosé, que les instituts et les experts ont proliféré, malgré ce bruitage permanent de la pluie statistique, la prévision et l'analyse ont régressé de façon catastrophique. La capacité d'appréhender le futur est plus faible qu'il y a cinquante ans. Jamais le monde économique n'a été tant chiffré ni si mal connu. « La situation économique est beaucoup plus difficile à analyser qu'autrefois », dit Michel Rocard. C'est vrai. C'est vrai, malgré le pullulement des chercheurs et des organismes, qui, une fois abattus les grands arbres, découvrent l'infinité à ras de terre. Et dans chaque brindille la forêt.

Mais l'expert et l'oracle agitent en permanence leurs crécelles, au cas où les oreilles se mêleraient d'entendre autre chose que ce lancinant bruit de criquet : taux, pourcentage, chiffre, moyenne, chiffre, taux. Toujours du chiffre. Tout plutôt que d'arrêter la musique : le *Titanic* coula lorsque l'orchestre s'arrêta de jouer.

4.

Le prince et l'économiste

> « Magnifique seigneur, gouverneur révérendissime, j'étais au cabinet de nécessité et je songeais précisément aux extravagances de ce monde... »
> Machiavel au gouverneur de Modène.

L'OPTIMISME. Ingénieurs et salonnards, mais tous optimistes. Lointaine tradition d'optimisme et d'échec : le mercantilisme est *déjà* la doctrine de la reconquête du marché intérieur. Il annonce la politique industrielle de trois siècles, et l'emprise des grands corps d'ingénieurs sur l'aménagement du territoire, la planification, la direction des entreprises publiques. Leur amour du volume, leur vision mécaniste, leur bonheur d'ingénieur. Les libéraux français, eux, se contentèrent des salons.

Ingénieurs et économistes de salons

1716 : les ingénieurs des Ponts et Chaussées sont constitués en corps. Commence le cahin-caha d'une histoire de chaussées et d'ouvrages d'art, mais aussi de théories, de mémoires, de libelles et d'utopies. On pense et on découpe. Comme ils nivelèrent la bonne terre de France ! Voilà Dupuit, le grand Jules Dupuit, inventeur de la théorie des surplus et des péages... Cournot, le grand Augustin, le philosophe du hasard... Freycinet, le père des chemins de fer... Et voilà les immenses Allais, Lesourne, Massé, Boiteux, le patron d'EDF... La robustesse des patronymes...

Comment ne pas se sentir puissant quand on travaille le pays comme pâte à modeler? Tradition centralisatrice et interventionniste. Dictature des fronts épanouis et des bosses crâniennes. Et la mort des provinces, puis des régions, puis la série des catastrophes industrielles, les quatre plans de restructuration de la sidérurgie, le surnucléaire, Fos-sur-Mer...

A côté de la tradition des ingénieurs, celle des économistes de salon. Des physiocrates au dernier grand, Jacques Attali, conseiller du Prince, comme Quesnay fut celui de Louis XV. On caquetait autour de la « secte », de la soutane de l'abbé Baudeau ou des bas de Le Trosne et de Dupont de Nemours. On se trémoussait avec Mirabeau père avant de succomber à Mirabeau fils. La secte fit d'illustres disciples à l'étranger : Joseph II en Autriche, la Grande Catherine, le roi Stanislas en Pologne, Gustave III en Suède, tous et leur cour séduits par le jargon : pour la première fois, dans la longue histoire des conseillers, *on n'y comprend rien.* Condorcet leur reproche ce langage obscur et dogmatique. Necker se flatte d'être leur ennemi. Turgot les raille mais applique leurs préceptes. « Des agriculteurs de salon qui se contentèrent généralement de traduire des agronomes anglais » (Goubert). Ils inaugurent ainsi une tradition écartelée entre le pédantisme et le plagiat. Mieux vaut ignorer le nombre d'économistes qui firent leur (petite) fortune dans les années cinquante-soixante en traduisant des économistes américains.

Hélas !, les physiocrates furent aussi un sommet de la pensée. On ne saurait les comparer aux niais optimistes de la future école libérale, Say, Bastiat, Dunoyer, dans la tradition béate et hilare desquels se situent Alain Madelin et Pierre Bérégovoy. La comptabilité nationale est déjà dans le *Tableau économique d'ensemble* construit par le Dr Quesnay, médecin de la Pompadour, et dont le Bien-Aimé tira lui-même les épreuves. Le médecin habitait un petit entresol, au-dessus des appartements de la favorite. Il recevait souvent à dîner Diderot, d'Alembert, Turgot, Buffon. Diderot n'aimait guère les physiocrates, en qui il voyait des réactionnaires, sauf Quesnay, « homme brusque avec un certain air de singe ». Le singe fut anobli dans les salons mêmes de la favorite. Le monarque se leva, prit trois pensées dans un vase de Sèvres, et les jeta au médecin :

— Tenez, Quesnay, voilà vos armoiries, des armoiries qui parlent.

Allusion au récipient, fabriqué à Sèvres par la manufacture, dont la construction avait été souhaitée par Mme de Pompadour afin de développer l'art de la porcelaine et ruiner les importations de Saxe et du Japon qui grevaient le budget de l'Etat.

Déjà les nationalisées. Quesnay fut salué par Marx dans la *Métaphysique de l'économie politique* comme « le premier économiste de France ». Raymond Barre aura droit au même titre, offert par Valéry Giscard d'Estaing, lequel sera à son tour anobli par François Mitterrand : « baron du chômage, marquis des inégalités, comte de la hausse des prix, duc de la technocratie et roi de l'anesthésie ». Les économistes anglais sont traditionnellement anoblis : Lord Keynes, Sir Roy Harrod, Sir John Hicks... La nostalgie nous tenaille... Le prince Malinvaud, le comte Barre, le grand-duc Allais, ça aurait une certaine gueule tout de même.

S'il fallait à toute force conserver un nom, dans la longue tradition française, eh bien, s'il fallait n'en garder qu'un, ce serait Quesnay.

Quesnay contait que seule Madame la Terre est productrice de richesses ; que l'industrie est stérile. Hurlements de tous les économistes ultérieurs. Pourtant, Quesnay n'était ni bucolique ni goûteur de bergeries, mais penseur de l'ordre naturel. L'ordre c'est la nature, et la nature se charge de rappeler à l'ordre. Lorsqu'il dit que l'artisan ne crée rien en transformant du bois en une table, mais simplement *change du bois en bois* en laissant quelques copeaux à terre, il exprime cette idée extrêmement profonde, selon laquelle *la nature est derrière la nature*. Changeons la nature, et nous construisons la nature. La forêt transformée en désert, c'est encore la nature qui devient la nature. La côte bétonnée, c'est la nature après la nature. L'homme ne peut jamais aller au-delà de la nature.

Ricardo et Mill rendirent hommage à Quesnay, à leur manière. A la fin des fins dirent-ils, lorsque la croissance industrielle est faite, reste la terre. Les profits sont nuls, l'humanité végète au minimum vital ; seuls quelques propriétaires perçoivent des rentes ; la nature a triomphé.

Hormis les physiocrates, rien à sauver de la pensée des salons, rien à lire sinon pour en rire. Bastiat par exemple. Bastiat-lou-ravi, le plus grand des économistes bayonnais, l'économiste bondissant *, l'apôtre ahuri-harmonique du libéralisme, « le Jules Vernes de l'interventionnisme, le Ray Bradbury du dirigisme, le Patricia Highsmith du protectionnisme », comme le dit assez mystérieusement son adorateur Alain Madelin [1]. Contre le protectionnisme il écrit la célèbre *Pétition des marchands de chandelle contre la concurrence du Soleil*. Et le trille stridulant. Il a des aspects sympathiques : il aime le sophisme, le pamphlet, les jolis garçons. Il plaque sa jeune épouse le soir du mariage avant consommation. Pour se venger, elle l'accuse de se contenter de la diffusion des idées de J.-B. Say, ce qui relève déjà de l'exploit.

« Say l'insipide » (Marx), Say l'incolore, l'économiste transparent. « Les richesses naturelles sont inépuisables », clamait-il. Comme ses contemporains, il écrivit une utopie. *Olbie, ou Essai sur les moyens de réformer les mœurs d'une nation* (an VIII), la plus insipide en effet de toutes les insipides « République », « Oceana », « Utopia », « Salente » et « Nouvelle Atlantide ». Le premier livre de *morale* pour les Olbiens fut un traité d'économie politique. Pauvres gens ! Retournons vite au phalanstère pratiquer le groupisme et le luxisme.

Ce bon Brulard vénéra quelque temps Jean-Baptiste Say, puis le rejeta : « Nous lûmes ensemble Adam Smith et Jean-Baptiste Say, et puis abandonnâmes cette science, comme y trouvant des points obscurs et même contradictoires. » Il se tourna alors vers un autre auteur libéral, rencontré au salon

* « A plus de quarante ans, prenant appui d'une main sur le rebord d'une table de billard, il la franchissait d'un bond [1] » (Alain Madelin).

de Mme de Tracy, « laquelle comprit peut-être dès ce jour que la simplicité énergique de mes discours n'était pas la bêtise de M. Dunoyer, par exemple... C'était un brave libéral, aujourd'hui préfet moral de Moulins, le mieux intentionné, le plus héroïque peut-être, et le plus bête des écrivains libéraux[2] ».

L'immonde Barthélemy Charles Pierre Joseph Dunoyer, le plancher de la pensée libérale française, clôt ce petit panorama économico-salonnard. Il exprima une cruauté, une servilité et une autosatisfaction que les nouveaux économistes auront bien du mal à dépasser. Bastiat est un aigle à côté du criquet Dunoyer. Ancien journaleux, vaguement inquiété au début de la Restauration, puis préfet de la monarchie de Juillet, Dunoyer fut le théoricien de l'Etat gendarme : « lorsqu'il fait le bien, il le fait mal, et lorsqu'il fait le mal, il le fait bien ».

Dunoyer est contre : contre le monopole des postes, des tabacs, des poudres, des agents de change, des Ponts et Chaussées, contre le monopole de la médecine car il pense que la concurrence éliminera les charlatans. Dunoyer est pour : pour le libre-échange, la colonisation, au nom de l'union monétaire et douanière. Dunoyer est contre : contre l'enseignement public, l'obligation scolaire, la gratuité des études : « Est-ce véritablement servir les familles pauvres, que d'éveiller ainsi prématurément leur sensibilité et leur intelligence ? Ne vaudrait-il pas pour autant patienter ? Laissons le progrès de leur éducation se subordonner à celui de leur aisance. » Contre toutes les mesures d'assistance publique. Il pousse des cris d'orfraie lorsque les Anglais se mêlent de protéger le travail des enfants. Alors que l'académicien Villermé révèle les conditions épouvantables du salariat, il publie sa *Liberté du travail*. C'est le temps des journées de dix-huit heures, des enfants de cinq ans qui travaillent sous le fouet, et du premier décret qui limite la taille des petits ramoneurs savoyards, parce que ceux-ci périssent étouffés dans la suie. Dunoyer dit : « Il est bon qu'il y ait dans la société des lieux inférieurs où sont exposés à tomber ceux qui se conduisent mal, et d'où l'on ne peut se relever qu'à force de bien se conduire. » Malthus lui-même frémit. Jean-Baptiste Say se trouve rejeté à gauche. Bastiat en devient supportable. Depuis les physiocrates, la doctrine libérale française dégringole. Elle ne s'est jamais relevée de Dunoyer.

L'économie politique non plus : « De son évolution, Dunoyer fut l'un des principaux artisans. C'est de lui que chez nous procédera l'orthodoxie économique du patronat, des Facultés de Droit, du milieu bien-pensant : c'est à lui que remonte la conjonction du libéralisme économique avec le moralisme bourgeois et le conservatisme social », et c'est un libéral qui le dit, Daniel Villey. Diminution du nombre des fonctionnaires, de leur traitement, des impôts, mobilité du travail, dénonciation de l'assistance, des revenus minimums... Tout est déjà dans Dunoyer, les slogans du programme du RPR de 1986 (« un jour sur deux vous travaillez pour l'Etat »), Gattaz, Perigot, Calvet, le patronat à la française, particularité bien franchouillarde avec le rugby et la planification, mélange de morale haineuse et de peur du risque. L'infâme Dunoyer, grand oracle de la liberté et de la mobilité du travail, contempteur de l'Etat et de la fonction publique, rêvait d'un ministère : il ne fut que préfet de l'Allier, et réussit à « persécuter les pauvres Polonais », nous dit Stendhal, et à « sauver sa place ». On a beau être libéral, la stabilité de l'emploi, ça compte.

Le romantisme économique de François Mitterrand

« Cette conception romantique de l'économie », glissa Jacques Chirac, lors du débat télévisé de 1988. François Mitterrand ne prise guère l'économie politique, l'économisme : « Il était sain qu'un coup de vent fît tomber de notre arbre les feuilles mortes de l'économisme[3]. » Mais il serait faux de prétendre qu'il ignore les fondements de l'économie politique, et plus encore qu'il ne possède pas de doctrine économique. Il est même probable que ce grand amateur d'histoire, par la force de la lecture, en connaisse dix fois plus que les conseillers économiques formés à la va-vite, à la note de synthèse et à la contraction de texte. D'ailleurs, il réglera leur compte aux experts réunis à Suresnes en 1975 : « Ceux que le discours officiel veut ramener au rôle prestigieux mais dévoyé de savant, dont la neutralité serait à l'image de la science qu'ils étudient... L'économie n'est qu'une ébauche des sciences humaines, c'est-à-dire une discipline dont l'approche des méthodes échappe à la rigueur des sciences exactes, en ce que l'expérience essentielle qui permet de conclure qu'une hypothèse émise est vraie ou fausse n'existe pas[4]. » Petite leçon d'épistémologie toujours bonne à prendre.

Point n'est besoin d'être grand clerc pour découvrir l'unité d'une doctrine économique, qui emprunte ici ou là (rarement) au socialisme, et jamais au libéralisme. Il est naturel que le Prince s'intéresse aux deux questions qui l'aideront éventuellement à remplir ses caisses, la monnaie et les finances. De fait, la doctrine économique de François Mitterrand est une doctrine monétaire, que l'on peut qualifier de *nominaliste* ou régalienne. Mieux définie mais assez proche de celle du général de Gaulle, elle est caractérisée par une conception de la monnaie comme bien national ou public, et à ce titre représentatif de la puissance de la Nation. « La nature fait les métaux, le Roi fait les monnaies. » L'adage, attribué à Jean Bodin, doit être interprété comme le principe de l'intervention publique en matière monétaire, et comme la capacité du souverain à fixer la valeur de la monnaie. La force de la monnaie, c'est la sienne.

Preuve de son intérêt pour les questions monétaires, sa passion pour la question des parités dans l'entre-deux-guerres, après la « stabilisation » Poincaré (en fait une énorme dévaluation des quatre cinquièmes, « le franc à quat' sous »). Un débat intense oppose les tenants du franc fort (régents de la Banque de France et banquiers) et ceux de la dévaluation représentés par Paul Reynaud. Assez surpris, ses frères l'entendirent lors d'un repas à Jarnac débattre de la question des parités fixes ou flexibles, et défendre Reynaud contre les banquiers.

La monnaie apparaît chez lui dans de nombreuses

images : « le sang et l'angoisse qui servent de monnaie », « M. Pompidou qui descend du gaullisme par la banque », « par les temps qui courent le oui et le non sont des monnaies bien dévaluées », « une civilisation qui dévalue l'idée aussi vite que son argent[5] »... Sa doctrine nominaliste s'exprime par trois refus :

1) « *La monnaie n'a pas de valeur en soi*[6]. » Le chef de l'Etat ajoute : « surtout depuis qu'elle se dispense d'étalon ». Ceci signifie que lorsqu'elle prend ou garde sa valeur grâce à un étalon, *elle n'a pas non plus la valeur de cet étalon* (l'or par exemple). C'est, *stricto sensu,* la doctrine nominaliste. Elle s'oppose aux deux conceptions rivales, marxiste et monétariste. Dans la première, la monnaie est un équivalent général de marchandises, un étalon de valeur mesurable par la quantité de travail nécessaire à sa production. Si l'or est la monnaie, sa valeur est, *ultima ratio,* la quantité de travail nécessaire à sa production. Dans la conception monétariste au contraire, la valeur de la monnaie est liée à sa quantité. L'échange est la fonction fondamentale des signes monétaires. Plus il y a de signes en circulation par rapport aux marchandises, moins ils valent. D'où la définition monétariste de l'inflation (le trop-plein de monnaie), et les politiques déflationnistes (comprimer le déficit budgétaire, contracter la masse monétaire).

La conception nominaliste est autrement subtile, et, à vrai dire, purement politique. Le souverain marque de son sceau la pièce (privilège de battre monnaie) et garantit la paix des échanges. A pouvoir fort, monnaie forte. Pouvoir fort ne voulant pas dire pouvoir tyrannique : les tyrans tremblent et leurs monnaies sont faibles. Personne ne donnerait un liard du leu de Ceaucescu.

2) *Les banquiers, prêteurs, agents de change, cambistes et autres financiers sont catégories assez subalternes.* Assez méprisables, et plumables si besoin public oblige. Conception régalienne du Trésor et des finances : les prêteurs sont soumis à l'intérêt public. Or l'évolution de l'émission monétaire et de l'emprunt public de ces deux derniers siècles va exactement à l'encontre de la conception nominaliste. D'une part, l'émission monétaire se privatise, ce sont les banques qui émettent

aujourd'hui la monnaie. D'autre part le Trésor public est de nos jours soumis à la contrainte de remboursement. Non seulement les banques émettent la monnaie, mais elles l'émettent sans couverture. Et en plus, lorsqu'elles prêtent au Prince, il faut rembourser. Fini le bon temps des banqueroutes.

Le chef de l'Etat, qui « a l'avantage au moins de porter ses papiers sûr lui, puisqu'il écrit et publie », n'a jamais caché sa méfiance des banques. « Les banques disposent d'une telle élasticité financière, d'un tel pouvoir de récupération, que la perte de quelques milliards n'entraîne pour elles qu'un jeu d'écritures. On n'a jamais vu une banque fermer pour cause de hold-up, y compris le holp-up qu'elle se fait à elle-même. » Les banquiers sont des voleurs légaux. « Savez-vous la pensée suprême de nos croisés du coffre-fort ? La banque à visage humain ; ô Dubcek ![7]. » Il faut nationaliser les banques, rendre le privilège d'émission de la monnaie à la Nation. Dans le programme de 1973, apparaissait déjà le slogan : « Une monnaie forte. » Mais le franc fort suppose que les ennemis de la France soient muselés dans un système de parités fixes type Bretton Woods. Comment ne pas rejeter ces Américains qui ont libéré l'Europe par les armes pour l'asservir par l'argent ? On ne compte plus les philippiques contre le dollar, porteur de mort : « Le couple infernal pétrole-dollar ne conçoit que des mort-nés. » Que lui opposer ? Un franc-or, comme le voulurent de Gaulle et Rueff ? La tentation est grande, mais le combat inégal : il n'est d'espoir que dans l'Europe et l'Ecu. Mais l'Ecu, c'est encore la conception nominaliste de la monnaie. L'Ecu n'aura d'existence, donc de valeur, que politique.

3) Troisième refus : *associer le franc et l'argent*. On peut défendre le franc et détester l'argent, lorsqu'on a une certaine conception du bien public, du patrimoine public et de la souveraineté nationale. Car le franc appartient aux trois, alors que l'argent détruit les trois. Le franc c'est la Nation. L'argent c'est le marché.

Il est peu de dire qu'il déteste l'argent, il le hait : « l'odeur de pourri... laissé par les chevaliers du fric et de la mort », « l'Occident trop occupé par la bouffe et l'argent, pour sentir que flotte autour de lui l'odeur de la mort ». Toujours la mort et l'argent. Et la terrible invective du congrès d'Epinay : « Les puissances de l'argent, l'argent qui corrompt, l'argent qui achète, l'argent qui écrase, l'argent qui tue, l'argent qui ruine, et l'argent qui pourrit jusqu'à la conscience des hommes[8] ! » L'argent, la mort, la pourriture... mais, Seigneur Dieu, mais c'est Mammon entre les Cavaliers ! Et cette obsession de la bouffe et de l'Occident qui crève d'indigestion, Céline, Bloy. Il n'y a que chez Bloy que l'on retrouve tant de haine du bourgeois. Les bourgeois... Le « patron », le « maître de la presse », le notable surtout, le notable du terroir, le notaire, le médecin (« le Conseil de l'Ordre, cette nouvelle boutique de plus dans le Temple[9] »), tous ces personnages sortis d'un roman de Mauriac. Que déteste-t-il autant que les bourgeois ? Les communistes. « J'avance entre ces hautes parois rocheuses que sont le grand capital d'un côté, le communisme de l'autre[10]. » On dirait le récit d'un cauchemar...

Méprise-t-il l'économie ? Sans doute. L'ignore-t-il ? Non. Il fait peu de cas du savoir de l'expert, à peine supérieur à celui de l'écran Reuter qui affiche les taux de change, en sait suffisamment pour ne pas suivre Goux et Béré en 1983, mais Mauroy et Delors, tandis que Laurent Fabius attend par tactique pure et Jacques Attali — choisi comme conseiller en raison de son flou économique — par pure incertitude.

Raymond Barre et les parnassiens

> « L'oracle n'approuve ni ne désapprouve, il fait signe » Héraclite l'Obscur.

Intronisé meilleur économiste, après M. Fourcade meilleur spécialiste des prix, par VGE meilleur financier, M. Barre perdit quelque peu de son mystère. Représentant de la France à la Commission de l'Europe des Neuf, ministre du Commerce extérieur, grand professeur, doté d'une componction presque anormale pour un universitaire, il utilise ce langage mi-doctoral mi-bonhomme de celui qui n'en dit mais, conservant ce qu'il faut de réserve pour impressionner un parterre d'étudiants, qui d'ailleurs n'en demandent guère. Il résume sa pensée dans un « Je n'en dirai pas plus », affirmant tout de suite après « Je vous l'avais bien dit », car effectivement il n'en disait pas moins. Tout est lourd, surtout de sous-entendus.

Contrairement à celle de Giscard faite de truismes, la langue de Raymond Barre repose sur le silence, l'interligne, le point de suspension, le « etc. » et le « notamment ». Alors que le premier ne disait rien en disant quelque chose, le second dit quelque chose parce qu'il se tait. Le silence de M. Barre est celui de l'oracle qui laisse contempler les entrailles. Il inventa les « grands équilibres ». On voudrait voir que des équilibres fussent petits, surtout barristes.

« Grands équilibres » se place au niveau du nuage économique et sentencieux qui plane au-dessus du « pays » (mot aimé). « Grands équilibres » est harmonieux, équilibré précisément. « Grands équilibres » signifie peu, et moins en économie qu'en architecture, sinon que l'énonciateur est sage. « Grands équilibres » exprime le génie poétique français antiromantique, parnassien. Mallarmé, Léon Dierx et Sully Prudhomme au nom équilibré, académicien, amant de la science, être abstrait et prosaïque, pour qui la beauté de l'idée se passe de métaphores... Léon Dierx, natif de la Réunion, « le poète aux lèvres closes », élu prince des poètes à la mort de Mallarmé, discipliné, rigoureux, discret, ennemi du pathos et ami de l'université... Les parnassiens ont toujours accueilli les universitaires. Ce sont même les seuls à ne pas mépriser le sorbonnard. Valéry enfin ! Tant aimé de Raymond Barre... Valéry, pseudo-mathématicien, mathématicien comme peut l'être un économiste, c'est-à-dire amateur ébloui par la forme. Valéry au Collège, Valéry sur les bancs des amphithéâtres commentant son propre mystère, Valéry assidu des conférences de l'économiste Charles Gide. Rigueur et équilibre. Exactement le plan Barre.

M. Barre est poète, poète à ses heures, car il n'est pas un bourgeois qui ne soit poète « à ses heures », le poète étant précisément celui qui fait de la poésie pendant que les autres travaillent. Lui, il lit quelques vers avant de s'endormir, après s'être lavé les dents. Bachelard en lisait au matin, histoire de se nettoyer des rêves. C'est ça les scientifiques, réflexion et propreté.

La grande prouesse de Raymond Barre fut d'éviter la langue de bois économique inventée par VGE. Par le silence, et par le fait d'avoir pu éluder l' « expertise ». Etant trop évidemment expert, il n'avait rien à prouver sur un terrain où il n'a d'ailleurs jamais rien prouvé, sinon qu'il ne faisait pas mieux que les autres (1976-1981 : inflation, accélération du chômage, gouffre sidérurgique, débâcle industrielle, effondrement de l'investissement). Sa prudence lui permet de se démarquer, tellement qu'il se retrouve seul, après avoir distillé, doctoralissime, ses conseils à tout le monde, avec deux procédés de base d'ailleurs, la prétérition et l'hypotypose.

La prétérition, c'est le non-dit qui dit : le truc jésuite par excellence. « Je ne dirai pas que... », « je n'entrerai pas dans ces considérations... », « j'éviterai de... », « ne me faites pas dire que... ». Non-dit, crédit. L'hypotypose, c'est la réplétion symphonique, l'allitération du grimaud, pratiquée avec un abus du double *l* mouillé : « Je n'ai jamais pensé que les verrouillages et les quadrillages[11]... » Le double *l* de « ratatouille » qui fit florès. Quelques imparfaits du subjonctif, première conjugaison.

Il croit en l'instinct profond, au bon sens. Il est clair, serein, il prévient. Il sait parce qu'il se tait, et ne saurait-il pas qu'on n'en saurait rien. Il ne fera pas, mais qu'on ne dise pas qu'il ait dit qu'il pût faire. Pur comme l'économie de Walras, rond comme les cycles, il délivre une ultime et sévère « leçon de choses » : « Je sais jusqu'où peut aller la bassesse lorsqu'il s'agit de compétition pour le pouvoir[12]. » Phrase bien étrange pour un compétiteur.

Au fait, en économie que sait-il, qu'enseigne-t-il ? Lui aussi porte ses papiers sur lui. Il a publié le « Barre », comme d'autres le « Samuelson », le « Stoleru », « l'Alphandéry », le « Denizet », le « Montbrial ». Fixiste ? Flexibiliste ? Monétariste ? Keynésien ? Bien malin qui pourrait le dire. Le mystère du magistère, le secret de l'oracle.

Pierre Bérégovoy chez Molière, ou l'économiste malgré lui

Il n'en revient pas. Au Plaza, à New York, réunion des Cinq pour piloter le dollar à la baisse, il paraît ébloui.

Une journaliste lui demande, avec l'air gourmand d'une marquise découvrant que son palefrenier est complet, ce que « ça lui fait » de commander, lui, titulaire d'un CAP, aux inspecteurs des finances. Une autre lui demande ce que « ça lui fait » d'être dans les ors et les velours du Louvre et de diriger « tant d'experts ». Preuve que nul n'est tenu d'être expert pour diriger l'économie de son pays : un peu d'ordre dans les idées, un zeste d'autorité, et la kyrielle des larbins diplômés accourt.

Il restera comme l'un des ministres libéraux du siècle, ayant fait pleinement jouer à l'Etat son rôle de créateur de marchés. Rien que sur les marchés financiers, on lui doit tout. La Bourse c'est lui. Il réalise le vieux rêve de Louis-Napoléon, qui fut celui de Charles de Gaulle, de transformer Paris en une place financière comparable à la City. Et tout ça avec un CAP d'ajusteur. On voudrait en voir certains les mains dans un moteur.

1983, lundi 14 mars. Autour de Géronte, le Dr Purgon (Jacques Delors), Diafoirus père (Jacques Attali), Thomas Diafoirus (Laurent Fabius), et Sganarelle-Béré, souriant.

La cour fourmille de robes noires et de bonnets pointus. Le protocole est rigoureux. On opine du bonnet. Outre Purgon et les Diafoirus, un chirurgien marxiste (Goux Christian), un spécialiste du général (Uri Pierre), un médecin de salon (Minc Alain), un homéopathe (Guillaume Henri), un anesthésiste (Peyrelevade Jean), un adepte du clystère (La Genière Renaud de), un autre des lancettes (Riboud Antoine), un psychanalyste sans doute (Camdessus Michel), un autre (Lebègue Daniel), un conseiller-acupuncteur pontifiant (Brunhes Bernard). Nosographes, démonologues et gourous divers. On jargonne.

Le jargon n'est pas la seule ressemblance entre médecine du XVIIIe et économie d'aujourd'hui. Celle-ci ne dispose également que de deux remèdes, la purge et la saignée. Elles facilitent la circulation et débarrassent des humeurs peccantes, contractions, pléthores et fièvres.

La purge, c'est la dévaluation. Petits lavements émollients et déconstipants soulagent les contractions, permettent l'écoulement des stocks et une meilleure circulation des flux. On dévalue, et tout se remet à circuler. La saignée, c'est la contraction de la masse monétaire, l'assainissement. On ôte de la liquidité, on augmente les taux d'intérêt ou les réserves obligatoires, on diminue le crédit, et voilà le corps débarrassé de ses tensions et surchauffes. Désespérante régularité des remèdes économiques : on enlève du sang, on dégage les intestins.

Lorsqu'il entend Diafoirus père et fils parler de courbe en J *, d'élasticité critique de substitution, d'anticipations rationnelles, notre Sganarelle-Béré, qui autrefois entendait parler de clystères détersifs au catholicon double pour thermohélissie **, sourit doucement. Il songe au principe *natura morborum medicatrix*, en clair : laissons faire les choses. Reste simplement à être crédible pour rétablir la confiance. C'est la politique économique café du commerce, la seule efficace. Ayant constaté les tergiversations des uns et des autres, l'incroyable incertitude des deux Diafoirus que la pusillanimité ne suffit pas à expliquer, Sganarelle-Béré se dit qu'il peut devenir médecin, et il n'a pas tort. Le brouhaha des docteurs, empiristes, apothicaires, hermétistes et alchimistes, c'est aussi, *in fine*, le triomphe des politiques.

Dans ce colloque du désarroi de l'expertise qui s'organise autour de Géronte dans cette fameuse semaine du 14 mars 1983, heureusement les politiques tranchent, songeant aux travaillistes anglais qui par leurs fariboles ame-

* Effet d'une dévaluation sur le solde extérieur : d'abord phase d'aggravation du déficit, car les anticipations d'expansion des entreprises les incitent à importer matières premières et machines, puis phase d'expansion et d'écoulement de la production.

** Coup de soleil.

nèrent dix ans de thatchérisme. Illico les deux Diafoirus se rallient — et Sganarelle aussi, bien entendu.

Économistes, anti-économistes et petits commerces politiques

« Je ne saurai les dire, ni les nommer tous » *Iliade.*

Les autres ? Les soldats, la piétaille, la foule en marche pour la guerre économique ?

On peut séparer ces soldats des grandes batailles économiques en *économistes* et *anti-économistes.* Economiste : possède une vision quantitative du monde, est animé par une infatigable volonté d'aplanir et de planifier, d'homogénéiser, même s'il ne cesse de crier au marché et à la liberté, surtout s'il ne cesse de crier au marché et à la liberté. Ne peut envisager un problème que sous l'angle coûts-bénéfices et penser l'individu comme moyenne, pour qui furent créés, au nom de la statistique et du calcul des probabilités, la Sécu, les alloc, les TUC, le juste prix, le *charity business,* le rire *off,* l'audimat, le sondage sur le vif, le sondage à froid, le taux d'inflation en glissement, le différentiel d'inflation, le seuil de tolérance à l'immigration, la part du PIB consacrée à la recherche, la pression fiscale maximale, le taux de l'impôt de solidarité sur la fortune, les indices corrigés de variations saisonnières, et en prime le taux de chômage incompressible à 11,23 %. Anti-économistes : les autres, les dinosaures politiques.

Si, comme le veut la théorie économique de Jack Hirshleifer (toujours le même), les hommes politiques offrent des services à prix d'impôt, point n'est très obscure la rue des boutiques :

Chirac, Jacques. Anti-économiste. Couteaux et affûtage. L'anti-économiste type. N'aime pas les économistes, le dit : « Quand j'étais à l'ENA, de grands professeurs prétendaient... Puis la confiance, de Gaulle, etc. » Quoique incapable d'apprécier un livre ou un film, se force à aimer Boulez ou à croire en Dieu pour simuler une parcelle d'âme. C'est un politique pur, un romantique, un délirant coincé dans sa carcasse de faux ascète, laquelle craque de toutes ses coutures, un irrationnel que l'on imagine aisément courant nu les nuits de pleine lune ; VGE en pull était déjà indécent.

Rocard Michel. Economiste janséniste. Atteint à la sobriété par accumulation didactique et redondante de signifiants. Parle une algèbre économique de précision : incidentes, tirets, parenthèses, explicitations et remarques dans le commentaire se conjuguent dans une harmonie, une stylistique pure, une musique économique charmeuse et convaincante. Ce que d'autres obtiennent par le sous-entendu, il l'atteint par la suraddition et la décomposition. On croit comprendre et on approuve. Son discours est celui de la mesure, au double sens : de la modération et de la computation répétitive, en long, en large et en travers. On vous l'enveloppe, le met dans une poche, un carton, puis double ficelage.

Il reconnaît que « le projet social passe par le respect des grands équilibres, et que la brutalité des contraintes économiques impose d'être brutal ». Ce qui veut dire que l'on ne peut faire que ce que fait la moyenne des pays concurrents : c'est la contrainte extérieure. De même que Pierre disait que la « rigueur de gauche n'est pas l'austérité de droite », Michel ne « gère plus la rigueur, mais gère avec rigueur ». Il n'oublie pas qu'il commença sa carrière à la Direction de la prévision, où la politique économique se résume à remplir des tableaux de chiffres en tirant la langue. Pas de « grand dessein », réclamé par le comptable Fabius, et fini le « changer la vie », pudiquement rétrocédé à Rimbaud.

Malhuret Claude, Kouchner Bernard. Macrobio-économistes associés. Cierges, médailles et statues virginales, graines de sésame et müesli.

Lalonde Brice, Waechter Antoine. Ecolo-économistes. De l'écologie comme quintessence de la gestion. Idolâtres du progrès et des économies. Pensent qu'il faut une « gestion efficiente des ressources », « gérer à l'optimum » les trois ou quatre bêtes sauvages survivantes. Approuvés par le sponsor

Rhône-Poulenc. Rêve (Lalonde) de transformer l'Amazonie en forêt d'eucalyptus. S'irradie (Waechter) de voir le commandant Cousteau en vert académie.

Le Pen Jean-Marie. Anti-économiste. Boutique de l'horrible. Photos porno, fœtus en bocaux, une hyène naturalisée, et six millions de cadavres dans le placard.

Delors Jacques. Economiste. Saint Jacques l'apostat.

Balladur Edouard. Economiste. Ah, le voilà l'économiste distingué ! Introduisit le comique d'infatuation dans la comédie politique. Aussitôt suivi par Charasse Michel, génial inventeur du *comique financier* sous la forme radicale du paillasse.

Madelin Alain. Economiste ingénu. Le souriant commis voyageur. Toujours il chante, heureux de voir diminuer son enveloppe budgétaire. Dérégulant, sabrant, coupant, à l'encontre du protectionnisme intelligent autant que sournois du Japon et de l'Allemagne.

Juppé Alain. Economiste. L'indicible Juppé.

Du côté des experts :

Attali Jacques. Anti-économiste, oracle patenté, conseiller économique de François Mitterrand, Attali l'obscur : « Jacques Attali engage le fer à sa manière aiguë et construit une thèse sur l'art, l'artiste, la société où s'entremêlent la logique et l'intuition, la clarté du discours et l'obscur de l'oracle » (*L'Abeille et l'architecte*). On mesure mieux l'indifférence fondamentale du président pour la science économique. L'honnêteté de l'oracle réside dans sa volonté automutilatoire : doutant de ce qu'il écrit, il s'efforce d'être incompréhensible, et il y parvient. L'*Anti-économique,* grand salmigondis économico-anthropologique, peut être ouvert à n'importe quelle page, lu à l'endroit ou à l'envers ou de droite à gauche, on y rencontre toujours le même gazouillis d'oiseau, un petit tintamarre sympathique de rossignol, ni mélodique ni gênant, sauf la nuit. L'oracle écrivit aussi un *Bruits.*

Strauss-Kahn Dominique. Economiste. Voir Alphandéry.

Goux, Christian. Economiste alternatif extatique (dynamique), diacritique, amnésique, faiseur d'anacoluthes et abonné au gaz. Conseiller économique de François Mitterrand.

Herzog Philippe, fidéi-économiste. Le dernier des Mohicans. Confirme que le communisme est une *perversio redemptionis,* une perversion de la rédemption des humbles. Finira par croire en Hayek, après une période de dévotion à Keynes, et un passage par l'écologie. L'écologie portée par Rhône-Poulenc et Herzog, pauvrette ! Spécialiste de la baisse tendancielle, surtout du Parti. Look sérieux, look CAMIF. Rompt avec la tradition des comiques staliniens, les staliniens à bonne bouille (pépé Staline, bon papa Duclos, ce brave Lajoinie, etc.).

Stoleru Lionel. Economiste. L'inénarrable Stoleru. Partisan du keynésianisme à l'échelle de la planète et si possible du système solaire. Image de compagnon fidèle, aux uns et aux autres. Homme droit et généreux. Défendit le travailleur immigré, le travailleur manuel, le chômeur, le jeune, le pauvre. « Tintin et le mystère du multiplicateur. »

Alphandéry Edmond. Economiste. RAS.

Économistes providentiels

Il n'y a pas d'économiste fou, à l'image du savant fou des sciences dures. Ou du sociologue fou, tel Auguste Comte, époux transi d'une prostituée, enfermé, libéré, amoureux possédé de Clotilde de Vaux, instituant le culte du Grand-Fétiche, du Grand-Elu et du Grand-Milieu, publiant entre-temps le *Cours de philosophie positive* qui énumère les six sciences, desquelles est exclue bien entendu l'économie *. Ou encore de l'utopiste fou : Enfantin, apôtre du saint-simonisme, organisant des transes pendant la recherche de la femme-messie qui avec lui constituera le couple-prêtre, puis partant avec la Famille percer l'isthme de Suez afin de réaliser les Noces de l'Orient et de l'Occident.

En revanche, existent des économistes providentiels. C'est une catégorie propre aux économistes (on imagine mal un chimiste providentiel), qui surgit en période de catastrophe

* Mathématique, astronomie, physique, chimie, biologie, sociologie.

économique. Le Dr Schacht en Allemagne, le docteur Miracle. Poincaré, Pinay, Rueff en France. Poincaré l'intransigeant démissionna de la Commission des réparations parce qu'il trouvait qu'on n'affamait pas assez l'Allemagne, mais raffermit le franc, c'est-à-dire dévalua de 80 %, et liquida la séculaire loi de germinal an XI. Après quoi la France, assise sur sa montagne d'or, put contempler en paix l'effondrement de Weimar.

Jacques Rueff est un économiste providentiel. Lui aussi assainit. Lui aussi est académicien. C'est l'économiste aux yeux bleus habillé tout en vert. L'inlassable apôtre de l'étalon-or. Rueff inspira la stabilisation Poincaré du 25 juin 1928. Rueff inspira la stabilisation Pinay de 1958. Il inspira le deuxième plan Barre, puis expira la même année. Rueff... *L'Ordre social*, *Les Dieux et les Rois*, *Le Lancinant Problème de la balance des paiements*, le lancinant Rueff...

En 1958, hostilité généralisée au plan Rueff. Tout le monde est contre, particulièrement les économistes. A propos du Rapport Rueff, ils déclarent : « Ce rapport est seulement un texte politique, et il est improbable que ses auteurs lui aient attribué une valeur scientifique. Certainement il n'en a point[13]. » Que ce rapport soit *aussi* un texte politique et non simplement un traditionnel salmigondis d'expert va permettre au général de Gaulle de l'imposer. Contre les experts, contre le patronat, éternel timoré. Contre l'expert Baumgartner, gouverneur de la Banque de France, qui écrit à Rueff : « Vous me paraissez sous le régime de l'inexactitude. » Par la suite, tout le monde se réclamera de Rueff, qui devint le père et le grand-père des monétaristes français, des antimonétaristes et des autres. Episodiquement on ressort Rueff et on crie haro sur l'Américain.

Mais le plus grand économiste providentiel français, c'est indiscutablement Antoine Pinay. C'est la moyenne incarnée. Il est modeste, il est du peuple, il est banal. Il vient du Centre, province qui en France a toujours fait l'unanimité : ni trop au nord, ni trop près des boches, ni trop frappée de chaleur. Rassurant et insignifiant, il a eu une vie politique moyenne, dans laquelle il est entré à l'âge moyen, quarante ans. D'ailleurs, il se méfie de la politique : « La politique n'est pas mon fort. Je ressemble en cela à beaucoup de Français. » L'homme politique idéal. Lente ascension sociale, on sent que tout vient de l'épargne, accumulée avec lenteur. Goûts simples : la pêche à la ligne. Il est de la lignée des grands commis paisibles, Sully, Colbert, Poincaré. Il est là « pour remettre de l'ordre dans la maison ». *C'est l'étymologie même du mot* économie, *qui veut dire en grec la gestion domestique.* La maison, l'épargne, le bon sens, le bon père de famille. L'écharpe, le chapeau à bord roulé. On a chaud. Enfin un type frileux qui commande. On comprend mieux le succès économique de Béré, lui aussi persévérant et rigoureux. Barre était trop diplômé. Dommage, à cause de son physique super-Pinay.

Pinay assainit. Président du Conseil et ministre des Finances, il casse la hausse des prix. Il casse l'expansion au passage. C'est le coup de poignard dans le dos à l'industrie française, qui croissait au rythme de 10 % l'an, la fin de l'espoir de constituer une économie à l'allemande, une économie-amont. Ça ne fait rien, la confiance est là, le franc est fort, la France aussi. Providentiellement Pinay revient en 1958. Il remet de l'ordre dans la maison laissée par les socialistes. Il crée le franc lourd, transforme le plomb en or : un miracle. Chapeau. On le ressort en 1987 pour dire aux petits porteurs de ne pas s'inquiéter. Rideau.

Y a-t-il un économiste providentiel de gauche ? Oui. PMF. L'homme providentiel en filigrane, perpétuellement présent mais n'ayant presque jamais gouverné, le gestionnaire de gauche rigoureux. En 1945, il démissionne parce que son plan déflationniste n'est pas adopté. Il est providentiel parce qu'il assainit.

Tous les économistes providentiels assainissent. L'économie est malade, rongée par des maux bien français (l'inflation, la paresse, le manque d'épargne) ; une bonne purge, une bonne saignée, et on retrouve des bases saines. Guy Pâtin, modèle haï de Molière, saigne sa femme douze fois pour une fluxion de poitrine, vingt fois son fils. Son compère Riolan explique qu'on peut tirer sans danger la moitié du sang d'un homme. Le coup de lancette, c'est la déflation : quelques faillites, du chômage, les prix s'effondrent comme la température et ça repart.

L'échange des billets de la Libération, c'est le *lavement :* un peu de liquide propre pour faire circuler tout ça. En réalité, la bonne monnaie qui irrigua l'économie et chassa la mauvaise, malsaine et d'humeur peccante, ce furent les dollars du plan Marshall. Une *transfusion* en quelque sorte.

Maîtres à penser et socialistes

De même que Walras le socialiste fut accaparé par les libéraux, Lord Keynes, fondamentalement antisocialiste, mais qui détestait encore plus la pensée néoclassique (« du poisson pourri à ne pas prendre du bout des doigts »), fut récupéré par la social-démocratie. Puis par tout le monde, et du coup par les socialistes. Exit Marx et la lutte des classes. Exit aussi le socialisme utopique, duquel on se réclama parfois, bon enfant, associationniste, féministe, vaguement écologiste, hédoniste et comique. Un fourre-tout bien commode dans lequel on puisait à l'occasion le droit à la paresse, la papillonne ou la grève des ventres, et surtout le droit de prétendre à un peu plus de variété que les communistes. Et puis on abandonna jusqu'à Keynes, probablement jugé ringard ou socialiste.

Le passage par pertes et profits de toute la pensée socialiste, Marx en tête, mérite une seconde d'attention. Incontestablement le *Projet socialiste de 1981* est marxiste : lutte des classes, front de classe (« le front de classe n'est pas une donnée présente ; c'est un produit de la lutte des classes »), pieuses références à Karl, contre les socialistes utopiques évidemment, estampillés « socialistes aristocratiques » ou « socialistes féodaux » (*sic*), larmes essuyées sur Lénine et ses « efforts désespérés pour temporiser », Lénine « le rêveur du Kremlin », attendrissement sur toute cette période bucolique de la Tchéka, hélas ! laminée par l'homme d'acier. Références innombrables à l'exploitation capitaliste, aux rapports de production déterminants ultimes (« ce serait méconnaître que les rapports de production commandent l'évolution culturelle et les droits des femmes ne seront pas conquis hors de la lutte des classes »). Et pour finir, anti-américanisme viscéral, à la limite de la répulsion biologique : « La guerre culturelle... le formidable conditionnement qui transforme les Français en Galloricains... La mentalité de protestants anglo-saxons puritains[14]. » Le texte de 1981 est violent, enlevé, optimiste.

Surgit un indéniable effet comique si on le rapproche des *Propositions pour la France* publiées à l'occasion du renouvellement du septennat. En 88, exit les références. On ressort *in limine* Jean, Léon, et François désormais, révérence oblige. Si : on exhume, heureusement sous son nom d'emprunt, Olympe de Gouges *, qui défendit les droits de la femme, mais également la tête de son roi au prix de la sienne. Dans le cours du texte, un curieux « comme l'a dit Polanyi », référence vague, étant donné qu'avec un nom pareil on peut être basque ou catalan, militant des jeux Olympiques ou de toute autre chose qui n'engage pas grand monde. Disparaissent la lutte des classes, les rapports de production, et tout autre front de classe.

Plus extraordinaire, disparaît le mot « capitalisme ». En fait, on l'écrit une seule fois, pour reconnaître « que le capitalisme a su s'adapter », tarte à la crème servie soixante-dix ans auparavant au Congrès de Tours, déjà jugée ringarde à l'époque. On dit aussi que le « capitalisme populaire » de M. Balladur fut un échec, à cause du krach. Mais comme on prétend par ailleurs que ce capitalisme n'existe pas, l'argument n'est pas très convaincant. Reste cette chose assez merveilleuse, comme quoi les socialistes sont toujours là, mais dans une société qui n'est plus capitaliste et selon toute apparence sans classes. A la place du capitalisme, le marché, le libéralisme, concepts visiblement plus accommodants. On compare la gestion socialiste et libérale, moins efficace.

Mais voilà le meilleur : non seulement le « capitalisme », mais aussi, et ça c'est vraiment un tour de force, le mot

* Gouze, vrai patronyme.

« socialisme » a disparu. Complètement. Impossible de trouver la moindre mention ni allusion au socialisme. Par contre la France, l'équilibre, le grand équilibre, le nouvel équilibre, en veux-tu en voilà. Le « projet socialiste » est devenu un projet pour la France, et l'appel à l'électeur et l'encouragement au militant passent de la « dynamique autogestionnaire et [du] front de classe » au sobre « rassembler pour gagner ». Comme toujours sur un cercle, l'extrémité vire plus vite : l'ultra-gauche effectue un merveilleux looping et se retrouve à conter les vertus de l'entreprise et à fustiger les mollesses et les tendances ruralistes et foncières du capital français. Nous, si bons gestionnaires, on n'a pas les capitalistes qu'on mérite. Cet « esprit d'entreprise » est bien quelque chose de neuf, créateur, généreux, altruiste en quelque sorte, allez disons-le, *socialiste* au fond. Bien éloigné évidemment du profit, de la rente ou même de l'argent. L'entrepreneur crée, le rentier place. Le premier construit, le second s'installe. On est productif ou on est parasite.

Les nationalisations de 1982 participèrent de ce mythe de l'entreprise étouffée par la banque, la finance, le collecteur d'argent, l'inutile intermédiaire. On allait casser la contrainte financière, favoriser l'investissement, et, en bons saint-simoniens, creuser le tunnel sous la manche à la rencontre de la femme entrepreneur. A qui les socialistes empruntent-ils cette figure de l'entrepreneur ? A Keynes, à Joseph Schumpeter peut-être, le Viennois, théoricien du cycle long, le cycle cinquantenaire, à la Kondratieff, à la Braudel ? L'innovateur, le personnage assez fou pour sauter du connu à l'inconnu. Saccard de *L'Argent*, ruiné, qui se lance à l'assaut du Liban, se ruine encore, repart à l'assaut de la Hollande cette fois, quelques brevets en poche. La folie, l'agressivité et autres viennoiseries. Différent du « chef d'entreprise », larbin du profit, l'œil rivé sur son compte d'exploitation. L'antithèse du repreneur, du récupérateur.

L'entrepreneur à la Schumpeter va nous sortir de la crise. D'où cet engouement pour la chimie fine, les biotechnologies et tout ce qui est en « tique » : robotique, productique, bureautique, vidéotique et autre informatique domestique. La passion pour la politique des filières, la recherche, le high-tech, tout ce qui va à l'encontre de Gattaz-le-goitreux, obsédé par sa ligne d'horizon financier, menacé par son banquier, et pressé de tout liquider pour réinvestir dans la pierre.

Certains prônent « un capitalisme soixante-huitard[15] », en attendant les *yuppies* de la perestroïka. D'autres évoquent le grand Henry Ford dont l'invention inouïe fut de payer à peu près correctement ses ouvriers : le « scandale » du *five dollars/day*. En vérité, le propriétaire du bagne de Detroit (ô Bardamu !) put distribuer ses rogatons par une rationalisation à l'extrême de sa production, l'exacerbation de l'invention d'un certain Taylor. Les « hauts salaires » de Ford furent une goutte d'eau dans la masse salariale de 1914, et jamais n'écoulèrent quelque production que ce soit, contrairement au crédit à la consommation, inventé trente ans plus tard.

Keynes

> « *I was the only member of Bloomsbury who had supported him by suscribing for Lady Chatterley.* »

On reprocha au parti socialiste « d'avoir échangé Lord Keynes contre Bernard Tapie, personnage emblématique du degré zéro de la pensée sociale[16] ». Dans ce genre de tractation, on ne sait trop qui doit rosir. Il est légèrement abusif de rendre Keynes au PS, auprès duquel il se fût sans doute aimablement décommandé.

« Lord » Keynes, dont on se plaît à souligner l'anoblissement, propose dans ses *Notes finales sur la philosophie sociale à laquelle la Théorie Générale peut conduire,* « l'euthanasie du rentier », et avec lui la disparition de cette pure infamie qu'est le taux d'intérêt, « car l'intérêt ne rémunère aucun sacrifice véritable non plus que la rente du sol ». Pis : « Tandis que la rareté du sol peut s'expliquer pour des raisons intrinsèques, il n'y a pas de raisons intrinsèques qui expliquent la rareté du capital [17]. » Ces deux phrases synthétisent les bibliothèques qui furent écrites depuis Wicksell sur le taux d'intérêt, et annulent par avance toutes les samuelsonneries, friedmanneries et allaiseries écrites sur la préférence pour le temps, le prix du risque, de l'abstinence et *tutti quanti*. Faire de Keynes un *modéré* est lui faire injure. Lorsqu'il écrit à sa femme : « Quoi que bolchevique, je ne puis accepter la médaille que m'offrent les soviets », *il ne plaisante pas*. Ailleurs, il propose de niveler les revenus et de liquider les successions. Certes « l'entreprise »... mais quelle vision édulcorée de Keynes !

Maynard est un irréductible. C'est incontestablement le plus grand, le plus généreux, et sa vie fut généreuse. Ami des Woolf, de Shaw, il se brouilla avec Lawrence, brouille qu'il prit à la blague mais la peine était forte. Comme très forte sa peine lorsque mourut Frank Ramsey, jeune, génial. « Bertrand Russell reconnaît que chaque âge a sa vocation, et qu'on ne peut exiger tant de virtuosité logique d'un homme de soixante ans... Wittgenstein se demande si les chariots du temps l'amèneront au terme de son prochain livre, et Ramsey, hélas ! qui parcourut ses champs et moissonna ses récoltes aussi facilement qu'un jeune seigneur chevauche ses terres, n'est plus là [18]... » Keynes, Russell, Ramsey, Wittgenstein, les amis de King's College. Keynes fit fortune, fut ruiné, refit fortune. Keynes ouvrit un restaurant à Londres. Keynes épousa la plus jolie femme de son temps, première danseuse des ballets Diaghilev. Keynes collectionna les livres et les tableaux *, gagna beaucoup d'argent au poker, en donna beaucoup, organisa dès le début de la persécution des filières de passage de réfugiés juifs. Il se prit d'une véritable affection pour Einstein, « le vilain petit garçon juif, le galopin couvert d'encre, dont le nez s'allonge au rythme des coups de pied au derrière ». C'est un peu Philby, Bill Haydon, la cohorte des cocos de Cambridge. C'est surtout Lord Keynes, l'auteur conscient de la plus grande théorie économique du siècle, *que*

* En mars 1918, il ramène de Paris pour la National Gallery : 1 Corot, 2 Delacroix, 2 Forain, 1 Gauguin, 4 Ingres, 2 Manet (dont l'*Exécution de Maximilien*), 1 Douanier, 1 Ricard. Pour lui, il se contente des *Pommes* de Cézanne, et d'un dessin d'Ingres.

l'on n'enseigne jamais, sauf sous la forme honteusement édulcorée du « multiplicateur ». Il efface en 1946, au sommet de sa gloire, le libéral extatique Hayek qui mettra trente ans à s'en remettre.

Comme pour Marx, les moins recommandables s'en recommandent, et d'ailleurs passent de l'un à l'autre. La technocratie occidentale se précipita sur Keynes, chez lequel elle vit la justification de sa présence activement keynésienne. C'est la vision mécanique de l'économie, c'est-à-dire anti-keynésienne. Elle considère le monde comme une machine à vapeur, avec des appendices hydrauliques qui se remplissent et se désemplissent. Le budget avec ses tubes et ses pompes. L'économie avance, ralentit, freine, surchauffe, s'emballe... La politique économique, c'est freiner, accélérer, freiner, accélérer. *Stop and go,* balancelle, refroidissement, relance. Tous les technocrates sont keynésiens. Leurs modèles sont keynésiens. Un bouton, hop ! les clignotants s'allument, et M. Stoleru annonce, radieux, de sa cabine de la rue de Martignac, qu'il est « le petit pilotin ».

L'oracle Galbraith dit, très justement et par extraordinaire, que Keynes ne passa vraiment dans les mœurs des économistes, c'est-à-dire de la scolastique universitaire, que lorsqu'il se décida « enfin à être obscur [19] ». C'est l'essence de l'oracle, et c'était le succès. La reconnaissance par les plus abscons. N'y comprenant rien, les professeurs se retranchèrent d'abord derrière le sempiternel bon sens, puis se dirent que ça, mon vieux, ça devait être profond. Quelque gogo s'empara du multiplicateur, l'expliqua, et aujourd'hui encore on dispute du caractère « classique » ou « keynésien » d'un modèle, sans jamais avoir lu Keynes. Heureusement, car on serait surpris.

Hayek et le RPR

Le cas des « libéraux » du RPR est assez surprenant. Alors que les communistes ont Marx, les socialistes pléthore d'utopistes, Keynes à la rigueur, Schumpeter sans doute, le mouvement gaulliste, ne possédant aucun maître à vénérer, décida de s'en trouver un. Auparavant, il possédait quelques idées issues du Conseil national de la Résistance (quatre en fait : le plan, la Sécu, l'entreprise publique, la participation), et surtout une bonne dose d'empirisme liée aux exigences de la politique extérieure, quelques hommes providentiels et une base sociale, le tout assez bien ficelé. Mais comme ils réclamaient un roi :

> *Le Monarque des Dieux leur envoie une grue*
> *Qui les croque et qui les tue.*

Friedrich von Hayek fut adopté à la hâte, sous le nez de l'UDF, sauvée sans s'en douter. Hayek convient au RPR comme le bonnet phrygien au monarque. Hayek, outre celle de porter comme tous les membres de la secte de ses adorateurs* une cravate à l'effigie d'Adam Smith, a la particularité d'être contre toute forme d'intervention publique, absolument toute, de la plus forte à la plus modérée. Il est bien évidemment contre la planification, mais aussi contre, par exemple, la création d'un marché par l'Etat ; ou contre le démantèlement d'un monopole. Il vaut mieux laisser se débrouiller la « société civile ». Il est contre les trusts, et contre les lois antitrusts qui en général servent à protéger les anciens trusts contre les nouveaux. Les lois antitrusts du Texas furent impulsées par les milliardaires locaux pour interdire à Rockefeller de s'installer au Texas. Surtout ne toucher à rien.

Ce côté *contemplatif* de Hayek, ce mépris de la technocratie qui ne cherche qu'à protéger des situations acquises, la sienne en général, sous couvert de slogans généreux ou redistributifs, n'est pas antipathique, comme sa référence à Ortega y Gasset pour glorifier le libéralisme : « La plus noble devise qui ait été proclamée sur cette planète... Il n'était pas croyable que l'espèce humaine puisse arriver à une attitude aussi noble, si paradoxale, si raffinée, si anti-naturelle[20]. » Avec Tocqueville, Hayek fait partie de ces libéraux qui laissent enten-

* La « société du Mont-Pèlerin », petit village suisse.

dre que l'espèce humaine ne mérite pas vraiment le libéralisme.

Le libéralisme, ce don des fées, ce perpétuel miracle... Le RPR ne se lasse plus de contempler la *cattalaxie,* « espèce d'ordre spontané produit par le marché », où le bourdonnement continu des actions individuelles conduit à l'harmonie, tandis que les séraphins séraphisent, les psalmistes psalmodient, et la musique céleste transporte à l'optimum de Pareto, dans le bruissement des bougainvillées qui irisent le berceau du nouveau bébé-RPR. A ce stade, on souhaiterait presque le troisième conflit mondial pour bien *insuffler* l'harmonie de la *Grande Société* (autre concept hayékien) aux amis du Mont-Pèlerin. Las, ils en réchapperaient et raconteraient dans les siècles des siècles : « La justice sociale est un fantasme, et je crois en vérité que le plus grand service que je puisse encore rendre à mes semblables, serait de leur faire honte de ne jamais se servir de cette inepte incantation. J'ai senti que je devais les délivrer de cet incube[21]. »

Fantasme, incantation. Et il l'a senti... Senti ! L'inspiration, l'introspection, le narcissisme que l'on traîne depuis Bentham. Et l'incube ! Hayek l'exorciste, le solipsiste gâteux ! Est-il sûr au moins qu'il s'agisse d'un incube ? La justice sociale pour les femmes et les homosexuels ? Non... La justice sociale est un *succube,* un voluptueux démon femelle qui feint de nous transporter à l'orgasme optimal. *Asperges me Domine,* délivre-moi du social.

Le social exorcisé, que restait-il au RPR ? *Homo oeconomicus* et Hayek, comme derniers électeurs.

Et Marx ? Le plus grand, hélas ! L'horizon indépassable, hélas ! Alors que Walras en fut le Mallarmé et Hayek le Sully Prudhomme, le Zola de l'économie politique salit l'économie pure. Pauvre Marx, qui reprit la théorie erronée de la valeur travail ! Qu'est-ce qui fait la valeur d'un tableau de Dalí, hé ? Qu'est-ce qui fait que le vin prend de la valeur en vieillissant, sinon le temps qui n'appartient qu'à Dieu ? Qu'est-ce qui fait la valeur de la source Perrier ?

Le Zola, que dis-je : le Lyssenko de l'économie, la

perversion de la science par l'idéologie. D'ailleurs, on le sait maintenant, le goulag, Lyssenko, Pol Pot sont dans Marx. Khomeiny était dans Marx (oui, oui, dans un petit coin). Et, ce qui est infiniment rassurant : *Marx est dans Marx*.

Il ne reste plus qu'à souhaiter aux marxistes en manque de public que Karl fasse une carrière cinématographique comparable à Jésus. Spielberg pour monter le *Manifeste*, et Scorsese pour ses relations avec Engels, ses amours ancillaires, l'abandon de son fils illégitime, ses rapports despotiques avec des filles hypnotisées par un père qui les *exploitait* au sens strict dans des travaux de secrétariat et de propagande, et qui les brimait dans leurs relations amoureuses. Deux se suicidèrent.

En 1864, grâce à l'héritage de sa mère, il connut le premier répit financier de sa vie misérable. Pour la première fois ses abominables furoncles et anthrax se calmèrent. Son foie se ragaillardit, et avec lui son style, comme il le confia à Lassalle. Cette année-là, Lassalle fut tué en duel. « C'est un de ces manques de tact ! » écrivit-il à Engels. Les convenances l'angoissaient autant que l'argent, les pustules, et pendant toute la durée de la rédaction du *Capital* les vomissements. Furonculose et théorie économique. Mais Karl découvrit les abysses de la douleur après la mort de sa femme. Il lui survécut à peine un an. « Il n'y a qu'un antidote à la souffrance morale, dit-il à sa dernière fille. La douleur physique. Mets en présence de la fin du monde un homme pris d'une rage de dents. »

Qu'est-ce que la fin du capitalisme à côté d'une bonne migraine ?

5.

De la guerre économique

> « La monnaie humaine, qu'un César ou un Bonaparte jette sur le tapis... » Bernanos.

INNOMBRABLES sont en Allemagne les flaques de la faim, ou les sources de la faim, qui lorsqu'elles coulent prédisent l'élévation du coût de la vie. D'où leurs noms de « sources de la vie chère[1] ». Si les dieux ne sont pas immortels, les croyances le sont, et l'esprit religieux. Il y a une religion économique. La nouveauté, c'est cet œcuménisme économique, ce gloria au marché, à l'entreprise, mais aussi à la crise et à la guerre. Qui nierait que nous soyons en guerre ?

La guerre

C'est une guerre mondiale : « Considérons l'économie mondiale : on n'y voit qu'un champ de bataille, où les entreprises se livrent une guerre sans merci. On n'y fait pas de prisonniers. Qui tombe, meurt » (François Mitterrand, *Lettre à tous les Français*). Le mythe de la guerre économique est ancien et cher au président. Dans *Ici et maintenant*, on trouve un parallèle entre défense contre l'expansionnisme soviétique, et guerre économique contre l'impérialisme américain. Celui-ci ne menace pas l'intégrité de notre territoire, mais

« s'empare » de nos ressources agricoles et industrielles. Il oblige à organiser « notre ligne de résistance face à l'offensive pour enlever nos " places fortes " industrielles et commerciales... Trois ou quatre " Waterloo " successifs, comme ceux du textile, de l'ordinateur et de l'agro-alimentaire nous réduiront plus sûrement à néant, et à moindre frais pour l'agresseur, qu'une bombe hypothétique sur le plateau d'Albion[2] ».

La guerre a changé de nature. Autrefois guerre de positions où l'on attendait l'agresseur depuis nos « places fortes », elle est devenue de mouvement, de surprise et d'attaque. Elle exige une créativité incessante. L'offensive sur le terrain adverse signifie que pour survivre on ne peut plus rester chez soi : indispensable est la conquête des marchés extérieurs. C'est une guerre de matériel et de compétence, où la meilleure préparation consiste en hommes et en femmes hautement qualifiés, bien entraînés, des chercheurs, « dotés d'un " armement " industriel et scientifique supérieur à celui d'en face[3] ». C'est enfin une guerre totale : chacun pour soi. On pourrait ajouter qu'il s'agit aussi bien d'une guerre civile que mondiale, puisque pour l'entreprise l'ennemi est aussi bien intérieur qu'extérieur.

On ne peut soupçonner le chef de l'Etat de ne pas connaître la guerre, de ne pas l'avoir faite, ni certainement de ne pas en avoir souffert. « Résistance », « agression » sont pour les hommes de sa génération emplis de sens. Est-ce à dire que la guerre économique devient la continuation de la politique, comme le fut autrefois la bonne guerre ? Il y a trop de présomptions pour ne pas chercher de preuve. L'Etat possède le monopole de la violence (Locke). Devient-il le grand préparateur de la guerre économique, car la guerre est chose trop importante pour la laisser aux chefs d'entreprise ? La discipline, force principale des armées, est-elle maintenant « la cohésion du corps de bataille, je veux dire la cohésion sociale au sein de l'entreprise (le dialogue et le partage)[4] ». L'entreprise promue bataillon ?

L'abus de la métaphore militaire est aujourd'hui trop important pour qu'il n'y ait pas véritable transfert, du champ de bataille au champ économique. Divers sont les lieux d'affrontement : le « champ de manœuvres » de la Bourse, où, lors de « l'assaut donné à la Société générale », témoigne de « l'importance de la bataille le poids des boulets qui s'écrasent ». On parlera d' « armistice » sur le front des OPA, de « bataille mondiale des composants électroniques », voire de « guerre de sécession économique[5] ». Peu avant de se ridiculiser dans un délit d'initiés à propos du rachat d'American National Can, le gouvernement, par la bouche du ministre de l'Industrie, annonça que « mille emplois créés à Dunkerque, voilà beaucoup de *médailles* gagnées ». Et aussitôt après, le goupillon : « Le *credo* libéral (...) beaucoup de *foi* (...) l'essor actuel et *quasi miraculeux* de ces nouvelles *vocations* d'entrepreneurs (...) les voies *mystérieuses* et changeantes du marché[6]... » Impénétrables sont les voies du marché.

Omniprésente est la guerre civile : « Versaillais et communards », lit-on dans *Le Monde*[7], à propos de l'agitation sociale. Au cœur de la guerre intestine, le syndicat, la cinquième colonne, celle qui attendait dans Madrid assiégé l'avance des quatre colonnes rebelles du général Franco. Les traîtres. La grève, « ce coup de poignard dans le dos ». La CGT ne se prive pas d'appeler au combat : « une guerre tous azimuts ! » (Henri Krasucki).

La guerre civile, c'est ce que des dinosaures nommèrent en leur temps la lutte des classes. Réaliser l'union sacrée pour lutter contre l'ennemi extérieur, voilà ce que racontent les oracles de l'économie. Mais tenir est difficile : « Je me bats sur la crête des deux millions de chômeurs » (Pierre Mauroy), et « Je refuserai la ligne Maginot des salaires » (Raymond Barre).

Tout à coup, au milieu de l'été 1988, alors que le front des émissions d'obligations était calme, la bataille des OPA s'assourdissait, la nuit tombait sur le champ du carnage Iran-Irak, on apprit que la *guerre des taux* menaçait. Oubliées ces broutilles de cessez-le-feu Iran-Irak, banalisation des armes chimiques, et autres génocides kurdes. Que sont quelques villages gazés à côté de la bataille des taux d'intérêt ?

Autre spectaculaire champ de bataille, le commerce

extérieur. Les rodomontades des maréchaux y valent leur pesant de devises. Le ministre Rausch, qui se fit remarquer à son arrivée par quelques petites erreurs de prévision de l'ordre de la dizaine de milliards, proposa modestement une *task force*, une force de frappe à l'exportation. Mais la palme au ministre Cresson, sanglée et corsetée en battle-dress, qui déclare, toujours dans le bel été 1988, qu'elle est en train de constituer un « commando », une douzaine de salopards issus de la haute banque pour la plupart, qui vont porter le fer et le feu chez le Teuton et le Japonais. Elle se fit également remarquer dans la *guerre des gaz*, claironnant à l'unisson du p'tit gars Calvet : « Que l'on ne vienne pas me dire que ce sont les voitures françaises qui sont responsables de la pollution ! Je ne vois pas pourquoi les feuilles des arbres tombent en Allemagne et pas en France ! » Réflexion qui vaut bien une médaille : celle qu'obtinrent les généraux français qui expliquèrent en 14 qu'on utiliserait des gaz qui décimeraient les boches sans toucher aux Poilus.

Indiscutablement, à l'armée des experts, ministres et condottieres, oracles et gourous en marche pour la guerre économique, ne manque pas un bouton de guêtre. Il n'y manque même pas le tourlourou, le comique troupier, le ministre Charasse.

Le marché, la compétition pour l'argent, la concurrence, le désir de se dépasser, d'avancer sans trêve sur le chemin de la croissance et du progrès sont en fait un *leurre*. Un chiffon rouge agité sous le nez des consommateurs, une mascarade destinée précisément à leur faire oublier la violence, la vraie, à l'exorciser. Une « sublimation » comme dit l'autre, infiniment plus souhaitable que leur expurgation dans des conflits qui tachèrent de rouge la neige d'Eylau ou d'ailleurs. Ainsi, « l'économique semble avoir été inventé par l'homme pour détourner la violence sur les choses [8] ». Cette version du bouc émissaire ne pouvait que séduire les économistes, qui proposèrent comme victime expiatoire l'argent.

Pour briser le cercle infini de la violence réciproque, de la vendetta, nos subtils ancêtres inventèrent la victime émissaire, humaine puis animale, d'où les troupeaux sacrés, le *pecus*, et, *in fine*, le *pécuniaire*. Avec la course perpétuelle à l'argent, la recherche infinie de l'accumulation, finie la violence sanglante. Demeure la violence rituelle, le mimétisme et le désir d'appropriation de l'autre, sauf que l'on ne désire plus consommer le foie ou le cœur, mais le portefeuille. Très précisément le portefeuille d'actions. Et lorsque la violence resurgit, c'est le krach. Les moutons de Panurge, les *golden boys* surexcités, la panique, le mouvement de foule, le lynchage. Quelques obscurs furent tentés par cette obscure théorie.

La similitude entre *économie* et *sport* est tout aussi claire : compétition, goût du risque, volonté de dépasser, les autres et soi-même, manie du record. En dehors du sport et de la météo, c'est en économie que les records ne cessent de tomber, dollar au plus haut, emploi au plus bas. Au plan financier, la confusion sport-argent est totale. Jamais une minute de sport n'est fournie gratuitement, et pas d'activité plus profitable que le sponsoring. Les entreprises *blanchissent* leur argent dans le sponsoring : ainsi les fabricants de cigarettes et d'alcool, interdits de publicité, dans l'automobile (Peter Stuyvesant, Ricard, etc.), comme la Mafia dans l'immobilier et plus récemment dans le placement financier, et d'autres dans la charité ou le mécénat. Ou comme Rhône-Poulenc se nettoie dans l'écologie.

L'équipe sportive se situe entre le *commando* (grande autonomie et esprit d'initiative des membres) et le *cercle de qualité* (idem). Loyauté, altruisme total vis-à-vis des compagnons, haine de l'ennemi, esprit féodal, soumission à un parrain ou un suzerain, non à un chef. Voilà le secret de l'entrepreneur allemand ou japonais. Noblesse et bernard-tapisme. Point commun essentiel de l'économie et du sport, l'uniformisation des êtres. Comme le marché du travail, le sport masculinise les femmes, qui perdent leur cycle après un entraînement un peu trop intensif, et féminise les hommes, dont les attributs s'atrophient dans les mêmes conditions. Bêtes de somme et bêtes de foire.

La contrainte extérieure

Avec la guerre et le sport, c'est le grand mythe de la politique économique que l'on retrouvera à propos du franc et de l'impôt. Eliminées les guerres intestines, surgit l'exigence d'unité face à l'extérieur. Apparaissent aussi des nations ennemies, alliées ou modèles, pacifiques ou agressives, ou possédant simultanément ces qualités. Ainsi l'Allemagne, qui troque à l'occasion son armure d'ennemie pour celle de modèle, voire d'alliée.

La politique économique appelle la question de la Nation. On ne peut l'envisager en dehors du champ du pouvoir, le champ national. Toutes les mesures de politique économique (hausse du taux d'intérêt, réglementation des changes, du crédit, fiscalité...) sont destinées aux nationaux. Or, par essence, le marché est international. Et l'interpénétration des économies, l'importance croissante du commerce extérieur rendent les économies nationales interdépendantes. De sorte que la conjoncture française dépend beaucoup plus aujourd'hui qu'autrefois du prix du dollar, du taux d'intérêt à New York, du prix du pétrole ou de celui de l'or à Londres. Une bonne politique autonome signifierait une économie autarcique, fermée, comme l'étaient encore largement les économies lorsque apparurent les plans conjoncturels dans l'entre-deux-guerres (plans Blum, Laval, Marquet, Poincaré, Reynaud) et dans l'après-guerre (plans Pleven, Mayer, Pinay, re-Pinay, Debré, jusqu'au plan Giscard de 1963). A partir du moment où l'économie est ouverte, la politique économique perd sa raison d'être, sauf à se soumettre avec une sorte de délectation morose à la contrainte extérieure.

La contrainte apparut après les premiers chocs pétroliers, en 1973, où, effectivement, il fallait être aveugle pour ne pas voir que l'extérieur imposait un certain nombre de mesures. On les adopta avec une dizaine d'années de retard. La contrainte extérieure, c'est l'obligation de faire comme les autres, et même, en gros, l'obligation de ne rien faire. Au moins rien d'original. D'être moyen. De minimiser l'écart d'inflation par rapport à la moyenne OCDE, de minimiser l'écart des taux d'intérêt, les écarts de coûts salariaux. C'est un *fatalisme économique*, un déni de gouvernement, une volupté morose de l'incompétence, un dolorisme de l'incapacité. Un aveu désabusé du manque d'imagination, un désir de se fondre dans le moyen, mi-sucré mi-salé, la chaleur douillette des autres, les cousins allemands et anglais, les demi-frères espagnols et italiens.

Elle excuse le prosaïsme, l'inaction, le mimétisme. Pas d'histoires et pas d'histoire. La politique franco-anglaise de l'entre-deux-guerres, la non-intervention en Espagne, le lâche soulagement de Munich : beaux exemples de contrainte extérieure. De même *le lâche soulagement de la rigueur*. Guernica et l' « équilibre mondial », les forces supranationales et les « grands équilibres ». On ne saurait trop insister sur le fait que la contrainte extérieure implique une *pure politique de l'indice* : c'est parce que le taux moyen d'inflation de l'OCDE est de tant et que le différentiel d'inflation avec l'Allemagne est de tant qu'il faut faire tant. Triomphe l'expert-statisticien, qui propose une batterie d'indices assortis de leur moyenne, et qui dit : « Voilà où vous en êtes par rapport à la moyenne, essayez d'y aller. » C'est la politique du listing d'ordinateur, le degré zéro de la politique. Le rêve d'être enfin plus moyen que la moyenne. Le rêve du clone. Ah, si on pouvait être un Allemand plus un Anglais divisé par deux...

En 1983, le choc contre la contrainte extérieure fut rude : il apparut que les politiques, avant de suivre Goux, Attali et autres exaltés de l' « autre politique » (dévaluation substantielle et sortie du SME), souhaitaient un minimum d'information sur les conséquences de l' « autre politique ». Malheureusement, les « Albanais » furent soudain incapables de raconter quoi que ce soit de précis. C'est là que se dévoila vraiment le drame des économistes. Inaptes à dire, non quoi que ce soit de cohérent, on ne leur en demandait pas tant, mais quoi que ce soit d'*autre*, ils ne purent que restituer les listings des modèles de prévision, étrangers et nationaux. Or, bien entendu, ceux-ci racontent tous la même chose, *c'est-à-dire la contrainte extérieure*. De sorte que lorsqu'on tournait la clé du remontoir des alternatifs, Goux et ses kolmiques ânonnaient encore : « la contrainte-la contrainte-la contrainte ». On put s'abandonner aux délices de la moyenne OCDE.

Les nationalisations de 1982 participèrent de la volonté de desserrer la contrainte. Faire que le ministère des Finances, à la moindre décision, ne sollicite plus la promesse de Paribas ou Suez de ne pas trop évacuer de capitaux. Hélas ! la volonté nationale fut vanité. Vanité aussi la décision de Churchill de maintenir la parité de la livre, avec l'accord de tous les financiers et économistes d'Angleterre, Keynes excepté. Au même moment, en Allemagne, le miracle Schacht était une simple réponse à la contrainte extérieure. Finalement, tout se solda par quelques millions de morts et par un demi-siècle de déclin industriel anglais.

Le FMI donne aujourd'hui un bon exemple de contrainte extérieure pour les pauvres, de bonne loi d'airain, qui serre fort. Pour la France, l'horizon 1992 représente un inappréciable rafraîchissement de la contrainte. Les mille jours qui nous séparent de l'ouverture des frontières sont autant de promesses d'inaction et de délectation morose aux cris mille fois répétés de « Bientôt l'Europe ! ». En son nom on demande du temps, et du temps au temps.

Les grands équilibres

Popularisés par Raymond Barre, repris avec enthousiasme par la gauche, les grands équilibres sont la version domestique de la contrainte extérieure. Leur première qualité étant la grandeur, ils expriment une fatalité. Personne ne saurait ne pas les respecter, car personne ne sait exactement ce qu'ils sont. Sans doute les équilibres macro-économiques, qui sont d'ailleurs des déséquilibres : déficit extérieur, balance des paiements ? Le poids de la dette peut-être ? Le déficit budgétaire ? Personne ne sait vraiment mesurer le déficit budgétaire : le chiffre de 3 % du PIB, cher à l'actuel président, n'a aucune signification, pas plus que celui de 1 %

consacré à l'aide extérieure ou de 3 % à la recherche. Sauf, encore, à vouloir faire comme les autres.

La question de la dette, elle, est une question d'honneur. Dans les années 1984-1985, le remboursement de la dette publique captant environ 10 % du budget — une misère ! — on fit courir le bruit que la signature de la France ne vaudrait bientôt plus tripette. Les « 3A » (excellent-excellent-excellent) devenaient « 2A-1B ». Quand on sait que les banques se trémoussaient encore, au même moment, devant le Mexique, que le Japon connaissait un endettement de plus du double, sans parler de celui des Etats-Unis, ou de la Belgique qui passait déjà les 100 % du PIB, la rumeur ne manquait pas de perfidie.

Avec les grands équilibres, disparaît la politique, comme le laisse entendre très honnêtement Michel Rocard, annonçant « qu'on ne peut remplacer l'économie par de l'administration, et que *tout passant par le respect des grands équilibres, la gestion doit se faire au moindre risque* ». Jamais malédiction économique ne plana tant sur crâne politique. Et sur les autres. C'est la primauté et l'universalité de la question économique. Quel avenir pour l'humanité, sinon économique ? Plus de croissance pour le tiers monde, plus de marché pour l'Est, plus de Sécurité sociale pour les Etats-Unis, plus de mixité pour la France, et gestion optimale du trou d'ozone.

La croissance

La compagne des économies occidentales depuis un demi-siècle. Récemment retrouvée, jamais vraiment abandonnée.

Première image de la croissance : le *miracle*. Il y eut un miracle français d'après-guerre (le pays rapidement reconstruit, une industrie croissant à 10 % l'an, le niveau de production de 1938 retrouvé en 1948, l'inflation stoppée, la fin du marché noir, le pouvoir d'achat qui décolle, l'équipement électroménager et l'auto, pas de chômage, l'obligation d'appeler de la main-d'œuvre immigrée dès 1945). Il y eut un miracle allemand (deux millions de soldats démobilisés absorbés avec trois millions de réfugiés de l'Est, et là aussi, dès 1945, l'appel aux Turcs). Miracle des pays asiatiques : le Japon ; les quatre dragons : Corée du Sud, Singapour, Hong Kong, Taiwan ; bientôt la Thaïlande.

Personne ne sait si la croissance de la Corée du Sud est liée à l'interventionnisme et au poids des sociétés publiques, au semi-esclavage des travailleurs, au savoir-faire des techniciens, au mimétisme des ingénieurs, ou simplement aux crédits américains et japonais. Mystère. En France, le miracle fut-il celui des planificateurs, des nationalisations, de l'aide Marshall, d'une population vieille utilisant du matériel vétuste ? En Allemagne, miracle de la main-d'œuvre qualifiée de l'Est ? Mystère, miracle. N'importe quel pays peut être touché par la grâce. La France paresseuse, le Japon lymphatique *, la Corée fataliste le furent. Il faillit y avoir un miracle brésilien, mexicain, et même ivoirien.

Deuxième image, les Trente Glorieuses. La hausse du revenu, ininterrompue pendant plus d'une génération, qui paraissait devoir être éternelle. Les Trente Glorieuses, c'est l'âge d'or, le temps arrêté.

Cet âge, où la croissance tombe du ciel comme la manne, fut révéré par les économistes d'après-guerre dans un immense corpus théorique appelé *Steady State Growth*, croissance équilibrée. Tous les grands noms y sont attachés : Harrod, Hicks (Nobel 1972), Modigliani (Nobel 1985), Solow (Nobel 1987 ; Solow ne parla *que* de croissance équilibrée), Samuelson, etc. Tous. La croissance équilibrée décrit l'économie dans son évolution paisible, sereine, régulière, semblable au flux régulier du fleuve qui passe sur les galets sans les altérer, la métaphore de l'éternité du temps. Tout marche de conserve, au même rythme paisible, la population, la consommation, l'investissement, le capital, le travail. C'est la marche royale

* « J'ai vite perdu toute illusion sur votre main-d'œuvre bon marché quand je l'ai vue travailler ; à voir vos hommes au travail, j'ai le sentiment que vous formez une race très nonchalante, pour qui le temps ne compte pas. Quand je m'en suis ouvert à certains patrons, ils m'ont fait savoir qu'il était impossible de changer des habitudes qui font partie du patrimoine national » (Un industriel occidental dans le *Japan Times*, 18 août 1915).

vers le futur, l'économie atemporelle, l'éternel retour du même sous le soleil radieux. N'y a-t-il pas de progrès dans cette société en croissance éternelle ? Si fait ! C'est même un progrès très particulier, que les économistes appelèrent sans fausse honte « progrès technique tombé du ciel ». Il accroissait la productivité et la consommation des individus, régulièrement. La manne, la croissance équilibrée comme âge d'or, jardin des Hespérides, se retrouve dans le titre d'un article d'Edmund Phelps, conseiller de la Maison-Blanche sous Carter : « La règle d'or, une fable pour les hommes de la croissance[9]. » C'est la théorie économique du bonheur éternel. Phelps montre que dans tous les chemins de croissance que peut choisir une société, un seul donne un maximum de produits à consommer à chaque individu. La croissance optimale, la meilleure.

Les économistes se sont beaucoup excités sur les questions de croissance optimale. Particulièrement les économistes des pays en voie de développement, qui en devinrent illico les théoriciens. Quel plus beau rêve que de trouver pour un pays le « chemin optimal », à suivre dans les siècles des siècles ? Transporter ses congénères sur les rails du bonheur estimé au maximum de PIB par individu ? En un sens, la question de la croissance optimale *clôt définitivement l'économie politique.* Il n'y a rien à ajouter au-delà d'un chemin qui propose le bonheur jusqu'à extinction du soleil.

C'est Frank Ramsey, le génial mathématicien et logicien qui eut le privilège de fermer définitivement le grand livre économique dans les années vingt. A titre d'exercice, sans y penser, le souriant Ramsey proposa le premier modèle de croissance où la « règle d'or » est respectée dans l'éternité. Un jeu, une curiosité. « Le plus beau de tous les modèles » (Keynes). Les économistes s'y précipitèrent comme sauterelles. Mort à 26 ans, Ramsey ne connut heureusement pas la prolifération morbide de la théorie de la croissance optimale, ni celle, jumelle, de la croissance équilibrée, qui devait emplir les bibliothèques d'Amérique et d'Europe.

Après les soubresauts consécutifs à la hausse du prix du pétrole en 1973, et avec une dizaine d'années de retard, les économistes finirent par abandonner la croissance équilibrée et se reconvertirent en hâte dans le déséquilibre. Mais la croissance reste l'aboutissement de la pensée économique, sous la forme ultime de l'optimum, laquelle ne peut être qu'une *éternité de l'optimum.*

Le *Zero Growth* (le rapport du Club de Rome et du Pr Meadows en 1973), ne fut pas une véritable remise en cause de la croissance équilibrée optimale diffusée au même moment en musique d'ambiance continue par toutes les universités du monde. Le *Zero Growth* est l'*état stationnaire.* C'est une autre image de l'âge d'or et de l'organisation optimale de l'humanité pour l'éternité. On peut, chez Meadows aussi, imaginer un progrès technique continu qui tombe du ciel, accroît la productivité du travail et permet à l'humanité de consommer toujours plus. Encore l'utopie vue par un économiste. Seule différence — et de taille — avec la croissance équilibrée, qui sanctifie les Trente Glorieuses : celle-ci considère la terre comme un merveilleux tonneau des Danaïdes, dans lequel on peut puiser et puiser à l'infini. Alors que celle-là en doute. Et même le moins ouvert des économistes commence aujourd'hui à en douter.

Après le miracle et la gloire, la troisième image de la croissance est l'*accumulation.* C'est aussi la société dans le temps. Mais rien de paisible désormais, sinon un processus d'abolition des limites, d'avancées et de reculs, d'expansion et de crises. L'accumulation appartient au cycle. Le cycle est une pensée absente de l'économie moderne, en raison des Trente Glorieuses, destinées à ne jamais finir. Egalement parce que le cycle appartient à la pensée marxiste, en voie d'extinction. Le cycle est rythmé par la crise du capital, la contrainte imposée par la nature à son avancée. Madame Nature ne se laisse pas faire. Le capital la brise, brise ses limites, et l'on connaît la fascination de Marx pour le mouvement : la machine en marche et son conducteur le bourgeois, tel qu'il est décrit dans le *Manifeste* par exemple, brûlant et arasant le Vieux Monde.

A l'opposé, l'image du capital des économistes modernes est parfaitement bucolique. Au terme de quarante ans de recherche [10], un peu désabusé, Hicks le décrit comme une maison : « Une grande maison... On tourne autour, la perspective et l'éclairage changent... Elle n'est jamais la même. » Il développe ensuite la théorie autrichienne du capital, dont l'image est le lac : un flux l'alimente, un flux en sort, sa masse est là. La métaphore marxiste du capital est le magma du volcan. Sa masse consume, détruit, produit des lueurs, de magnifiques nuages iridescents, des fantasmes : les marchandises. L'accumulation sans limite, la quantité pour la quantité, le processus vénéré en lui-même, « la production qui est le but de l'homme, et la richesse le but de la production, c'est là que bat le cœur secret de Marx. Marx, souvenons-nous-en, est d'abord avide [11] ».

Fierté de la maîtrise totale de la nature. Fascination pour l'aspect démoniaque du processus, la terre devenue un magasin général. La terre expropriée, vidée, retournée comme une peau de lapin. Le cadavre de la nature, immense, étalé, là (l'immense cadavre blanc de la baleine dépiautée qui flotte et part entre deux eaux, à la fin de *Moby Dick*). L'ennemie héréditaire enfin tuée. L'accumulation est un champ de bataille et un carnage. Certes, Marx ne cesse de dire que le but de la production c'est l'homme et non l'inverse, mais il se garde bien de décrire le terme du processus, le niais « qui va à la pêche le matin et joue de la flûte le soir ». L'idiot autogestionnaire sans doute, branché sur le tube cathodique de la naissance à la mort. L'utopie d'Owen, « la terre cultivée comme un jardin ». Central Park au sein de Manhattan. Cette fascination pour le carnage, on la retrouve dans *Apocalypse Now*, où le colonel de cavalerie, Robert Duval, se déclare ému par l'odeur du napalm qui vient de détruire une forêt et ses habitants.

Comment ne pas croire qu'il n'y a pas de terme à l'accumulation ? que « les capitalistes font toujours construire de nouvelles machines pour les employer à construire de nouvelles machines » (Rosa Luxemburg) ? Malheureusement, la nature, une fois détruite, est encore plus nature que nature ; les immeubles de Manhattan plus naturels que les bouleaux de l'île.

La crise

Croissance équilibrée ou accumulation, la fascination pour le progrès est équivalente chez les économistes *vulgaires* (les marginalistes vus par les marxistes) ou les économistes *non scientifiques* (les marxistes vus par les marginalistes).

La crise de 1973 fut une bouffée d'espoir pour les derniers économistes marxistes, « critiques », historiques, socialistes, schumpétériens, etc. Ils virent dans le coup d'arrêt aux Trente Glorieuses une réapparition — enfin ! — de la crise que libéraux et keynésiens croyaient oubliée depuis l'invention des techniques d'intervention conjoncturelle de l'Etat.

Mais le plus curieux fut la virtuosité avec laquelle les économistes et les hommes politiques de tout calibre, après une brève période d'émotion et de reconversion, s'installèrent dans une véritable *délectation de la crise*, une langueur critique, une léthargie où l'on expliquait que tout venait de la crise et retournait à la crise. Tous les vieux mythes (la croissance, l'impératif industriel) furent remplacés par les exigences de la crise, la pédagogie de la crise, la sortie, l'effet, la fin, l'impact, le bout, la crise de la crise. Reconvertis dans le déséquilibre, on s'installa confortablement dans la durée de la crise.

La célérité de la reconversion oraculaire n'eut d'égale que sa cécité : personne ne vit ni ne prévit quoi que ce soit. La crise appartenait à l'irrationnel, à l'extérieur et aux risques majeurs dont on vient de faire un ministère. Le caractère étranger, forain, et pour tout dire *arabe* de la crise fut éminemment souligné. Des émirs habillés en Arabes réunis dans des palais des Mille et Une Nuits avaient multiplié par quatre les prix du pétrole (et au passage par cinq les profits des compagnies pétrolières), à la suite d'une guerre qu'ils ne dominaient pas militairement. Que faire contre des Maures qui constituent, au mépris de toute morale concurrentielle, un cartel ? Comme celle de l'épidémie, asiatique ou africaine, la première manifestation de la crise est l'exogénéité.

La seconde est la durée. La crise est durable. Elle laisse du temps. La perpétuité de la crise est la situation idéale pour un économiste ou un expert, comme celle de la guerre pour un militaire. En l'occurrence, la question du *bout du tunnel* occupa les hommes politiques jusqu'en 1981, moment où les socialistes commirent, eux aussi, l'erreur d'annoncer que le trou de lumière était en vue. Dès 1982, ils comprirent qu'il valait mieux annoncer que le pays était définitivement en crise, soumis à la contrainte extérieure et au désordre monétaire international lié à l'insoutenable légèreté des Américains. Vieille d'une dizaine d'années, la crise en reprit pour dix de plus. Si grande est sa commodité que les derniers lambeaux de la gauche marxiste déclarèrent tout à coup, illuminés, que contrairement à ce qu'ils disaient depuis vingt ans, *ce n'était pas encore la crise*, bien qu'elle ne sût tarder et dût être alors impitoyable : « Tôt ou tard, un jour viendra, où nous aurons à chaque instant la confirmation empirique de la théorie marxienne de l'accumulation, la crise du capital [12]. »

Il est hors de doute qu'elle viendra et sera terrible, pire que celle de 1929 qui fit chuter de moitié la production américaine. En France, ce messianisme perd de ses prophètes avec le passage des socialistes au pouvoir. Certes, demeure la référence à « la deuxième grande crise du capitalisme du XXe » (programme de 1980), « toujours recommencée depuis vingt ans » (programme 1988) [13]. Mais alors qu'elle affectait tous les domaines de la vie, en particulier la fameuse trinité « les femmes-les-jeunes-et la culture », elle est désormais strictement cantonnée au champ économique, lequel est étroitement bridé par la contrainte extérieure : « Quinze ans de crise », mais « un réseau dense de contraintes économiques », et « un environnement international en désordre ». Crise du monde rural, mais surtout de l'industrie, qui vit une *crise dans la crise* (on n'ose imaginer ce que vivent les syndicats). La crise gigogne et l'ubiquité de la crise restent le fondement du système baptisé du bout des lèvres capitalisme. Mais les socialistes, face à la « contrainte de la mobilité », ont su « donner aux Français le goût de l'entreprise ».

Quinze ans de crise façonnent des réflexes, dont celui

d'utiliser à tout hasard le mot « crise », comme fut utilisé « révolution » jusqu'à ce que suffisamment pressuré et galvaudé, il prenne une retraite bien méritée dans l'expression « révolution commerciale ». Après avoir surtout complaisamment exhibé leur propre crise, les économistes se demandèrent si finalement la crise en était bien une. Ainsi dans *Crise, krach, boom*[14], l'expert Albert, grand ami des économistes (*Eloge des économistes, Les Progrès de la science économique* et tout à l'avenant), constate avec un zeste de stupeur qu'au fond, depuis 1945, *il n'y a pas eu de crise.* Bon an mal an la croissance (des riches) s'est maintenue, le revenu réel a augmenté (sauf chez les pauvres), de sorte que « jamais l'économie mondiale n'avait été aussi généreuse et satisfaisante pour un aussi grand nombre d'hommes ». Et, Dieu sait si l'époque est généreuse, les économistes même progressent : « La science économique a fait des progrès *incommensurables* depuis les années trente. Imaginons qu'à l'époque on ne savait pas ce qu'était un taux de croissance ni même un revenu par tête ! » C'est un petit peu sévère pour Lord Keynes, Sir Roy Harrod, qui écrivait précisément sa théorie de la croissance dans l'entre-deux-guerres, Sir John Hicks et surtout Frank Ramsey, dont on a vu qu'il fignolait dans les années vingt le plus esthétique des modèles de croissance et de revenu par tête précisément. Ce n'est même pas gentil pour Malthus, pourtant le plus limité des économistes libéraux hors Dunoyer qui, dès 1801, fit la distinction croissance linéaire et croissance exponentielle.

Bref. « Mais comment se fait, s'interroge-t-on, que malgré cette incommensurabilité nous ne soyons pas mieux armés pour faire face aux difficultés de notre temps ? » On s'interroge, en effet. D'autant que quelques lignes auparavant, on vient de brocarder deux éminences du Massachusetts Institute of Technology, les Prs Dornbusch et Blanchard, qui oraculèrent peu avant que le dollar ne s'effondre : « Les déficits à venir sont prévisibles et prévus. Leurs effets sont donc déjà pris en compte dans la valeur du dollar. Leur survenance ne constituera en rien une surprise, et n'aura que peu d'impact sur les cours de change. » Belle prescience, sinon science. On ridiculise ensuite le Nobel Friedman, pour sa théorie du rééquilibrage automatique des balances du commerce ou des paiements par la flexibilité des changes, éminemment stupide, certes, « implacablement contredite par les faits... obstinément martelée par son auteur ».

Il est vrai que l'on peut toujours citer du Friedman pour faire rire, et que si l'on n'en a pas sous la main, on prendra du Samuelson. Le 19 octobre 1987, le jour même du krach boursier, paraissait un article de l'inénarrable Paul Antoine, « le plus célèbre économiste américain », qui soupirait : « L'économie européenne ressemble à une Rolls-Royce... Les Européens devraient bien réparer leur Rolls avant qu'elle ne s'arrête [15]. » Le soir, le camion américain était en panne.

Après avoir daubé sur les Nobel, on excipe néanmoins de la présence de deux de ces êtres d'exception pour ennoblir et cosigner la solennelle *Déclaration des trente-trois économistes de treize nationalités différentes,* Franco Modigliani et Lawrence Klein. La très originale pensée du premier se ramenant à une recomposition diluée de la vigoureuse pensée des susdits Samuelson et Friedman, quelque chose entre le néo et le néo-néo-classicisme. Klein lui est un économètre, pas plus antipathique qu'un autre. Il prépare le redressement de l'Argentine sous la férule du néo-péronisme. Economie et rouflaquettes. On l'attend au tournant.

Donc, malgré les « immenses » progrès de la science économique, le diagnostic ne passe pas. Il y a césure entre le politique et l'économique. Et que disent les « 33 des 13 » dont Albert ? Qu'il va y avoir une crise, ce que disent depuis une cinquantaine d'années les marxistes, et les ultralibéraux autour de Hayek, depuis une génération les socio-keynésiens autour de Galbraith. Ce que chantent en grégorien Jacques Attali à longueur de journée à l'Elysée et depuis vingt ans les monétaristes autour de Friedman. Ce qu'a toujours dit un jour ou l'autre tout économiste qui se respecte. Ce que dut dire un jour Raymond Barre. Mais il est vrai que les « 33 des 13 » clament haut : « Aujourd'hui, le principal danger qui nous menace est une récession mondiale très grave... Il n'est plus possible de méconnaître les déséquilibres... On court le risque de sombrer dans une récession qui s'étendra à tous les pays du globe... » C'était en décembre 1987. Attendons.

D'ici deux ou trois générations, les « 33 des 13 », s'ils y sont encore, pourront gouroutiser par-ci par-là et dire qu'ils l'avaient toujours dit. A peu près au même moment, le G-7 (Groupe des ministres des Finances et gouverneurs des banques centrales des sept grands pays industrialisés) déclarait à peu près le contraire : « Tout va bien, on est dans le cadre d'une évolution positive de l'économie mondiale, les progrès dans la réduction des déficits sont substantiels, la croissance sera forte. »

En vérité les sept et les trente-trois sont les mêmes individus : même formation, même doctrine, mêmes lectures, mêmes experts issus des mêmes centres de recherche travaillant pour les uns et les autres, mêmes avions. Où sont passés les progrès de la science ? D'abord, le G-7 utilise le langage du mi-cuit mi-cru, s'autocensure par dilution, reste nébuleux et toujours optimiste. Le G-7 pratique simplement le langage d'expert : « Ceux qui ont travaillé dans l'orbite du Commissariat au plan en France, *c'est le commissaire* Albert *qui parle*, ont bien connu cela. Il y avait unanimité des politiques et des partenaires sociaux (patrons, ouvriers, et agriculteurs) pour sommer les experts de leur annoncer de bonnes nouvelles. Cette exigence d'optimisme est encore plus forte de la part des opérateurs financiers : sur une bourse des valeurs, ce qu'on échange, ce ne sont pas des biens réels mais des espérances. Il y a donc, entre le marché de la politique et celui de la finance, une alliance naturelle contre toute pensée économique " pessimiste ". »

Ayant apprécié au passage le « ceux qui ont travaillé au Commissariat au plan » — on jugera plus loin —, reconnaissons que cette analyse est particulièrement aiguë : l'expert n'est pas là pour expertiser, mais pour chanter la chanson demandée, et si possible les louanges du demandeur. De toute façon quelque chose de gai, d'entraînant, le gloria du marché planant in *saecula saeculorum* sur le monde radieux de l'échange. Dans d'autres sociétés, il a pour nom *griot* celui qui chasse les esprits des revenants, dans d'autres bouffon ou baladin, ailleurs sorcier, mais dans tous les cas il est là pour remonter le moral. Que ce soit l'expert entre les experts Albert qui le fredonne est, comme disent les oracles belges, particulièrement gai.

En vérité, les « 33 des 13 » dont deux Nobel et j'en passe ont fait cette chose absolument bouleversante : ils ne se sont pas aplatis devant la bonne conscience du monde en ajoutant leur dose de sucre à la tasse sucrée servie par les grands du G-7. L'expert, dont la fonction n'est que de justifier instantanément tout ce qui se fait dans le monde puis de diriger la claque, s'est permis de déclarer que l'économie pouvait être encore plus merveilleuse qu'elle ne l'était, bien qu'étant infiniment merveilleuse. Dont acte, saluons les aveux du commissaire, et attendons la crise.

Et comme en économie, tout finit par de la psychologie, c'est une évolution des mentalités qui est à souhaiter. Allongez-vous : « On ne peut avoir à la fois une large ouverture commerciale et une faible ouverture psychologique les uns aux autres [16]. » Albert *dixit.* Pas vraiment de risque que l'*autisme* menace la profession.

Nations modèles

Les nations eurent une âme économique : dans les années soixante-cinq, la Yougoslavie, Cuba, la Suède. L'Algérie même prétendit au statut de modèle au temps des Black Panthers, avant que les expertises de l'école grenobloise ne fassent sentir leurs effets. Par contre on n'entendit jamais parler de modèle suisse, italien ou français. Pas de modèle espagnol jusqu'à nouvel ordre. Pas de modèle belge. Exit la Yougoslavie, exit Cuba, horrifiée par la perestroïka. Existe-t-il encore un modèle suédois ? Pas de chômage, forte productivité, industrie robotisée, forte protection sociale, faible hiérarchie et fort revenu par tête, syndicalisme « responsable ». Mais l'excès de pression fiscale (55 % du PIB), qui chasse les sportifs et les artistes, annihile le concept de modèle. Une nation qui fait fuir ses élites ne peut être un modèle. En restent deux, peut-être trois.

Le *modèle allemand*. Incontestable. Economie-amont, forte sur la machinerie, capable d'imposer ses prix pour des produits indispensables *(price-maker)*, donc de bénéficier d'une surévaluation constante de sa monnaie. C'est le *cercle vertueux allemand*, alors que dans le *cercle vicieux français*, la faiblesse du franc pénalise l'économie (c'est d'ailleurs un double cercle vicieux : la force du franc *pénalise aussi* l'économie française). Syndicats puissants et responsables, discipline de production, qualité des produits. Extraordinaire excédent commercial, le second du monde. Taux de pression fiscale raisonnable. Faible hiérarchie des revenus, absence de hiérarchie cols-blancs, cols-bleus. Point noir : peuple en voie d'extinction. Mais appel aux frères de l'Est...

Le *modèle américain* est un pléonasme, puisque les Américains sont le futur. A 99 % les faussaires du concept se trahissent par leur révérence au modèle américain. La réussite des économistes français naquit de leur talent de traducteur. Comment reconnaître le copiste ou le faussaire, dont la place n'est même pas au second rayon économique, derrière le théoricien de la paresse, le docteur ès goulag syndical, le clerc du déclin ou de l'impératif industriel, le spécialiste de la France à deux vitesses ?

Borges remarque après Gibbon qu'il n'y a pas de dromadaires dans le Coran. Un faussaire eût prodigué chameaux, caravanes et bayadères. Il en va de même en économie : le truqueur utilise « perdurer », *weltanschauung*, et quelques petits imparfaits du subjonctif comme la bonniche qui pique dans le coffret à bijoux de sa maîtresse. En tant qu'expert, il ne peut non plus longtemps interdire à ses gènes larbinesques de resurgir. Il lui faut un modèle. Et ce modèle, c'est toujours, trente ans après (on se souvient de ce livre montrant la suprématie de l'industrie américaine à l'aube de son complet déclin, 1967, *Le Défi américain*), le modèle américain. Ainsi *La Machine égalitaire* d'Alain Minc, mille et unième panégyrique de l'Amérique.

Le *modèle japonais*. Miracle, puis mystère, enfin modèle. Indiscutablement le Japon est aujourd'hui un modèle, de travail, de ferveur productive, d'harmonie dans l'entreprise, et d'une symbiose modernité-féodalité. Celle-ci ne laisse pas d'émerveiller Michio Morishima, S.-C. Kolm et autres qui, désespérés d'expliquer quoi que ce soit en économie, finissent par fouiller dans le bouddhisme, le confucianisme et le shintoïsme[17], comme d'autres fouillèrent autrefois dans le protestantisme. Au plan de la production, les zaibatsu, le protectionnisme intérieur, les maisons de commerce, les relations privilégiées entre financiers et industriels firent rêver les socialistes français partis à la « reconquête du marché intérieur », à la recherche de « filières » et pour renationaliser l'industrie. Autre facette du miroir, l'énorme dette (la moitié du produit national contre le tiers en France ou en Allemagne), qui donna encore des idées aux alouettes socialistes, oublieuses de la tout aussi grosse épargne japonaise, tellement abondante qu'elle finance en sus une bonne part de la dette américaine.

Apparemment, le modèle japonais est difficile à exporter, sauf en Asie. Accompagnés des quatre dragons, les Japonais relèguent les vieux pays au rang de curiosité industrielle, de musées de la machine, de parthénons des hauts fourneaux où souffla l'esprit du CNPF. Ne laisse pas non plus d'inquiéter dans le « modèle » l'effrayante corruption de la classe politique. Le scandale fait partie du train-train. En 1988, le 10 novembre, *Toilet Day,* jour des toilettes publiques, jour sacré dans le pays qui a la plus grande densité de toilettes, éclata le scandale du Recruit Cosmos qui provoqua la démission du ministre des Finances. Cette corruption, structurelle au pays du petit cadeau, devrait rassurer ceux qui s'inquiètent de voir le Japon désirer jouer un rôle sur la scène internationale vis-à-vis des pays en voie de développement, en matière d'aide et de négociation de la dette notamment : Mafias locales et tyranneaux ne feront pas le poids. Tremblez, les Mobutu !

Le bon sens près de chez nous

« Le bon sens, la gale la mieux partagée » Rebatet.

Excepté le PC, soumis encore à la mythologie impie et aux mots infamants du marxisme, le consensus des autres formations politiques est étonnant. C'est une sorte de « bon sens économique », possédant l'autorité redoutable du bon sens :

Le franc fort. Ça va de soi. Toute la doctrine monétaire de la France depuis 1958. Le dogme de l'orthodoxie financière. Variantes : budget en équilibre, dette publique nulle.

L'impératif industriel. Vieux mythe, popularisé par Lionel Stoleru. Mythe de la reconstruction. Mythe gaulliste ensuite (la France peut tout faire, Concorde, CII), puis socialiste (on va faire de la machine-outil). Variantes : reconquête du marché intérieur, nationalisations, produire français. Ardente obligation. Unanimité.

Les créneaux. La France doit être très forte là où elle est forte. (UDF, centristes, Raymond Barre).

Concentrer. Les entreprises françaises n'ont pas la taille internationale. Il faut fusionner, regrouper. La taille est un facteur de productivité. Fos-sur-Mer. La sidérurgie. Le plus grand musée du monde, la plus grande bibliothèque du monde, le plus grand paquebot du monde. Mythe enfantin et jacobin. Unanimité.

Harmonie sociale = rentabilité. Mythe social-démocrate.

Rentabilité = harmonie sociale. Mythe libéral.

D'abord l'entreprise, ensuite la banque. Socialistes.

Le public gaspille. Libéraux.

Le privé gaspille, n'investit pas assez, privilégie le foncier, le rural. Le patronat est malthusien. Socialistes.

L'égalité crée la productivité. Mythe social-démocrate. Les pays de forte productivité sont ceux où la distribution des revenus est égalitaire (Suède, Allemagne, Japon).

L'inégalité crée la productivité. Mythe libéral. Vieux mythe de l'ascension sociale. L'inégalité donne envie de se dépasser. Variantes : l'inégalité crée la mobilité ; la machine égalitaire, trop de redistribution, l'inégalité des revenus favorise l'épargne, etc.

Le coût de production est le coût du travail. Mythe libéral. Variantes : toujours plus, la France paresseuse.

Certains prennent la place des autres. Immigration (Front national), départs à la retraite (PS), le problème de l'emploi est démographique, les jeunes, les femmes (UDF).

Trop d'impôt. Unanimité.

Les lois sur les pauvres créent les pauvres. Vieil adage malthusien et mythe libéral. Variante : le revenu minimum d'insertion (RMI) est une incitation à la paresse.

Certains lieux communs sont trop connus pour insister : la confiance ; le pouvoir d'achat (des pays qui sacrifièrent des millions d'hommes refuseraient aujourd'hui la perte de quelques « points » de pouvoir d'achat ; les paysans de 14 fournirent en sus leur or et les survivants durent s'embaucher à la ville). L'héritage (l'incapacité des précédents) ; la fragilité (fragilité de la reprise, fragilité de la désinflation, tout ce qui tourne autour de la *convalescence* de l'économie). L'Europe est un mythe économique que la France traîne depuis deux générations, et probablement pour longtemps. Enfin, il est une dernière évidence, qui assure paradoxalement et définitivement la primauté de l'économique dans le monde moderne :

L'incapacité des économistes. Incapacité de prévoir, de comprendre, d'expliquer : la trop grande complexité du monde économique ; l'interpénétration des marchés, la mobilité des capitaux, l'incertain, bref, le fatalisme et la complexité de l'offre et de la demande. D'où le pardon par anticipation des experts. Le grand brouillard économique. Toujours plus de chiffres, de taux, de prévisions et d'erreurs économiques, et toujours plus d'oracles. Le mythe de l'économiste « qui ne cesse de se tromper — mais c'est comme ça ». L'un des plus enracinés. Impossible de ne pas voir comment les économistes accréditent aujourd'hui l'idée qu'ils sont *condamnés* à se tromper. « Nous ne savons rien » (Michel Beaud). « Pourquoi s'est-on trompé ? » (Paul Fabra). Sachant que l'on se trompe toujours pour de bonnes raisons et que l'on dit la vérité souvent pour de mauvaises, l'avenir de l'expert est assuré.

6.

Hermès ou le dieu marché

> « Gloire au plus haut du ciel au Dieu qui me protège
> Hermès au tendre pied ! » Jean Genet.

A Pharos, en échange d'une pièce de monnaie, les consultants d'Hermès étaient assurés d'une réponse augurale dans les premiers mots qu'ils entendraient prononcer en quittant la place du marché...

Enfant, Hermès débuta comme voleur de génisses. Il maquilla son larcin. Débusqué puis pardonné par Apollon auquel il avait offert sa lyre, le jeune homme, qui s'était entre-temps autoproclamé dieu, demanda à son nouvel ami de lui apprendre l'art des augures, lequel lui paraissait d'une extrême utilité. Zeus l'avertit qu'il aurait à respecter la propriété. Il en fit le messager aux pieds légers chaussés de sandales d'or ailées, qui le transportaient avec la rapidité du vent. Ses fonctions : établir des contrats, favoriser le commerce et veiller à la libre circulation des voyageurs sur les routes du monde. Il promit à Zeus de ne pas mentir, mais ne s'engagea pas « à dire absolument toute la vérité [1] ». On dit aussi qu'il fut le père des poids et mesures et qu'il inventa le jeu des osselets.

Images du dieu

Hermès est le Marché, et le marché porte les messages. On ne saurait le comprendre, non plus que le débat Etat-marché sans revenir à cette fonction de messager. Hermès est aussi augure : il est capable de flair, de prémonitions, de prescience. Essentielle est cette qualité, augurale au sens strict, par laquelle il pressent et fait signe.

Extraordinaire est aujourd'hui dans les commentaires l'*anthropomorphisme du marché,* particulièrement des grands marchés, marchés financiers, marchés des changes, marché de l'or, marchés des matières premières. « Le marché réagit », « le marché ne se trompe pas », « le marché tient compte des derniers résultats du commerce extérieur américain ». Il est le dieu grec, avec les faiblesses, les humeurs et les passions des hommes, mais aussi tous les attributs de la divinité : immanence, immortalité, triomphe final. On ne tue jamais le marché. La « main invisible » est bien celle du dieu portant la houlette d'or à cordons blancs, qui tisse les fils de la concorde par les contrats. Hermès rend compatibles les désirs et les plans des uns et des autres. Hermès est pacifique. Chose très curieuse, Hermès *ferme aussi les yeux des morts* au moyen de sa houlette, dont les cordons se transforment alors en serpents. Il les conduit, « avec douceur » dit le mythe, au royaume d'Hadès. Il conduit doucement à la mort.

Il conduit aussi à l'optimum. Pour atteindre un équilibre de concurrence qui ait aussi des propriétés d'optimalité, il faut :

1) *que les agents soient petits et nombreux* — pas de monopole, de lobby, de cartel, de syndicat... atomicité, mobilité parfaite, informations parfaites ;

mais surtout :

2) *que les droits de propriété soient parfaitement définis.* Voilà la règle fondamentale. Il faut que l'on sache qui détient quoi. A quel humain appartient tout ce qui n'est pas humain. Il ne faut pas de *biens publics* (l'armée, les centrales nucléaires, dont on ne peut dire à qui elles sont, sinon à la collectivité), *il*

ne faut surtout pas de biens collectifs ou libres : l'eau, l'air, l'ozone... Autant d'entraves au couple équilibre-optimum. Le marché ne sait pas gérer les biens libres.

Cela dit, *dans un monde de propriétaires,* le marché est l'agent d'information par excellence. Les prix sont des signaux : aux entreprises, ils indiquent l'intensité des désirs des consommateurs, ou encore les disponibilités relatives des facteurs de production, la rareté du travail par exemple. Aux consommateurs, ils indiquent les raretés relatives des biens qui sont à leur disposition. Le marché réalise donc une *gigantesque économie d'information et d'organisation.*

Messager et oracle, Hermès dit « achetez » ou « vendez ». Gai, euphorique, renfrogné, morose, attentif, sceptique, sa bonne et sa mauvaise humeur se reflètent dans les hausses et dans les baisses. Il passe, le pied léger, du dollar qui monte à l'or qui baisse, de l'or au pétrole, du pétrole à la Bourse. C'est l'harmonie, la Grande Société de Hayek, la grande société mondiale. Le Village Planétaire où tout s'achète et tout circule.

Compétition, « guerre économique ». Mais le marché est surtout *un jeu.* Voilà le trait profond du marché — et le sport aussi est un jeu, et la guerre aussi. Le mythe le dit : Hermès est le dieu des joueurs.

Qui nierait le plaisir des marchands? Regardons la publicité, les visages brillants, souriants, les spots multicolores, rutilants comme les marchandises. On rit même chez les savants : l'invasion de la théorie des jeux, depuis quarante ans, depuis l'ouvrage de von Neumann et Morgenstern [2], est stupéfiante. Quant aux acteurs, ils jouent tous les jours : les *golden boys ;* les niais embarqués ensemble dans un cercle de qualité; les chasseurs de têtes, les publicitaires, les créateurs d'entreprise...

Antithèse du marché comme jeu : le marché comme jungle. Les ennemis du marché parlent de la *loi de la jungle,* car la jungle ne respecte pas les règles du jeu. Or la concurrence doit être loyale, honnête, bien élevée, une affaire de gentlemen. Dans un marché bien défini et réglementé, certains réussissent, d'autres sont mis en faillite, ça ne fait rien, on se serre la main et on reconvertit les activités. Car il faut des règles pour assurer la liberté. Même Yvon Gattaz l'a compris, qui utilise l'image du carrefour : s'il n'y avait pas le sergent de ville ou le sémaphore, ce serait l'enfer. Hélas !, des individus douteux cassent parfois les prix, font du dumping, tentent des raids boursiers sur des entreprises en difficulté, débauchent des clients, travaillent provisoirement à perte, attaquent dans le dos. Ce sont des tigres, ou plutôt des hyènes, des requins, des vautours. Ils pratiquent la loi de la jungle, comme toutes ces bestioles ne cessant de se consommer entre elles par méchanceté pure, mais qui — Dieu des braconniers et des amateurs de cornes de rhinocéros merci — sont plus ou moins en voie de disparition. La jungle, c'est le territoire des sauvages. Or les capitalistes sauvages sont domptés, ou se reconvertissent en honnêtes entrepreneurs. Même Leclerc et son fils s'assagiront, qui auraient aujourd'hui tendance à jungler.

L'image de la jungle est la plus mauvaise que pouvaient choisir les ennemis du marché. La jungle respecte la nature, puisqu'elle est la nature. Le marché la détruit. Il est tout à fait significatif que les théoriciens modernes du marché (Gérard Debreu notamment) utilisent la notion de *jeu contre la Nature*, la nature avec un grand N. Le marché hait la Nature. Il est l'anti-jungle, ô combien ! La jungle est équilibre, le marché est mouvement.

Sans doute les contempteurs du marché veulent-ils dire que la concurrence pure et parfaite, à la loyale, est un leurre ; que la frontière entre escroquerie et commerce est floue. Les mercantolâtres répondent que cette jungle-là, celle des escrocs, c'est l'absence de marché qui la crée. Prenons le *marché noir*, au nom sinistre. Celui des pays de l'Est, des pays en voie de développement, de la France occupée. L'absence de liberté dans la circulation des denrées, le monopole de distribution de l'Etat sur les marchandises, les taxes douanières, les rackets bureaucratiques créent le marché noir. La Mafia croît et prospère à l'ombre du dictateur ou de la prohibition. Friedman est pour la libre circulation de la drogue. Tout ce qui est lobby, entente, trust, monopole entrave à la circulation porte les germes du marché noir et de la Mafia.

Le mercantolâtre prêche la cassure des monopoles, la

dérégulation. Son vieux rêve, depuis Adam Smith le voyageur, c'est le Village Planétaire, la concurrence universelle et la fluidité sans entraves. Le Village Planétaire abolit les frontières, les distances, les jours et les nuits. Dans le Village Planétaire, tout se sait, partout et à tout moment, comme dans un village d'ailleurs, où il est impossible de faire un pas sans que les rideaux se soulèvent. Rien de plus conformiste qu'un village, où tout le monde fait comme tout le monde, c'est-à-dire avale de la boisson à base de cola.

Lorsque se consomme à Tombouctou ce qui se produit à Stockholm et se jardine le dernier carré de forêt, le marché est partout. Si l'on tient à critiquer le marché, ce ne sont pas les bribes de jungle qu'il faut regarder, mais le *conformisme* (et la solitude du héros moderne, le déraciné de Stirner, celui qui n'a fondé sa cause sur rien, le flic, le privé, le truand, le clodo), l'*ubiquité* (tout a vocation à passer par lui), le *mouvement* (le marché n'existe qu'en avançant).

Le conformisme : le marché travaille pour le nombre, le grand nombre, la masse. C'est la production de masse qui fit le succès du capitalisme. C'est à la moyenne des désirs qu'elle s'adresse. La « liberté » du marché, c'est celle du sondage, du milieu, du mi-cuit. Homme libre, toujours tu haïras le nombre. Gombrowicz : « Le Nombre ! Le Nombre ! Capitulant devant le nombre, j'ai abdiqué justice, morale, humanitarisme. » Céline : « Dans le jeu de l'Homme, l'Instinct de mort, l'instinct silencieux est décidément bien placé, peut-être à côté de l'égoïsme. Il tient la place du zéro dans la roulette. Le casino gagne toujours. La mort aussi. La loi des grands nombres travaille pour elle[3]. » Le jeu, l'égoïsme, le nombre et la mort. Imposture de la liberté économique, celle du propriétaire : « Va, vends tes biens et suis-moi ! » « Partez sur les routes ! Abandonnez femmes et enfants ! Rejoignez les surréalistes ! »

L'ubiquité : tout peut être échangé. Le marché a pour vocation de transformer toute particule de la planète en objet d'échange, et tout instant du temps des hommes.

Le mouvement : le marché avance, et il triomphe toujours. Il est le contraire de la jungle qui est statique et de la nature qui est immobile. Il a horreur du vide mercantile. Il est condamné à croître et à absorber. L'achèvement de la mercantilisation du monde sera le phénomène marquant le début du prochain siècle. S'il n'avance qu'en détruisant, son histoire peut se conter (cf. Polanyi) comme la mercantilisation des trois grands biens fondamentalement hors marché dans les sociétés précapitalistes, la Terre, le Travail, la Monnaie.

Homogénéité, ubiquité, progression : c'est aussi la définition d'une épidémie, ou, plus simplement, du crabe qui ronge un organisme. Le crabe mangera-t-il la planète ?

Les économistes et la question de la pollution

Les économistes ont toujours été fascinés par la question de la pollution. Ils ont construit autour du modèle Walras-Pareto une théorie extrêmement complexe, de ce qu'il faut bien appeler l'organisation de la pollution. Ils ont cherché la *pollution optimale*.

Une entreprise pollue une eau de rivière. Elle perturbe le bien-être d'une autre entreprise, en aval, obligée de filtrer. Les économistes reconnaissent que lorsque existe un tel *effet externe*, le marché ne fonctionne plus. Que faire ?

Réponse lumineuse des libéraux : il suffit de créer un *marché de la pollution*. S'il existe un marché de l'eau polluée, l'entreprise polluante paiera chaque mètre cube pollué à l'entreprise aval qui acceptera d'être polluée. Et le tour est joué. Le marché reprend ses droits. Il y a bien un marché des produits toxiques, n'est-ce pas ?

Mais tout le problème est de repérer des propriétaires. Hélas, dans de très nombreux cas il est difficile de trouver des propriétaires : l'eau, l'air, les baleines, l'ozone. Tout le monde en est, encore, propriétaire. Ce sont des biens collectifs. Et les économistes observent tristement que lorsqu'il existe un bien collectif, son exploitation conduit à sa disparition. Les baleines n'appartenant à personne, les Japonais et les Russes puisèrent dans le tas, jusqu'à extinction. Les Russes en particulier qui, après avoir liquidé l'espèce, aidèrent les Américains à en sauver deux prises dans les glaces. Dès lors qu'il y a incertitude — on ne sait pas qui est propriétaire —, le marché détruit. On regrettera peut-être cette imprécision. A propos de la couche d'ozone par exemple, qui visiblement, ou plutôt invisiblement, n'appartient à personne. Plus probablement admettra-t-on un *taux normal* de cancers, un *seuil* de mortalité et un *indice composite* de l'incidence du soleil.

La réponse de l'expert à la pollution est toujours statistique. Posé en chiffres, le phénomène se voit obligé de tirer en quelque sorte un dernier coup de chapeau à l'assassin. Mais en général l'expert est simplement appointé par les pollueurs. Peu après la pollution du Rhin par Sandoz, la chimie s'offrit un thème de campagne publicitaire sur fond de nature vierge : « Un monde propre », qui traduit un cynisme que l'on aura du mal à dépasser — sauf si la Mafia finance un jour une campagne contre la drogue. La chimie reconnaît notamment que l'industrie du déchet est en pleine expansion, et les économistes s'émerveillent des nouveaux marchés qui ne cessent de se créer autour du déchet : traitement, transport, courtage, assurance, stockage. Mais comme l'industrie du déchet est une sous-branche de la chimie, celle-ci a le rare privilège de contribuer à sa propre expansion polluante en réalisant la dépollution de sa pollution. La chimie reconnaît que son engagement tardif dans la dépollution tient à ce que dans les années cinquante, elle ne savait pas comment combattre la pollution. Donc, en attendant elle polluait. Mais dit-elle, la rapide expansion de la chimie après la guerre « se serait accompagnée de catastrophes écologiques, si elle s'était faite sur les bases scientifiques et techniques d'avant la guerre[4] ». Admirable argument, qui consiste à dire que si Cro-Magnon avait agité entre ses mains rugueuses de la dioxine, du phénol, du méthylisocynate et autre propylène (Bhopal, 2 500 morts), il aurait très vraisemblablement saccagé la planète.

La chimie sponsorise les émissions de télé et les numéros spéciaux des journaux concernant la pollution. *L'écologie devient ainsi le stade ultime du capitalisme.* Polluant et contrôlant le commentaire de la lutte contre la pollution, la chimie réussit à mettre de son côté la morale, mais surtout, ce qui est plus intéressant, l'argent. Elle a compris qu'il était plus rentable de détruire à petit feu que d'un coup. Parfois, le naturel revient au galop. Ainsi quand elle fit sortir ses affidés pour démontrer que les lessives propres (sans phosphates) étaient plus sales que les siennes.

Avec ses propres mouvements écologiques, la chimie est dans la même situation que Citroën avec son syndicat jaune : celui-ci a toujours fait infiniment mieux la police parmi les ouvriers que les meilleurs chiens du monde. Les écologistes de la chimie sont les meilleurs défenseurs de la nature, avec les chasseurs qui défendent les tourterelles, les promoteurs les sites, les maquereaux la vertu de leurs dames, et la Mafia qui glapit à l'ordre moral et finance les sectes.

Mais il faut aller de l'avant. A propos de Superphénix, la cathédrale du plutonium, arrêtée pour cause de fuite de sodium en juin 1987 et sur le point de redémarrer, l'EDF, les experts et les élus locaux se déclarent très optimistes : « Il faut continuer. » De toute façon, « la centrale coûte plus cher à l'arrêt qu'en marche[5] ». Jamais expert ne connaîtra, *in fine*, d'autre argument. Cela coûterait trop cher d'arrêter, de reconvertir, de filtrer. On perdrait des emplois. L'histoire, un peu ancienne déjà, de l'ozone est exemplaire. Les chlorofluorocarbones (CFC) détruisent l'ozone, mais la reconversion des activités qui les produisent (aérosols etc.) serait longue et coûteuse. Or l'ozone, elle, évidemment, ne coûte rien.

Personne ne sait évaluer quoi que ce soit, mais chacun parle de coût. Ainsi l'expert Tazieff, Grand Oracle du catastrophisme brûlant, reconverti aux beautés glacées de l'économie politique. C'est le dernier à partir en guerre contre l'ozone, pourtant bien esseulée. Il expose l'imparable théorie économique de la pollution[6], défend avec ardeur la chimie, les CFC, le nucléaire : « A l'époque, aux côtés des écologistes, j'avais milité contre le programme électronucléaire français. Mes raisons étaient, cependant, *strictement économiques*. Elles dénonçaient ... une hérésie *économique*. » Après avoir souligné que les « experts », « officiels et qualifiés », et les « scientifiques de haut niveau » avaient condamné à tort la dioxine de Seveso, l'écolo-économiste découvre, « à sa stupéfaction » que la catastrophe de Seveso « n'avait été qu'*économique* ». La dépyranélisation de la France coûtera plus d'un milliard de francs, « payés, comme toujours, par le contribuable ». Quant à l'ozone, on ne voit pas nettement si la couche est en danger ou pas. Les mesures obtenues ne montrent aucune variation dépassant « la marge d'erreurs instrumentales, auxquelles j'ajouterai les erreurs d'interprétation ». Autrement dit, sachant que les experts se trompent d'abord en mesurant, puis en interprétant leurs mesures fausses, il y a de grandes chances pour que leurs doubles erreurs soient favorables à l'humanité. Il faut « apprendre à distinguer les experts authentiques des prétendus experts ». Une prohibition des CFC non coupables serait une « catastrophe *économique* mondiale ». Une fine allusion à Lyssenko et Staline, un petit coup de CFC sous les aisselles, et on signe. Vraiment, cette affaire d'ozone est bien mal partie. La seule solution pour Hayek et autres Tazieff serait d'organiser un marché de l'ozone. Chacun aurait son petit carré de gaz, qu'il s'empresserait de revendre à une entreprise d'aérosols.

Ce qui est surprenant, c'est la vélocité avec laquelle les oracles de l'économie ont envahi toutes les associations de protection de la nature, pour y mieux diffuser les beautés et les bontés de la mercantilisation des bestioles. On les retrouve avec les éléphants pour parler de l'offre et de la demande de l'ivoire, avec les cinquante rhinocéros qui subsistent et les quatre ours (peut-être cinq) qui traînent encore dans les Pyrénées. On les retrouve dans le *sponsoring écologique*, dernier rejeton d'Hermès après le *charity business*.

On les retrouve avec les macaques. Selon une très vieille loi économique, la raréfaction de l'animal fait croître sa valeur de façon extraordinaire, d'autant que le *taux de perte* dans les captures est proprement effrayant (80 % pour certains, 50 % pour les chasseurs). Comme le macaque n'a pu encore constituer de groupe de pression pour se défendre, un « groupe anti-vivisection » se charge de le faire, ce qui chagrine la Société française d'expérimentation animale

(SFEA), acoquinée avec les laboratoires. « En cette période du bicentenaire, où l'on parle de droits de l'homme », la SFEA clame haut celui d'utiliser la nature, et d'être protégée, comme tout bon citoyen, « contre les abus de l'autorité et les actions malveillantes ». En clair contre le lobby des macaques, ou plutôt ses représentants. Droits de l'homme, lobbies, le macaque n'a qu'à bien se tenir. D'ailleurs, ajoute la SFEA, « il n'existe pas de méthode permettant de définir parfaitement la douleur et l'angoisse des animaux[7] ». Nous voilà rassurés.

La seule limite que peut connaître la pollution est économique. Jamais rien ne l'arrêtera tant que son coût n'est pas *visible*. En France l'économie a plus encore imprégné les esprits que les boues fétides. A preuve, le lisier breton, cette substance issue de l'élevage intensif des cochons qui s'infiltre dans la nappe phréatique. Le lisier n'a jamais vraiment inquiété les Bretons, jusqu'au moment où ils découvrirent que leurs cochons aussi buvaient de l'eau, et qu'ils allaient tomber malades. Depuis, le CNJA envisage d'adapter les élevages aux « normes officielles ». Sans doute veut-il dire : respecter la loi.

Même rationalité économique en Amazonie, à une autre échelle il est vrai. Le seul argument qui ait pu effleurer les Brésiliens dans leur fanatisme dévastateur, c'est la menace de la Banque mondiale. En clair : on suspend les crédits si ne sont créées des réserves écologiques. Connaissant la morale des capitalistes en général, « prêts à vendre la corde pour les pendre », et des banques internationales en particulier, les déboiseurs et leurs spadassins * ont encore de beaux jours devant eux. *Time* pourra consacrer de nombreuses couvertures à la « Terre, planète de l'année », ainsi que de nombreuses interviews à Daniel K. Ludwig, cet industriel américain qui possédait l'équivalent de l'Espagne dans la forêt, qu'il rêvait de transformer en exploitation agricole.

Même chose en Pologne : à défaut de gagner la bataille de la croissance, les planificateurs sont en passe de gagner celle de la pollution. La Pologne a d'ailleurs assimilé très rapide-

* Un millier d'assassinats en dix ans.

ment l'analyse économique de la chose. Elle se déclare prête à échanger sa pollution contre sa dette. Comme le marché, la pollution n'aime pas les frontières : elle passe le rideau de fer. Connaissant la sensibilité écolo des Allemands et leur hyperréalisme économique, nul doute qu'ils paient. Certains experts pensent que Varsovie est plus pollué que Mexico. Mexico se défend en exhibant l'IMECA, l'« indice mexicain de la qualité de l'air ». Mais là où le *déterminisme économique* de M. Camacho Solis, maire de Mexico, ancien ministre du Développement urbain et de l'écologie — un véritable expert —, devient véritablement *sublime et cruel*, c'est lorsqu'il déclare : « Améliorer les conditions de vie certes, mais n'est-ce pas prendre le risque de voir s'enfler une agglomération déjà démesurée[8] ? »

C'est le fond du problème. Certains économistes ont vu dans la pollution une bénédiction, qui arrêtera enfin la prolifération de l'espèce humaine (Mill). D'autres dans la disparition de certains animaux un haussement d'épaules de la nature, tournant le dos à l'homme, indigne de cohabiter avec de superbes créatures. En tant que fin de race, le prince Charles ne pouvait qu'appartenir à cette catégorie. De la nouvelle Bibliothèque nationale d'Angleterre, bâtiment ignoble au premier sens et synthèse de l'architecture du demi-siècle, il déplore qu'elle remplace l'ancienne salle de lecture du British Museum, dont même Karl Marx, lorsqu'il y travaillait, admettait qu'elle faisait honneur à cette société capitaliste « dont il complotait la perte[9] ». La bourgeoisie n'est plus ce qu'elle était, qui créa la bibliothèque, le musée, et le mot « conservateur ». Ni digne du rôle historique que lui assignait, un léger tremblement d'admiration dans la plume, le vieux Karl lu par Charles. Le vieux Karl, qui usa ses yeux au British Museum en écrivant la *Contribution à la critique de l'économie politique*, pouvait définir l'économie politique comme le « reniement achevé de l'homme » ; et Charles comprendre cette phrase : « Ce qui est nouveau, c'est que l'économie en soit venue à faire ouvertement la guerre aux humains ; non pas seulement aux possibilités de leur vie, mais aussi à celles de leur survie[10]. »

Public ou privé ?

Un bien est public si l'on ne peut exclure quiconque de sa consommation. Autrement dit si on ne peut identifier clairement le propriétaire. L'oxygène est public, mais dans le monde de Hayek, distribué dans des bouteilles, il deviendrait privé. De même pour le phare : on ne peut en interdire l'usage à certains bateaux. Mais on peut rêver d'un temps, probablement assez proche, où le phare émettra des signaux qui ne pourront être décryptés qu'après avoir acheté un décodeur. Une autoroute est privée, un trottoir public, jusqu'à l'installation d'un tourniquet à l'entrée, etc.

Public implique consommation possible par tous les citoyens. Pas de ségrégation. Mais *a priori*, aucun bien n'a vraiment vocation à être public ou privé, c'est-à-dire à échapper ou non aux règles de transmission par les contrats marchands.

Certains biens passent du public au privé et inversement Typiquement l'école, l'armée, la santé, la justice furent largement privées. M. de Saint-Louis vendit son régiment à l'aîné des Villacerf pour rejoindre Rancé à La Trappe. L'aimable Phélypeaux de Pontchartrain, né par parthénogenèse d'une dynastie de grands commis, « homme simple, gai, facile, solide, d'une intelligence si aiguisée qu'elle atteignait aisément l'humour et le cynisme » (Goubert), se fit une réputation dans la vénalité des offices, « la savonnette à vilains »... Il sut payer la guerre de la ligue d'Augsbourg par tous les moyens imaginables, vendit, revendit, inventa, réinventa vingt sortes d'offices, parmi lesquels les jurés crieurs d'enterrements et les officiers vendeurs d'huîtres. Il vendit aux enchères toutes les mairies, sauf Paris et Lyon. Il vendit des blasons et lettres de noblesse à tarif progressif. Plus cher pour le père, plus encore pour le grand-père. La roture accourut. Il vendit des centaines d'offices de capitaines ou de colonels des milices bourgeoises, avidement acquis par les amateurs de défilés les jours de fête. Et le meilleur : il vendit, fort cher, des exemptions d'impôt*. Cynique génial, auprès duquel pâlissent nos ministres des Finances qui offrent des baisses d'impôt compensées par des hausses de cotisations sociales. Le roi rayonnait lorsque Phélypeaux lui contait ses trouvailles en matière de trafic nobiliaire. Seul Mazarin rivalisa avec lui pour les manipulations et le mépris d'une caste aussi vaniteuse que cupide, autant que la « vieille » noblesse, et destinée à être liquidée *historiquement* comme dirait l'autre, par plus rapace et sordide encore, par le bourgeois, « le cochon » (Bloy).

Aujourd'hui, il paraît exclu que l'armée redevienne marché réservé d'une caste. Idem la justice. Le seul retour au privé pourrait concerner l'*enseignement supérieur*. Et encore : un enseignement très particulier, celui du commerce et de la gestion. Un système privé ne serait pas viable, non pour des raisons d'éthique des enseignants qui n'ont plus guère d'illusions, surtout sur eux-mêmes, mais pour de sempiternelles raisons de coût. L'université publique, qui dispense un enseignement général, non directement utilisable, bénéficie d'économies d'échelle et de frais de fonctionnement dérisoires. Elle offre des produits peu coûteux. Pour les mêmes raisons, la *recherche* restera, comme dans tous les pays occidentaux, largement publique (ampleur des investissements, incertitude des rendements, faibles coûts). Il subsiste même des bassets tournebroches qui « croient » à la recherche. Les laboratoires privés se contenteront comme aujourd'hui de plagier ce qui se fait dans le public.

Beaucoup plus intéressante est la question de la *santé*. Elle a toujours passionné les économistes, car elle se prête parfaitement au dilemme coûts-bénéfices. On évalue par exemple le coût des accidents de la route à 100 milliards environ, l'impasse budgétaire. Véritablement inquiétant, d'autant que nombre d'accidentés se trouvent en état végétatif persistant (EVP), dont le coût est estimé à 30 000 francs par an. Glapissements des assureurs, qui ont bien compris l'utilité des crises : « Au moment où une crise

* Colbert le fit aussi. Au-delà de la vénalité des offices, la vente des indulgences. Les tractations sur les heures de purgatoire... Le sommet du négoce.

mondiale nous amène à envisager un nouvel équilibre économique, avons-nous les moyens de dilapider des sommes aussi considérables ? » Au nom de la crise, la profession qui avec la banque en a le plus profité propose courageusement de ne plus verser ses primes. Mais il arrive qu'on sorte de l'EVP. Ainsi un certain John Moore apprit en se réveillant que sa rate avait prospéré, cultivée et revendue en petits morceaux à d'autres laboratoires. John Moore réclama des droits d'auteur à l'université de Los Angeles et aux autres universités cultivatrices. Il gagna son procès. Cette décision va à l'encontre de la protection traditionnelle des chercheurs et des brevets (les chercheurs, bien entendu, avaient fait breveter la rate de John Moore). Elle témoigne surtout d'un net progrès dans la commercialisation des êtres vivants.

Fort intéressant aussi, ce « coût de proximité infectieuse », le coût de contamination d'un malade dans un hôpital par des maladies qui n'étaient pas prévues au programme. Un économiste l'a chiffré à 545 733 francs pour 79 malades, soit, si l'on comprend bien, 6 908 francs par malade[11]. C'est lourd. Un hôpital devrait y regarder à deux fois avant de se lancer dans des investissements d'isolement trop coûteux. Et d'abord, qui isoler ? Un jeune ? Un vieux ? Est-il tellement intéressant d'isoler un vieux ? Faut voir.

Ainsi la question des *médicaments de confort*. Après passage de M. Seguin, certains médicaments ne furent remboursés qu'à 40 %. Mais qu'est-ce qu'un médicament de confort ? Le Conseil d'Etat, réflexion faite, reclassa à 100 % certains médicaments, qui redevinrent indispensables. « Cette décision va coûter une fortune à la Sécu ! » pleura M. Delebarre. Touché, le Conseil d'Etat proposa 70 %. Un petit effort... allez, 50 ! barguigna M. Delebarre. A Bhopal aussi on marchande. Depuis la catastrophe, meurent, avec une régularité de métronome, 500 personnes par an. Inquiets, les survivants pressent les autorités. Finalement le juge décide. Ce n'est pas sûr qu'ils y gagnent : un mort vaut deux handicapés, 16 000 dollars contre 8 000. Faut voir.

Télé publique ou privée?

Du bien public pur (gratuité, pas de pub) au bien privé pur (pub, décodeur), les cas de figure sont nombreux. La télé privée est une illustration à peu près parfaite du marché.

Les journalistes américains réalisèrent, après-guerre, que l'information était un bien comme les autres et qu'il était temps que le quatrième pouvoir passe au marché. Exit Hemingway et Tintin. Premier principe : le bon choix, le choix du consommateur, le décideur final. Il veut de la catastrophe? On lui déniche le cyclone. Même les Américains, gavés d'angoisse, se lassèrent du journal de CBS — Dan Rather présentateur, 3 millions de dollars par an.

Deuxième principe : audimat et rentabilité. Deux aspects : la plus large demande possible; la faiblesse des coûts de production. Après les *soap operas,* ces mélos patronnés par des marques de lessive, le *sit-com,* comédie de situation *(Maggy).* Modestement rebaptisé « nouveau boulevard », le *sit-com* est la limite. Coût : nul. Valeur : nulle. Le *sit-com* suit imperturbablement la loi du marché. Il tape au milieu. Petit-bourgeois, revenus moyens, rêveries moyennes, colères moyennes, jalousies moyennes, deux enfants au crétinisme tempéré. Caractéristique fondamentale : le rire préenregistré. L'apparence du rire, comme le sondage en direct, est celle de la démocratie. On rit pour vous. C'est le rêve du marché, son utopie totalitaire. Le marché sans plus aucune autonomie du consommateur. On consomme pour lui.

Une télé privée ne peut *jamais* être mauvaise, puisqu'elle offre ce qu'on demande. Moins encore peut-elle être bonne, sauf par accident, s'il y a de l'imprévu. Mais tout est prévu. Et c'est là le troisième principe, bien connu des gens de marketing. Il faut *discriminer.* Raconter ce qu'attend le gamin aux heures d'écoute du gamin, le vieux aux heures d'écoute du vieux, le petit-bourgeois aux siennes. Du vieux au vieux, du nu aux hommes, du rêve aux femmes, du nul et de la paresse aux jeunes. Et chacun à sa place, c'est-à-dire à son heure. Le *sit-com* est une admirable mixture de vieux, de nu, de rêve et de nul, autrement dit une moyenne de moyenne, un super-indice. Merveilleuse leçon de choses : avec la télé privée, on constate *l'identité concurrence-homogénéité*. Le P-DG de TF1, qui détient 50 % du marché, se déclare en juillet 1988 tout à fait favorable « au rétablissement d'une saine concurrence ». Concurrence bien ordonnée, il demande à la CNCL de revenir sur sa décision d'attribuer des fréquences supplémentaires à la Cinq et la Six. Puis en octobre, il revient plaider la bonne concurrence de TF1 contre la mauvaise de la Cinq et de la Six. « Inadmissible. Il faut défendre notre fonds de commerce. Six films à 20 h 30, absurde ! Voilà le résultat de cette concurrence en cinq chaînes généralistes. Et la Cinq qui fait du porno pour attirer le chaland [12] ! » Attirer le chaland, quel crime en effet !

On comprend mieux comment le marché peut être l'antithèse du libéralisme, si l'on entend celui-ci non comme une simple règle de laisser-faire, mais comme un droit à la différence, à l'hétérogène, au composite. Liberté est synonyme du pluralisme. Marché, au contraire, est un principe unificateur et réducteur. Universel et uniforme, il est contre le village, la ville, la Nation, pour le Village Universel. Il permet de comparer et d'évaluer, à tout il donne mesure et prix, et en général, ce qui a un prix a peu de valeur. Le différencié devient indifférencié, l'hétérogène homogène. Les couleurs se fondent dans le gris monotone de l'argent. Tout est *argenté* par le marché. La popularité : le marché sait dire si X est deux fois plus populaire que Y, par le salaire ou l'audimat. Tout au long de ses nombreux journaux, Léautaud est inquiet de sa popularité. C'est presque une obsession. Tantôt il pense qu'il est populaire, tantôt non. Il ne lui viendra jamais à l'idée de *mesurer* sa popularité. C'était un homme assez libre.

Un original aussi, et la liberté c'est l'originalité. Une société libre est polymorphe. Le marché propose la mixture, le métissage, la moyenne, la bouillie, le taux de change, Julien Gracq qui vaut mille fois moins que Jacques Laurent (de l'Académie). Mais, direz-vous, Julien coexiste avec Jacques (de l'Académie), le polymorphisme est sauf : non, justement. Le marché élimine Julien. Il ne supporte pas l'original. Il hait les extrêmes. C'est lui qui inventa Taylor, puis Ford, puis l'ordinateur, capable de mieux faire les moyennes. Et qui dit moyenne dit mesure, dit modération. Le marché, curieusement, est un *totalitaire modéré*, un totalitaire doux, neutre et raisonnable. Tout libéral devrait haïr le marché.

Planification « à la française »

On ne devrait pas oublier qu'il y a identité entre les deux systèmes, planification parfaite et concurrence parfaite. Les libéraux n'ont cessé de clamer cette identité. Le Russe Kantorovitch lui doit son Nobel.

Mais souvent le marché est imparfait. Il est myope. Il voit mal à distance, dans le plus ou moins long terme. D'où la notion de « plan réducteur d'incertitudes » ou « plan antihasard » (Pierre Massé). Eclairons le futur et laissons faire. En général on est assez fier de cette planification « à la française ».

Organisée par nos hybrides bien connus, les ingénieurs-économistes, heureusement assez bien muselés par la rue de Rivoli, elle fut inoffensive. Excepté le fondateur de la planification, Jean Monnet, autodidacte et capitaine d'industrie, les commissaires (Hirsch, Massé, Ripert, Guillaume, Stoleru...) furent des ingénieurs. Malgré cette tradition du passage du relais, ce serait sans doute leur faire beaucoup d'honneur que de leur imputer la débâcle de l'industrie après 1973, comme on voulut un temps imputer celle de l'économie anglaise au trop-plein de Nobel.

L'industrie fut affaire de pharaons et de quémandeurs, reconvertis ensuite dans les fonctions de redresseurs. De 1977 à 1987, la sidérurgie connut quatre plans, qui représentent à peu près le déficit budgétaire. La métallurgie dix. Un par an. Pour la sidérurgie, on paie les projets grandioses de la fin des années soixante : Fos, le monstre mort-né, les erreurs de prévision de la production, le culte du gigantisme, l'impéritie d'un patronat mendiant, aussi proche des maîtres de forges que Georges Onhet de Zola. Mais à force de supprimer des emplois, la sidérurgie finit par être redressée, amputée de la moitié des effectifs. Tout comme pour la machine-outil, industrie symbole de la gauche, qui perdit les deux tiers de ses effectifs entre 1981 et 1987 et disparut simplement, vendue aux Japonais par un Madelin hilare. Les « sauvetages » (Usinor-Sacilor qui redevient excédentaire à partir de 1988, Renault qui affiche des superprofits) ressemblent à ces rachats-épurations d'entreprises en difficulté.

Pas besoin d'être grand stratège pour redresser. « Tout le monde parle de “ stratégie ”, dit Lee Iacocca, patron et “ sauveteur ” de Chrysler, mais nous étions uniquement préoccupés de notre survie. Elle était simple à assurer. Il n'y avait qu'à fermer les usines qui nous coûtaient le plus cher, et licencier le personnel qui n'était pas absolument indispensable[13]. »

On peut évidemment songer que la débâcle eût été pire sans planification « à la française », c'est-à-dire sans lampe de poche dans le cyclone. De toute façon, le plan, qui d'ardente obligation était devenue « ministère de la salive », avait même échoué dans le dernier rôle qu'on lui confia, celui de bureau de prévisions du gouvernement — alors qu'il faillit réussir dans celui, non prévu, de petit parlement économique et social, qui plaisait au général de Gaulle, et vers lequel il voulut faire évoluer le Sénat. On notera sans surprise que la débâcle industrielle correspond à l'entrée en force de l'économétrie et de la prévision « sérieuse ». Beaucoup d'équations, autant d'inconnues, et le double de technocrates du chiffre. Depuis, le modèle « sophistiqué », comme dit l'expert du coin, s'attribuant un peu hâtivement les qualités de Gorgias, n'a cessé de se ridiculiser, non moins que de se sophistiquer.

L'aimable assassin du plan fut le commissaire Ripert (chaînon VIe-VIIe plan). Il fut appuyé par le zélé fossoyeur Albert (VIIe plan, préparation du VIIIe). Albert et Ripert inaugurèrent la série des plans non respectés. Albert détient le record de l'erreur, prévoyant modestement 6 % de croissance (contre 3,4 % réels) et, tant qu'à faire, plein emploi pour 1980 (un million et demi de chômeurs). Albert continue néanmoins de pousser des cris d'alarme. On serait alarmiste à moins quand on a contemplé de près l'expertise au plus haut niveau. Lors de l'élaboration du VIIIe plan, il fit surgir cette idée de génie : plutôt que de chercher des prévisions, autant dire des myrtilles dans une nuit sans lune, pourquoi ne pas abandonner la notion même d'objectif? Pour un plan, ce serait évidemment plus simple. On se contentera d'« idées », lancées ici et là, des idées de haute qualité néanmoins, « la recherche », « la compétition », « l'emploi » *(sic)*. Pour la première fois également, l'Etat ne s'engageait à rien, financièrement, sauf sans doute à payer Albert et ses congénères. Pas un franc sur les douze programmes d'actions prioritaires (PAP) prévus. Mais le plus extraordinaire de l'histoire, le voilà. Bien que n'ayant défini aucun objectif, ni aucun moyen, *le plan réussit tout de même à n'être pas appliqué*. La victoire de la gauche interrompit la tentative surréaliste d'Albert, le seul planificateur au monde à avoir échoué dans un plan sans contenu.

Après s'être époumonnée contre le déclin du plan, la gauche prit part à la pièce *Comment faire des plans sans objectifs, sans moyens, et facultatifs ?* Le « plan intérimaire » (ô lapsus !), hissé à la dignité de ministère sous la houlette de Michel Rocard, prévit essentiellement un recul du chômage. Le IXe plan (1984-1988) élaboré par Henri Guillaume, qui cumulait les handicaps d'ingénieur et d'universitaire, à l'ombre du chapeau de ministre *d'Etat* de Gaston Defferre, substitua des PPE (programmes prioritaires d'exécution) aux PAP — c'est ça la révolution. Il découvrit aussi la *contrainte extérieure :* désormais il y aurait à nouveau des objectifs chiffrés, mais la référence serait donnée par les autres pays industrialisés. C'est donc *in fine* l'Allemagne qui fait la planification française. Elle nous devait bien ça. Après passage en demi-teintes d'un vague Fragonard, aux dernières nouvelles, un certain Cossé rappellerait que la « prévision est un exercice vain » et regretterait son titre de commissaire [14]. C'est la fin.

A quoi servit le plan? A rien. C'est ce que démontre malgré lui un ouvrage célèbre des Prs Carré, Dubois, Malinvaud des années soixante-dix [15], moment où la planification faisait encore illusion, puisque la croissance dépassait les objectifs. Le Ier plan aurait créé un climat d'optimisme, d'expansion et de modernisation. Après enquête, il apparut que les grosses entreprises connaissaient les objectifs du plan, les moyennes et les petites non, certaines, fort prospères, surprises même par l'existence d'un plan. Il est clair qu'en période de confiance — 1945-1973 —, tout contribue à la confiance, le chapeau de M. Pinay et pourquoi pas le plan. Le VIe plan — quatre mille personnes dans une centaine de commissions — fut l'acmé de la concertation. Après quoi les experts surgirent avec leurs modèles, tandis que des commissions régionales, aussi songeuses que provinciales, cherchaient à planifier ce qui n'existe pas, la région. Le plan perdit jusqu'à son fard politique. Il devint un exercice de prévision, qui n'amuse plus personne, même pas le prévisionniste Cossé.

Avec les socialistes, Michel Rocard en tête, on allait voir ce qu'on allait voir. Hélas !, d'entrée de jeu il annonça : « régulation globale par le marché ». Exit le plan. Les économètres continuèrent de regarder leurs équations de leurs yeux pâles, l'esprit ailleurs, rue de Rivoli où l'on élabore les budgets économiques. C'est là qu'est le fric. Est-il besoin d'ajouter qu'il n'y eut jamais concertation entre la rue de Martignac (le plan, long terme) et le quai de Bercy (le budget, court terme) ? Heureusement en un sens. Faut quelques fusibles entre experts.

En 1988, retour de l'ingénieur Stoleru. L'ingénieur, auquel on doit l'impératif industriel, la France à deux vitesses, l'ambition européenne et divers concepts enivrants, s'attaque résolument à la poussière. Déjà le président avait salué le plan d'une salve dans sa *Lettre à tous les Français :* « On lui restituera l'esprit et les moyens de la mission confiée à Jean Monnet par le général de Gaulle. » A son tour, le Premier ministre, Michel Rocard, propose « un plan maigre, mais contraignant », un plan éponyme en quelque sorte. Ecrasant une larme, dans le bureau abritant le spectre immense de Jean Monnet, l'ingénieur Stoleru parle de « refaire la Maison du Peuple » (les présents songent à ces maisons de la culture, ou à des produits régionaux et de l'artisanat), puis propose une esquisse du Xe plan : plus d'objectifs chiffrés. Les experts respirent. Un envoi ému à l'horizon 1992 et au « pays qui a le plus de chances de préserver son identité et de contribuer au réveil ou à la renaissance du Vieux Continent ». Fermez le ban.

Le Xe plan est un document fascinant. D'entrée, on dit qu'on n'y comprend rien. « Le monde est devenu plus imprévisible depuis une dizaine d'années... Les Etats ont abandonné toute vision longue et se réfugient dans un pilotage financier à court terme. » Petit coup de brosse à l'Allemagne, soupir sur le « garrot » *(sic)* du déficit extérieur (on attendait « fléau », c'est le renouveau sémantique de la politique économique), et sur le « garrot » (bis) du déficit budgétaire. Il faut « desserrer les contraintes ». Ensuite — après tout c'est un plan — on passe aux objectifs, d'une bouleversante nouveauté : « l'emploi » (curieux qu'on puisse encore prononcer ce mot sans hurler de rire), « la recherche » (même remarque), « l'Europe » (idem), l'exportation et l'investissement, la cohésion sociale, l'éducation. Ah, un petit nouveau : « l'efficacité de l'Etat », rapport confié à un grand spécialiste des privilèges d'autrui et du goulag syndical, M. de Closets. Dans la préface de Michel Rocard, on retrouve tous les lieux communs énumérés dans le précédent chapitre de ce livre (contrainte extérieure, de production, « fléau » du chômage) avec en prime le plus chéri des clichés de la droite, la sempiternelle *aggravation de l'insécurité*. « Au fléau national du chômage, s'en ajoutent d'autres. L'insécurité s'est aggravée depuis trois décennies. » Les jeunes, les femmes, la dégradation de la vie urbaine, et, oh ! élégiaque soudain, « les plaies béantes des friches industrielles [16] ». Bref, le Xe plan est encore plus ridicule que tous les précédents. Même les sénateurs ont jugé qu'il outrepassait les bornes du ridicule. « Flou, manque de réalisme, incohérence, non-chiffrage des objectifs. » L'ingénieur Stoleru eut beau protester que ce plan n'engageait à rien, supplier qu'on le dilue un peu plus, rien n'y fit. Rejeté en bloc.

On peut se demander, d'ailleurs, si jamais idée neuve ou décision naquit de la planification. La TVA fut inventée par Maurice Lauré, hors du plan. Un rapport aussi important que le rapport Rueff-Armand est né hors du plan. Tous les grands projets industriels (TGV, nucléaire) sont nés hors du plan. Et même les Russes n'y croient plus.

Les oracles de la perestroïka

La perestroïka[17] — « la restructuration » — raconte le rêve du marché d'un dirigeant soviétique. Quiconque a séjourné dans un pays précapitaliste ou soviétique y a découvert l'incroyable mercantilisation de la vie et l'obsession du bakchich. A l'évidence, tout s'y achète, du passage des marchandises en douane à la consultation d'archives en passant par les pittoresques décorations locales. Mais tout ça manque un peu d'organisation. Perestroïka va y pourvoir. Y contribuera la traduction de *L'Economique* de P. A. Samuelson en russe, l'année même où la *perestroïka* parut en anglais.

Au départ, la perestroïka constate en Russie comme ailleurs la nullité de la pensée économique, élucubrations de savants, postillons d'experts : « Dans les sciences sociales n'étaient encouragées et développées que les théorisations scolastiques ; toute pensée créatrice en était évacuée, et on transformait en vérités irréfutables des assertions volontaristes ou des jugements superficiels[18]. » Exit les économistes, plus néfastes qu'ailleurs, parce que détenteurs de quelque parcelle de pouvoir, personnages attirés sans doute par la « distribution massive de récompenses, de titres et de primes », « l'usage d'un jargon emphatique », ou « le mépris de la loi, le faux en écritures, la corruption, la servilité, la flagornerie, les fortunes vite faites, les actes criminels[19] ». La perestroïka découvre ailleurs une « lamentable mentalité de consommateurs », passive et vulgaire, qu'elle envisage de revivifier un peu, comme elle va revivifier la production des entreprises. Pour celles-ci, abandon du plan, carrément. Transition vers une responsabilité complète et l'autofinancement. On ne peut faire plus. Si : fustiger « l'attitude pleine de préjugés vis-à-vis du rôle des relations marchandises-monnaie » et « l'indifférence pour la circulation de l'argent[20] ». Tout ça manque un peu de vénalité. Du côté du salaire, les revenus des employés doivent strictement dépendre des résultats de la production et des profits obtenus. C'est la théorie marginaliste du salaire. Samuelson se frotte les yeux. Passons sur la vérité des prix (on croirait du Montbrial), les combinaisons optimales de la planification avec les facteurs stimulants du marché (on dirait du Maurice Allais) et arrivons au « trop d'Etat » : va falloir couper « sombrement » dans les dépenses publiques, réduire le nombre des fonctionnaires, dont la corruption est inversement proportionnelle à la productivité (du Buchanan). Côté syndicats enfin, on constate qu'il s'agit généralement de larbins et de valets du Parti et des directions « allant jusqu'à danser sur leur musique ». Bref, si l'on comprend bien, faudrait voir un peu à *revitaliser la lutte des classes*. Les mineurs de Sibérie entendirent le message.

Les économistes approuvèrent la perestroïka, comme ils approuvaient auparavant le contraire de la perestroïka. Pour la première fois dans l'histoire soviétique, le ministre des Finances présenta un budget largement déficitaire. Il parla des subventions inutiles, du parasitisme et de la passivité de la politique financière, songeant à lui-même et à ses prédécesseurs qui présentaient toujours des budgets largement excédentaires. Il évoqua la campagne anti-alcool, qui avait privé l'Etat de sommes colossales, l'équivalent du déficit budgétaire, envisageant peut-être de ressoûler ses compatriotes.

Parasitisme, entreprises déficitaires, corruption... Les économistes n'ont pas de mots assez forts, qui chantaient autrefois en prélude à l'une des plus célèbres purges, « Le vertige du succès ». Ainsi l'économiste Abalkine, frais reconverti, mais qui reste néanmoins pessimiste[21] : la perestroïka demandera les efforts d'une ou deux générations. Donc d'Abalkine et de ses confrères pour vingt ou quarante ans de plus. Abalkine, en prévision des longues années de patience, accepte un poste de vice-Premier ministre. Lyrique : « Nos victoires en béton armé ne sont rien de plus qu'un excrément de la civilisation. » Il faut ceci, il faut cela, il faut « créer une culture ». Faisons-lui confiance. Quatre générations déjà s'y employèrent.

L'un des aspects les plus surprenants de la perestroïka est la réforme agraire (les baux de longue durée, jusqu'à cinquante ans), la réhabilitation du koulak, et au passage de Boukharine qui s'opposa mollement à la collectivisation des terres payée d'une demi-douzaine de millions de victimes. Certes, les Soviétiques n'ont pas encore l'ardeur d'un Deng Xiaoping qui déconseille à qui veut l'entendre de choisir la voie socialiste, puisque le fin du fin de la perestroïka c'est d'aller plus vite et mieux vers le socialisme. Mais saisis d'une frénésie iconoclaste, ils prônent la convertibilité du rouble, les sociétés à capitaux mixtes, occidentaux et russes, la création de *free zones* en Extrême-Orient soviétique. Et puis, la fin de la fiction de l'absence de chômage. Celle-ci est coûteuse, antiproductive. Un frein énorme à la mobilité, à la responsabilité et à la qualité. Le rétablissement du chômage sera un progrès décisif. On vit même apparaître, lors d'un congrès à Lyon, des *yuppies* soviétiques, jeunes, parfumés, aussi souriants et satisfaits que leurs homologues de la Communauté. Au même moment, Edouard Chevardnadze, reçu au Quai d'Orsay, décrète : « La France ne sait pas vendre. » Gorbatchev parle de ses « nouveaux entrepreneurs », lesquels s'ajoutent aux nouveaux paysans et nouveaux économistes, style Abalkine, Iakovlev et Medvedev. Iakovlev fait une apologie du marché à laisser pantois Hayek. Il clame haut que le marché est le fondement économique de la démocratie et que la corruption ne se nourrit que des pénuries [22]. Medvedev, lui, est le « nouveau patron » de l'idélologie : marché-propriété-Lénine.

C'est là qu'on touche du doigt la grandeur de la perestroïka. La perestroïka *était dans Lénine*, comme y était autrefois l'antiperestroïka. Medvedev évoque l'approfondissement de la conception idéologique et théorique de la perestroïka, aussi bien que *la question de savoir où nous allons* [23]. L'appuie un certain Afanassiev, directeur de l'Institut des Archives de la Révolution (*sic*), désormais rénovateur et chantre de perestroïka. Il balaie soixante-dix ans de socialisme mais plaide pour une « reconstruction révolutionnaire », pour « l'union de l'approche théorique et de la démarche tactique qui nous remettra sur la voie socialiste ».

Théorie, pratique et libéralisme. Citation de Lénine à la clef. *Comme disait Lénine en 1923.* Et l'Afanassiev de disserter, assis sur les archives ; nous transformerons radicalement le pays, nous allons faire ceci, nous allons faire cela. Question transformation radicale, le Russe s'y connaît.

Cela devrait rassurer les conservateurs, qui s'inquiètent de voir réussir la perestroïka, et les libéraux qui s'inquiètent du contraire. La perestroïka tombe d'en haut et n'enlève pas une miette de la sciure de bois mastiquée et échangée par quatre générations en guise de discours politique. La nomenklatura, à moins d'un miracle, restera en place pour faire la perestroïka. Abalkine, Iakovlev, Afanassiev, Medvedev et Gorbatchev (le plus léger), sont dans le droit fil du plomb que suivirent en leur temps Boukharine, Trotski et autres staliniens périphériques. Mais par ailleurs, la perestroïka va faciliter l'émergence du marché, de sorte que l'on va assister à ce petit miracle de la chimie politique, la naissance d'une société *stalino-libérale*, comme il exista des sociétés militaro-libérales (le Brésil par exemple, trente ans de dictature et de libéralisme débridé). La mercantilisation de l'économie soviétique et l'adoption, à court terme, du discours de la rigueur, de la contrainte extérieure et *tutti quanti*, se feront sans effort. L'économie étant devenue la langue maternelle des dirigeants, qu'importe qu'on la saupoudre de Lénine, comme ailleurs de Condorcet.

Nationalisations, privatisations

Ce pauvre Karl Marx, qui partait engager la vaisselle de sa femme marquée aux nobles armes et nom des Argyll, fut suspecté de vol et embarqué au poste où il passa la nuit. « Vendre la vaisselle pour payer les domestiques », dirent les travaillistes anglais lorsque leur Premier ministre commença de céder les entreprises publiques. Ils signifiaient que l'utilisation de l'argent des privatisées pour rééquilibrer le budget était une aberration financière, que l'on n'éteint pas une dette à vue par du capital à long terme. Les conservateurs répondirent : « Vendre la vaisselle et se passer des domestiques. » En clair, utiliser l'argent des privatisées à investir et économiser de la main-d'œuvre, substituer du capital au capital, ce qui est financièrement sain. Un peu décontenancés, les travaillistes répliquèrent : « Socialiser les pertes, privatiser les profits. » Un excellent exemple fut illico donné par British Steel, sur le point d'être privatisée, et son P-DG anobli : inscrite au livre des records de pertes en 1980, elle devint largement excédentaire, après liquidation des deux tiers de la main-d'œuvre.

En France, le programme de privatisation prévu était trois fois plus important que le britannique : 66 entreprises (dont les 9 nationalisées par les socialistes), 250 milliards sur la table, ce qui paraît néanmoins un peu dérisoire après le krach (400 milliards évaporés en quelques heures). Slogan : *rapidité* (vite, avant que les socialistes ne reviennent), *popularité*. On va créer de l'actionnariat populaire, une « révolution culturelle ». Tous propriétaires. « Madame, monsieur... » Quelle farce !

Au moment du krach, le petit porteur fit preuve d'une apathie extraordinaire, qualifiée de « maturité », « sang-froid », « noblesse », tandis que le gros s'empressait de liquider. On lui ressortit Pinay. Quel calme ! Exclu rapidement des conseils d'administration, sous prétexte que « seule la spéculation l'intéressait » (surtout le cocu de Suez : 20 % de pertes), il peut contempler ses quatre actions : quelques secondes de la facture de téléphone.

Nationalisations et privatisations furent réalisées par des maximalistes. On aurait pu nationaliser à 51 %, voire procéder par simple augmentation de capital. Idem pour les privatisations. On préféra « casser », rompre avec le passé. On ne rompit rien, et les nationalisations et les privatisations passèrent au-dessus de la tête des citoyens un peu interloqués, sans rien changer de fondamental à la gestion. Certaines nationalisations améliorèrent des situations financières, certaines privatisations dégradèrent des services publics (British Telecom, privatisée au nom de l'efficacité, vraie catastrophe pour les usagers). British Petroleum, privatisée en pleine crise boursière, fut renationalisée en douce par la Banque d'Angleterre, qui fixa un cours plancher auquel elle rachetait. En France, on connaît l'extraordinaire promotion culturelle qui suivit la privatisation de TF1. Peu auparavant, la « libération » des ondes avait été une vraie dérégulation mentale, une désalphabétisation, une atteinte à la liberté d'expression. Une infamie. Même pas, hélas, le renard libre dans le poulailler libre : la volière.

L'État et le marché

Le marché est-il en passe de réaliser l'utopie, puisqu'il sera partout, et qu'à cette ubiquité s'ajoutera la perfection des actes, d'une rationalité que n'eussent rêvé ni Cabet ni Owen ni Thomas More ni même Saint-Simon, qui promettait l'âge d'or dans l'épigraphe de son journal *Le Producteur ?* Chaque chose à sa place économique, et une place pour chaque chose ?

L'Etat l'y aidera. Probablement, l'Etat et le marché sont la même chose : c'est ce qu'affirment les marxistes, à leur manière, et les ultralibéraux, à leur manière aussi, Stigler, Buchanan, Hayek. Nationalisations et privatisations sont exemplaires. On sort du marché (on nationalise), on remet en ordre, on rentabilise, on rend au marché (on privatise). La perestroïka renvoie au marché. Lénine n'eut jamais d'autre idée que celle de Ford, son contemporain : accroître le rendement. Que l'Etat ait changé de nature, c'est indiscutable : la féodalité, le système asiatique, le communisme inca s'accommodaient mal de l'échange à grande échelle des marchandises. La razzia, la rançon, la corruption, la vénalité des offices, le don, le potlatch, le vol, tous ces moyens de circulation des marchandises sont extrêmement primitifs, et ne portent que sur des sommes ridicules. Les pillages des campagnes napoléoniennes, qui équilibrèrent un temps le Trésor public français, sont dérisoires comparés aux profits dégagés pendant la guerre des Six Jours par les compagnies pétrolières. A moyens primitifs, Etat primitif, militaire ou féodal, roi nègre ou dictateur bananier.

L'Etat providence est autrement grandiose. Fils de la divinité probabiliste, filiation franco-suisse (Pascal, Bernoulli, Poisson Laplace, Condorcet, Quételet), il est une compagnie d'assurances. Il conçoit l'homme comme espérance mathématique, c'est-à-dire une moyenne. De vie, d'accidents, d'enfants, de travail. Idem le marché, qui ne vend qu'à la masse. La question d'une Sécurité sociale publique ou privée, par exemple, n'est pas très importante. Savoir quelle est la dose d'assurance privée à injecter dans le système public pour maximiser le bien-être collectif est d'un intérêt comptable mineur et éthique nul. Publique ou privée, la Sécu ne peut être envisagée que comme ambulance du Marché, qui roule de plus en plus vite sur une route de plus en plus dangereuse. Nul doute qu'il ne s'aplatisse tôt ou tard contre la Nature, soulagée enfin de ne plus entendre ce tintamarre qui accompagne le progrès de l'humanité, et de retourner à son apathie.

L'Etat se glisse où le marché est insuffisant ou absent, dans les interstices. Il le complète, le corrige là où il est défaillant (*market failures*, expression anglo-saxonne). L'Etat est un garant, disent les libéraux, un complément, disent les socialistes, une béquille du capital, disent d'autres. Mais dans les trois cas, il chemine dans le même sens.

L'un des contresens les plus flagrants de la pensée de ces dernières années fut d'opposer l'Etat et le marché. Ils ne cessent de s'épauler et de se fortifier. L'Etat moderne crée le marché (le dernier grand exemple est évidemment 1992 et l'Europe), et le marché crée l'Etat moderne. Les deux marchent de conserve, parfois tirent à hue et à dia, depuis deux siècles. C'est pourquoi « les serviteurs de l'Etat portent la livrée des puissances d'argent ». C'est pourquoi la planification n'a jamais été que le moyen de faire comme le marché, mais en pire. C'est pourquoi la perestroïka n'est que le retour au marché pour faire comme la planification, mais en un peu mieux.

Vaine est la tentative de réhabiliter un siamois au détriment de l'autre, le marché au détriment de l'Etat, ou, pour le dire comme les modernes, la société civile contre la société politique... On sait depuis Hobbes que la société civile s'oppose à l'état de nature, depuis Locke qu'il s'agit de la sphère de la propriété et des relations de commerce et d'échange, bref, du marché. L'Etat, dont le langage n'est plus que celui du coût et de la productivité, en fera toujours plus pour le marché que tous les Friedman, Hayek, Rawls, Nozick et Minc réunis.

Extraordinaire est la vitalité mercantile de l'Etat moderne. Sa hâte à briser les barrières, virer ses fonctionnaires, subventionner la recherche, américaniser les Russes, japoniser les Chinois. Sa hâte à créer le Village Mondial, où Dan Rather pourra enfin pérorer chaque jour d'un monde désormais sans nuits.

7.

Le franc c'est la France

> « Et pourtant, la Monnaie est tout juste ce que l'Etat déclare de temps en temps être le moyen légal de s'acquitter des contrats d'argent » Keynes, 1923.

NOMBRE d'auteurs s'intéressèrent à la tardive genèse de l'esprit bourgeois, de Bataille à Groethuysen : comment des êtres vivant il y a deux cents ou deux mille ans, dont l'histoire montre à plaisir qu'ils étaient lascifs, nerveux, méchants, plus irrespectueux encore que les modernes des êtres et des choses, cupides, qu'ils avaient tout pour engendrer le capitalisme, comment n'ont-ils su le faire? Les traditions, suffisamment fortes pour peser contre l'accumulation. L'interdiction d'avoir commerce de certaines choses, notamment de « la prostituée et l'entremetteuse universelle », l'argent.

Des trois biens hors marché, le Travail — *Das Kapital* chante la mercantilisation du travail — la Terre et la Monnaie, le dernier témoignait de la présence du Prince, de sa devise et de ses armes, de son autorité attentive au commerce. « La nature fait les métaux, les rois font les monnaies. » Ce chapitre conte la vivacité de ce vieil adage.

Le nominalisme

A nation forte, monnaie forte ; à nation faible, monnaie faible. Le mark est fort, tout comme le yen. La lire est faible, l'Italien paresseux. La livre redevient forte, le dollar reste le plus puissant. Vaillance des armées derrière : défendre, *tenir le franc*, capable comme l'armée française du meilleur et du pire. D'ailleurs, le franc Poincaré c'est la Marne, le franc Pinay la résistance, le franc Reynaud la débâcle.

Le franc c'est la France. Des 884 villes, localités, suzerains qui battent monnaie au temps des Mérovingiens, on passera au franc germinal (loi du 17 germinal an XI) fils très fidèle de la livre tournois de 1726, gagé sur un pair d'or et d'argent, et stable pour plus d'un siècle. Entre-temps, marcs, deniers, sols, écus, francs, livres tournois et parisii furent battus, monnayés et dépréciés par les souverains qui y laissèrent leur réputation, Philippe le Bel, Jean le Bon — plus de cent manipulations. « La monnaie du Roi a fait le Roi » (Braudel).

Mépris régalien de l'argent, mais gloire de la Maison, de la cour, de l'armée, des palais, de la dépense. Il faut bien « tripoter » une substance avilissante, et que l'on sait depuis peu, depuis Freud, d'essence fécale. La livre tournois perdit la moitié de sa valeur de 1513 à 1536, et la moitié encore de 1636 à 1726, *ce qui est dérisoire :* de 1914 à 1938 le franc perdit les neuf dixièmes de sa valeur, et de 1938 à 1967 plus des quatre-vingt-dix centièmes *. C'est pourtant au bourgeois d'être inquiet sur la valeur de la monnaie. Parce qu'il prête au roi qui, tôt ou tard, cesse de rembourser.

On peut difficilement comprendre le déficit énorme des Etats-Unis aujourd'hui sans référence au nominalisme et au mythe régalien de la valeur faite par le souverain. Les Etats-Unis non seulement peuvent espérer rembourser en monnaie de singe ou de signes (ils ne prennent même plus la peine de fabriquer de la pâte à papier), mais à vrai dire, ne pas

* De 100 à 13,1, et de 100 à 2,6.

rembourser du tout. C'est leur privilège. Les vassaux (l'OCDE) remplissent l'escarcelle, tandis que le seigneur dépense, épargne peu (3,5 % du PIB d'épargne cette année aux USA, autrement dit rien, contre 20 % au Japon, 18 en Allemagne) et entretient une armée.

« Rendre au vieux franc français, dont les pertes expriment nos épreuves, une substance respectable » (de Gaulle). Quelle phrase ! Tout le nominalisme. Assimiler notre histoire à celle du franc, quel raccourci, aussi saisissant que « L'intendance suivra ». Désir de faire de Paris une place financière respectable, rêve d'un franc gagé sur l'or, arrogance d'exiger des Américains des remboursements *en or,* au temps où le dollar était de l'or, *as good as gold.* Quel culot quand on y songe... Le refus de dévaluer en 1968, alors que la dévaluation était déjà dans les journaux. Et enfin le *franc lourd,* pesant son poids d'or sans doute...

Le franc lourd (1er janvier 1960). Pur nominalisme. Il avait une valeur exprimée en or *. « Le franc est désormais une monnaie solide, une monnaie stable ; elle a le droit d'être mesurée en mètres, non pas en centimètres, comme les grandes monnaies. » Giscard. Génial. Un kilo c'est beaucoup plus lourd que mille grammes, c'est bien connu. Encore le nominalisme. La foi en la *valeur faciale.*

Le franc se débarrassait de sa misérable poussière de zéros, s'éloignait de la lire et se rapprochait de la livre et du dollar. Quelqu'un proposa de rebaptiser le franc le « gallia », ce qui faisait encore plus robuste. « Pourquoi pas le charles ? » dit le Général. Affaire classée. Les pays sud-américains sont friands de changement de noms, l'Argentine (l'austral) le Pérou (l'inti, le sol). Ils pensent que de débaptiser, *faire oublier* leur monnaie dépréciée va lui redonner du lustre. L' « Ecu », le « bancor » de Keynes sont des avatars du nominalisme. Jamais le nom pesant de Marcel Cerdan ne fit gagner le fils.

En général ces pays se débattent avec l'*hyper-inflation,* qui est aussi une manifestation du nominalisme : la défiance totale vis-à-vis d'une monnaie marque la crise politique et

* 1,8 mg d'or fin, contre 65,5 au franc Poincaré, 322,58 au franc germinal.

l'impuissance du pouvoir, contraint de laisser à d'autres le soin de rétablir la confiance. Elle montre qu'ordre monétaire et ordre social sont tragiquement liés. Elle révèle l'irrationalité, le mimétisme, l'absence complète de calcul économique des périodes instables (personne ne sait, en décembre 1923 en Allemagne, après seize mois d'hyper-inflation, qui a ruiné qui), périodes où l'on aurait justement besoin d'analyse et de politique économiques. Celles-ci ne sont jamais tant efficaces que lorsque l'économie est à peu près équilibrée et les lois économiques à peu près vérifiées, c'est-à-dire lorsque l'on n'en a pas besoin *.

Paradoxe monétaire : la monnaie doit être à la fois *dans* le marché, comme instrument de circulation et réserve de valeur, et *hors* du marché, comme témoin de l'autorité politique. Dans l'hyper-inflation, l'activité mercantile devient fébrile. Des entreprises se créent sans cesse, ainsi que des banques. Le chômage est faible. « Je ne suis pas encore riche, mais je dois déjà quelques milliards », déclare cet industriel allemand. C'est le triomphe des débiteurs. S'il y a hyper-inflation quelque part, c'est qu'un lobby affairiste est en train d'en profiter. En général, des entrepreneurs. En Allemagne, ce fut la grosse industrie qui avala la grosse banque. Dès que l'inflation ne profite plus à personne, elle s'arrête, brutalement. Le Rentenmark mis en place par une banque privée en décembre 1923, garanti par l'industrie, gagé sur l'or, garde sa valeur soixante-cinq ans plus tard, après être devenu le Reichsmark (1924), et le Deutsche Mark (1958).

Rares sont les économistes modernes à s'être intéressés à l'hyper-inflation, de laquelle ils ont déduit le rôle superficiel de la monnaie : sa *permissivité*. Pour qu'il y ait de l'inflation, il faut qu'il y ait de la monnaie. Certes. Ils concluent que la monnaie crée l'inflation. C'est le monétarisme. C'est dire que le bois fait les incendies. Dans les périodes d'hyper-inflation, la monnaie est plus qu'un carburant : elle est un euphorisant. Les autorités injectent des signes monétaires comme

* Ainsi la politique économique conjoncturelle en France : efficace jusqu'en 1973, elle devient inefficace ensuite.

des amphétamines. D'ailleurs, des billets multicolores apparaissent partout. Tout le monde émet de la monnaie, des billets roses, verts, bleus, c'est une hallucination. L'autorité publique ne peut pas arrêter l'inflation, parce qu'elle n'est plus l'autorité. Elle attend qu'on la chasse ou que les débiteurs aient fini de ruiner le pays.

Le monétarisme, ou le degré zéro de l'analyse économique

Keynes fut un temps nominaliste : « La monnaie est ce que l'Etat déclare être le moyen de payer. » Dans *A tract on monetary reform* (1923), il penche pour l'étalon-or. Bien qu'ayant acquiescé à tout ce qui fut écrit sur la monnaie, notamment par la scolastique médiévale, jamais la doctrine monétariste ne reçut de lui une goutte d'approbation. Il découvrit, au contraire, que la monnaie avait le pouvoir de faire les contrats et de rompre les contrats, en introduisant le temps dans l'échange, en séparant l'acte de vente de l'acte d'achat. Qu'elle était le facteur essentiel du déséquilibre, car, finalement, elle permettait aux gens de changer d'avis.

A l'opposé la doctrine monétariste de Milton Friedman. La monnaie est neutre. Elle n'est au fond qu'un instrument d'échange. Les biens s'échangent contre les biens. Il n'y a pas d'*illusion monétaire* : on sait qu'au-delà de l'argent, il y a des richesses réelles. De sorte que si la quantité de monnaie double, et si les biens à échanger restent les mêmes, les prix vont doubler. Il faut contrôler la monnaie pour limiter l'inflation.

Keynes disparu, les monétaristes et les libéraux reprirent du poil de la bête. Aux Etats-Unis, ils se manifestèrent dans les années soixante, lorsque apparurent, après le « miracle Kennedy » (20 % de croissance du PIB sans inflation), les premières tensions inflationnistes de l'après-guerre, liées largement à la guerre du Viêt-nam. Les monétaristes conseillèrent de contrôler la masse monétaire pour limiter l'inflation. Les variables réelles s'ajusteraient, « tôt ou tard ». Par exemple, si l'on maintenait le taux de croissance de la masse monétaire à 5 %, le taux d'inflation finirait par se situer entre 0 et 5 %, et le taux de croissance dans ce qui restait. Foi de monétariste. Sitôt dit, sitôt fait. De 1965 à 1979 on contrôla.

Ce fut la période la plus curieuse de l'économétrie américaine. Les économètres publièrent les résultats les plus erronés de leur carrière et se révélèrent, finalement, incapables non seulement de prévoir mais de *mesurer* la masse monétaire de leur pays, à 15 ou 20 % près. Où était passée la monnaie ? « *The case of the missing money* » ; « *Some clues in the case of the missing money* », interrogèrent les savants [1]. Bonnes questions. Elles les perturbèrent longtemps, jusqu'à ce qu'ils cessent de publier leurs prévisions, démoralisés par les conséquences des erreurs d'appréciation du stock de monnaie. Ce fut l'heureux temps où les lecteurs des feuillets spécialisés se délectèrent des rectificatifs de prévision de 20, 50, voire 100 % de variation de la masse monétaire, cette fameuse masse monétaire fondement de la glorieuse politique monétariste.

L'explication est assez simple. En vérité, *on ne sait pas* ou mal, aussi curieux que cela puisse paraître, ce qu'est la masse monétaire. Les billets, la monnaie scripturale qui circule par les chèques, certes, mais au-delà ? Les comptes sur livret, les comptes d'épargne, les bons de caisse, les bons du Trésor, certaines obligations, toutes les obligations ? Tout ça c'est de la quasi-monnaie. Le pire, c'est que tout est capable de devenir monnaie, et vite : les lettres de change et les titres que les industriels font circuler, de plus en plus vite entre eux. Les biens aussi, qui cessent d'être thésaurisés et servent à l'échange, un paquet d'actions, un tableau... Dans la période d'inflation, 1975-1980, période de restrictions monétaires, les monétaristes de tous les pays furent fascinés par la facilité des banques et des intermédiaires financiers à *inventer de la monnaie.* A créer de nouveaux titres, panachés de Sicav et comptes divers, comme les banquiers anglais durant la Première Guerre, qui inventèrent la monnaie scripturale pour tourner les restrictions. Cette capacité d'innovation financière annihile toute volonté d'asservir l' « indomptable monnaie ».

Le monétarisme n'est qu'un des rejetons de l'indice

statistique, qui tient lieu de pensée et de politique économiques. On garde l'œil sur le chiffre, sans avoir ce qu'il est. Fixons-nous un objectif de croissance de la monnaie, dit Friedman, et attendons. Tôt ou tard, le « réel » suivra. Tôt ou tard. On ne peut faire moins. Si, *la contrainte extérieure :* faire ce que fait le voisin. On ne peut dire moins. Si : on peut dire pire, toujours. C'est la théorie des *anticipations rationnelles,* surgeon du monétarisme, « dernière-née des élucubrations visant à exorciser le pouvoir maléfique de la monnaie[2] ». Le credo en l'omniscience du consommateur. Il sait tout. Il prévoit tout. Notamment ce que va faire l'Etat, qui en général ne le sait pas encore. La monnaie n'est plus rien. Elle est hyper-neutre. Plus légère qu'un voile. C'est de l'ultra-Friedman. Plus besoin de rien, plus de banque centrale, plus de Trésor. Rien. L'éther dans lequel flotte le consommateur, sans « illusion monétaire », sans illusion aucune d'ailleurs.

Arrivé au Federal Reserve System (le « Fed ») en 1979, M. Volcker se frotte les yeux : impossible d'imaginer politique plus absurde que celle que mènent les Etats-Unis sous couvert de « monétarisme » depuis quinze ans. L'ultra-orthodoxe et conservateur Burns qui le précédait contrôlait la masse monétaire d'un côté, celle que personne ne sait mesurer, et de l'autre facilitait l'accès au crédit en faisant pression sur les taux d'intérêt. Fini : M. Volcker bloque d'un côté, lâche de l'autre. Il laisse filer les taux d'intérêt. Enfin les démocrates font du monétarisme, du vrai. Qu'à cela ne tienne, les républicains feront de l'hyper-keynésianisme.

Reaganomics

Reaganomics restera, dans une tradition d'incohérence, comme le moment le plus extraordinairement confus de la pensée, de la critique, du débat et de l'action économiques, où l'on fit à peu près le contraire de ce que l'on disait tout en disant le contraire de ce que l'on pensait, et en pensant très sincèrement que l'on n'y comprenait rien. Reaganomics fut le sommet de l'absurdité économique. Reaganomics exhibe les passions, les contradictions, l'affolement, les élucubrations des professeurs, des experts et des conseillers, qui prirent leçon d'un communicateur qui puisait son économie politique dans le fonds de bon sens de la Californie ou du Texas. A côté de ce tintamarre, les querelles d'experts entre albanais et mauroyistes, bérégoviens et balladuriens ne sont pas que chassés sur clavecin. Reaganomics étale le désastre de la pensée économique. L'incompétence crue. La brute qui somnole sous le modèle. Reaganomics fait s'entre-déchirer aujourd'hui encore : certains clament que le déficit est trop faible, et d'ailleurs qu'il est un excédent (Paul Craig Roberts), d'autres qu'il est plus gros qu'on ne croit (Stephen Marris), d'autres qu'il faut dévaluer le dollar de 75 %, d'autres qu'il faut le réévaluer. Reaganomics exprime la débandade de la caste intello-technocratique. Enfin, Reaganomics n'est pas une doctrine économique mais son contraire : c'est le retour sous une vive lumière du politique, qui balaie d'un coup les « grands équilibres », la « contrainte extérieure », les « lois », emportant au passage la « crise » et ses exégètes.

« Sept ans d'hystérie », résume Paul Craig Roberts, ancien conseiller au Trésor, professeur à Georgetown, chef de file, avec Arthur B. Laffer, du courant des *supply-siders*, les « économistes de l'offre ». Ces gens croient avoir inspiré Reaganomics en disant que les entrepreneurs doivent être incités à construire des usines et les ouvriers à travailler, et que pour ça il faut baisser les impôts. En vérité, Reaganomics fut un éloge à la consommation, gagée sur l'endettement, gagé sur le crédit du roi, c'est-à-dire le dollar et Ronald.

Craig Roberts dit que le déficit fut « une astuce de propagande », « une affaire bidon et un mouton à cinq pattes », une ruse des experts et des universitaires auprès des journalistes pour virer les hommes de bon sens autour de Ronald Reagan et « occuper des postes », « renouer avec la croissance de l'Etat ». Il rappelle que tous ces économistes « se sont constamment trompés », comme le Fed d'ailleurs, « célèbre pour son incapacité à suivre ses propres objectifs et indicateurs ». De « mémoire d'homme » il n'y eut jamais de meilleure politique économique, faite contre les experts, et surtout contre *toutes lois économiques.* Et en avant pour « mille ans de croissance », ajoute Beryl Sprinkel, président des conseillers économiques de la Maison Blanche[3]. A preuve que l'économie américaine est saine : les étrangers viennent y investir. C'est aussi l'argument de Friedman. Ce fut l'argument des banquiers qui investirent à tombereaux de dollars au Mexique en 1975.

Reaganomics est contre les économistes. Reaganomics est contre les lois économiques. Reaganomics est contre Reaganomics. En 1984, virage à 180°. Reaganomics, par la bouche de James Baker, déclare que la force de l'Amérique c'est le dollar faible, après avoir déclaré que sa grandeur, c'est le dollar fort. Il dérégule, mais en même temps accroît le poids de l'Etat fédéral. Il crie « Vive le marché ! » et promulgue une loi protectionniste (*Trade Bill* du 3 août 1988). Il fait voter une loi anti-déficit (amendement Gramm-Rudman) qu'il viole illico. Il baisse les impôts locaux et accroît les impôts fédéraux. Il prend la défense de l'épargne et réussit à liquider l'épargne américaine. Et il réalise huit ans de croissance ininterrompue et réduit le chômage.

C'est Dada. Incompréhensible. Les experts s'entre-déchirent dans la plus effrayante cacophonie d'experts. Désemparés, ils deviennent incapables d'aligner deux chiffres cohérents. Ainsi cette histoire de déficit : y a-t-il oui ou non déficit ? 1 000 milliards de dollars, ça devrait se voir, non ? Et non. En contre-pied de Craig Roberts, Robert Eisner. Robert Eisner est un homme important : professeur à la Northwestern University mais surtout président de l'American Economic Association, la plus respectée des associations d'économistes du monde, qui édite cette revue, que nous commençons à bien connaître, l'*American Economic Review,* revue de savants pour les savants. Oui, le déficit est bien réel, glapit Robert Eisner, contrairement à ce que disent Craig et ses illuminés. Il est énorme, plus gros qu'on ne le croit. Plus que les 4 ou 500 milliards de dollars de Stephen Marris, plus que les mille souvent avancés. Mais voilà : *il n'est pas vraiment assez gros.* Il faut qu'il grossisse, et vite. « Equilibrer est la plus grande des folies[4]. » A bas la funeste loi Gramm-Rudman ! Certes, au rythme d'investissement des Japonais, tous les

Etats-Unis seront dans leur poche d'ici quarante ans, alors qu'ils n'en possèdent encore que quelques villes. Pearl Harbor par exemple, qui leur appartient aux trois quarts. Ça ne fait rien. Car l'épargne américaine suivra la croissance du revenu. Mais d'abord consommer. Con-som-mer. Du Keynes.

« Du Keynes ! » exulte hilare Reaganomics, qui fait tirer sa croissance par la dépense militaire, financée par le déficit. L'industrie croît de façon phénoménale*, 17 millions d'emplois sont créés, l'inflation est restée stable. Certes, la dégradation de l'urbanisme, des services publics, le plus grand parc de clochards du monde. Mais le moral *is back*. Peu importe le pour et le contre, car le pour et le contre sont toujours mesurés avec des indices, et Reaganomics se moque *particulièrement* des indices. Ainsi le très complexe « indice de pauvreté », une moyenne d'une dizaine d'indicateurs : Jesse Jackson dit « 50 % ! » pour les Noirs ! « 33 % ! » répondirent les républicains. Les journaux adjugèrent à 40 %.

Pendant la surprenante campagne de 1988, personne n'osa parler de Reaganomics. Bush se fit passer pour populaire, Dukakis pour conservateur, et Jesse Jackson pour blanc. Au début, les républicains furent paniqués par l'attitude des démocrates, qui cette fois laissaient de côté les professeurs d'économie et les experts, lesquels finissaient par exaspérer tant les électeurs que « l'électorat démocrate se réduisait généralement aux professeurs et aux médias » (Craig Roberts). Pis : Dukakis choisit comme colistier un « vétéran de l'économie de l'offre et vrai patriote », dont heureusement, le fils s'avéra avoir été planqué dans la Garde nationale en même temps que Quayle — et qu'un fils de Bush qu'on y débusqua au passage. Entre autres refuzniks, on découvrit aussi le grand Arthur Betz Laffer, inventeur de la courbe. Pourtant, Dukakis fit bien les choses : il réussit à museler le brillantissime Lawrence Summers, chaire d'économie à Harvard, titulaire de deux oncles Nobel (Samuelson

* De 1960 à 1986, l'industrie passe de 37 à 46 % du PIB ; exactement de 46 à 37 % en France sur la même période. Message keynésien (« Vive la dépense publique ! ») parfaitement compris par le nouveau président Bush.

et Arrow), qui piaffait de pondre un programme économique. Il n'y eut pas de programme économique. Tout programme économique n'aurait pu être que contre Reaganomics. Malheureusement malgré tous ses efforts, Dukakis apparut trop compétent. Trop vulnérable aux sirènes de la clique économico-universitaire. Il fut balayé.

On n'en finirait pas d'énumérer les contradictions des huit ans de Reaganomics. L'une des plus flagrantes est la croissance de l'interventionnisme, de l'autoritarisme, de l'Etat. L'Etat fédéral pèse nettement plus sur l'économie américaine et globalement la dépense publique a augmenté. De 1980 à 1985, elle est passée de 35 à 39 % du PIB. La hausse des cotisations sociales et des taxes locales a compensé largement les baisses d'impôt. Les Etats se sont substitués aux villes dans le financement des aides, et l'Etat fédéral aux Etats. Quand il le fallait, l'Etat a sauvé la banque : la Continental Illinois en 1984, et la First Republican Bank en 1988 (4 milliards de dollars) ; sur les dix principales banques texanes, huit ont fait l'objet de renflouements ; pis : il s'apprête à renflouer les caisses d'épargne, au bord de la faillite, après une grotesque tentative de dérégulation, et ça va lui coûter encore plus cher *. Quand il le fallait, il a fermé les frontières (*Trade Bill* de 1988, qui élargit candidement la notion de concurrence déloyale, pour stopper les investissements nippons). Quelques gadgets de dérégulation pour gogos libéraux européens (AT & T ; les compagnies aériennes : une pagaille dont les Etats-Unis sortent à peine). Au total, du keynésianisme primaire, mâtiné de dirigisme.

Entre autres contradictions, Reaganomics est contre ses propres conseillers économiques. Ceux-ci le sentent bien : le Pr Martin Feldstein, célèbre dans les années soixante-quinze pour des publications contre la Sécu, occupa de 1982 à 1984 le poste autrefois très envié de chef des conseillers économiques de la Maison Blanche. Convaincu de ce qu'on le

* 90 milliards de dollars pour renflouer la profession ! A titre de comparaison : les banques américaines ne détiennent que 70 milliards de créances sur le tiers monde, dont 23 provisionnées. 90 contre 47...

méprisait infiniment, il partit vite, rejoignit dans l'ombre l'ancien chef des conseillers de Nixon, Edmund Phelps, qui avouait lui aussi ne jamais avoir été écouté. Avec Michael Boskin, économiste prestigieux, professeur à Stanford, inventeur du terme « économie vaudou » pour qualifier Reaganomics — *et c'est vrai, c'est exactement ça* — et, pendant la campagne, du concept infiniment subtil de « gel souple » des dépenses, la fonction risque de retrouver un peu de son lustre. Non pas à cause de la chaire à Stanford, mais de la timidité du nouveau président.

A l'opposé du lobby des économistes, les fans de Reaganomics sont des pragmatiques : Jack Kemp, l'avocat texan, James Baker, sans foi ni loi économique, l'auteur du virage à 180° dans la conduite du dollar. Baker est un mystère pour les économistes. « Qui sait ce qu'il nous mijote ? » gémit l'oracle Stephen Marris, cosignataire du cri d'alarme des « 33 des 13 ». « Avec son compère japonais Kiishi Miyazama, il a pu manigancer une hausse significative du dollar — pour euphoriser l'opinion avant l'élection ?... Peut-être envisage-t-il de changer de politique monétaire après l'élection ? Qui sait [5] ? »

Quel désarroi... Reaganomics a balayé les lois, les affirmations, les concepts, les satisfecit. Pendant l'Irangate, ses propres conseillers firent courir le bruit que l'état mental du président les inquiétait, ce qui en dit long sur leur propre panique intellectuelle. Ce mépris de l'expert, fondement et clé du succès de Reaganomics, est partagé par l'ex-expert désormais oracle Friedman : « Dans mon esprit, la politique monétaire devrait être mise en œuvre par des bureaucrates anonymes, sans pouvoir, remplaçables par des ordinateurs [6]. » Friedman conseille d'abolir le Fed, qui éponge de temps à autre les créances douteuses des banques sur le Brésil ou le Mexique, trop autonome et qui devrait se contenter d'imprimer du papier quand on le lui demande.

Mais Reaganomics se moque même de Friedman et de la question de savoir s'il faut du papier ou pas. « Je dois des dollars ? Or je fais les dollars. Donc je ne dois rien. » Le roi fait la monnaie. Reaganomics est le triomphe du nominalisme.

Le triomphe du politique.

L'inflation

« Rien n'est impossible dans une science aussi inexacte que l'économie » P. A. Samuelson.

Petite inflation de l'OCDE (1975-1985, 10 % en moyenne), raisonnable inflation de théories : inflation par les coûts, la demande, l'insuffisance de l'offre, l'extérieur, les matières premières, les structures, les circuits de distribution, le crédit. Théories monétaire de l'inflation, psychologique de l'inflation. Théorie de l'inflation par les anticipations, qui disait sagement qu'il y avait de l'inflation parce qu'on prévoyait de l'inflation. Il y eut même une théorie biologico-démographique de l'inflation, assez curieuse. Or depuis le milieu des années cinquante, on savait que l'inflation n'apparaissait que dans les pays à faible taux de chômage. *A contrario,* dans ceux à fort chômage (les Etats-Unis), elle était nulle.

Cette relation exclusive entre inflation et chômage (soit chômage, soit inflation, jamais les deux) avait été observée par le statisticien anglais Phillips. Il l'expliqua par la pression des salaires sur l'indice général des prix : pas de chômage, forte pression syndicale, hausse des salaires, hausse des prix. Hissée au statut de loi, baptisée *loi de* Phillips, elle fut destinée à couvrir les siècles des siècles avec effet rétroactif. L'un des plus farouches partisans de la loi de Phillips fut Samuelson.

Hélas, dans les années soixante-quinze, il fallut bien admettre que chômage et inflation croissaient ensemble. On essaya bien de transiger, on dit qu'en fait *c'était la loi qui se déplaçait,* mais que, lorsqu'elle se serait stabilisée un peu plus haut (fort chômage et forte inflation) tout redeviendrait comme avant. Rien n'y fit. Samuelson avoua : « Encore une loi économique fausse. » Alors qu'à la veille de la crise, tout à l'euphorie de son Nobel, il déclarait que « la science triste était devenue la science gaie », il reconnut qu'un « bon savant se devait de reconnaître son ignorance », fit demi-tour et repartit à ses recherches. C'est à partir de ce moment-là qu'il fut légèrement supplanté par Friedman, moins coutumier d'aveux d'ignorance.

Friedman expliqua la fin de la loi de Phillips par les anticipations de l'inflation. On fut rassuré. Enfin presque, car le Nobel Arrow constata que la mort d'une loi était « chose bien triste » et que la coexistence de l'inflation et du chômage constituait « une énigme et un fait gênant »[7]. Eh oui... Il ajouta qu'il fallait vivre avec.

En France, l'inflation fit resurgir le vieil adage de la « vérité des prix », utilisé par tous les gouvernements depuis 1945, qui tous pratiquèrent le contrôle des prix. Personne ne fut donc très étonné lorsqu'en 1976, après avoir rameuté à la liberté, M. Barre commença par bloquer. Plus surprenante fut sa volonté soudaine de libérer au cours du deuxième plan Barre, 1978, comme si les prix libérés allaient miraculeusement baisser. Ils s'envolèrent, poursuivis puis dépassés par les salaires, rattrapés en pleine course par le prix du pétrole en 1980, qui estoqua l'expérience Barre.

Le franc fort

Du plan Barre au franc fort, un pas. La doctrine du franc fort est aussi vieille que le franc et ses dévaluations. Largement imprégnée de nominalisme, elle connut un regain d'intérêt après la décision de Nixon en 1971 de dévaluer le dollar et de laisser les marchés des changes fixer les valeurs des monnaies. Les gouvernements crurent disposer d'un peu plus de liberté pour défendre au jour le jour la valeur de leur devise. D'où les franc-fortistes et les autres. D'où, également, les partisans du nouveau système (les flexibilistes, Friedman), et ceux de l'ancien (les fixistes, Galbraith).

Les ennemis du franc fort ont pour idée de favoriser le commerce extérieur et l'industrie par une monnaie qui ne les pénalise pas ; ils ont pour modèle la Suède, qui est un pays qui laissa filer sa monnaie, dont les coûts de production sont faibles, la productivité excellente, l'industrie prospère, le commerce extérieur florissant. Ils arguent du fait que le franc fort, en fait *surévalué,* joue exactement comme une dévaluation à l'envers. Ils croient donc fermement en l'existence d'une courbe, dite « courbe en J », qui conte l'effet bénéfique d'une dévaluation : si la monnaie se déprécie, les exportateurs sont incités à produire plus, donc investissent, donc importent. Provisoirement le solde extérieur se dégrade. Passé le moment où l'on se prépare à produire, ils exportent et le solde extérieur se rétablit.

Les économistes dépensèrent beaucoup d'énergie pour démontrer l'existence de la courbe en J, et le double pour la réfuter. Comme toujours, la question est surdéterminée. La théorie peut en dire cent fois plus que ce que l'on ne pourra jamais observer. Sur le terrain, certains virent de belles courbes en J, d'autres non. En France, les agents anticiperaient assez bien les dévaluations. Elles sont sans effet et suivies bientôt d'autres. En Allemagne, ce serait le contraire. Le patronat français, habitué à voir défendre à tout prix le commerce extérieur, à profiter de crédits bonifiés et de garanties diverses à l'exportation, pousse plutôt à la dévaluation.

Les amis du franc fort veulent aussi défendre le commerce et l'industrie. Ils ont pour modèle l'Allemagne, dont l'industrie est forte, la productivité élevée, le commerce extérieur très florissant. Ils disent que la dévaluation ne favorise pas le rééquilibrage du commerce extérieur. Qu'elle n'incite pas les industriels à rechercher des gains de productivité. Qu'elle déplace l'industrie vers l'aval. Qu'elle entretient l'inflation par circulation excessive de créances à l'exportation trop facilement refinancées par les autorités monétaires. Les amis de la dévaluation répondent que celle-ci favorise précisément la revitalisation du tissu industriel. Les amis du franc fort répliquent que la dévaluation est une bouffée systématique d'oxygène pour le patronat.

A bout d'arguments, on se déplace sur le terrain de la querelle changes fixes ou flexibles. Les *fixistes* rappellent que l'absence de fluctuations de parités équivaut à la définition d'une monnaie unique dans le monde. Que l'unité de la monnaie est un facteur puissant de développement des échanges. Que les parités fixes facilitent hautement les prévisions des entreprises, qui peuvent enfin faire des plans de production au-delà de la semaine ou du mois. Les *flexibilistes* répliquent que les variations des monnaies permettent le rééquilibrage automatique des balances commerciales. Que les marchés à terme sur fluctuations des valeurs des monnaies, comme le marché de Chicago, permettent aux exportateurs de se prémunir contre les « accidents » de change.

Mais fixistes et flexibilistes se retrouvent soudain pour reconnaître que le taux de change est quelque chose de bien mystérieux. En particulier : comment se fait-il que les parités des monnaies ne reflètent pas les différentiels d'inflation ? Le marché ne saurait-il plus arbitrer ? Le MATIF * ne jouerait-il pas son rôle ? La création des marchés ajouterait-elle au brouillage, à la confusion, à la spéculation ? Celle des titres financiers nouveaux aussi, en créant des interstices de spéculation ? Croire qu'en créant des marchés financiers et des titres financiers, *on va apaiser la spéculation financière*, qui ne demande qu'à s'exacerber, serait simplement songe de socialiste converti à la finance ?

Partisans et adversaires du franc fort hochent la tête. La valeur d'une monnaie est chose subtile. Elle n'est même pas liée au « prix du temps », le taux d'intérêt. Et le taux d'intérêt n'est plus ce qu'il était : parfois les taux à court terme passent devant ceux à long terme. Autrement dit on paie plus cher l'argent que l'on doit rembourser dans un mois que celui qu'on doit rembourser dans un an. C'est irrationnel et inquiétant. On observa ce phénomène peu avant le krach de 1987. Le taux de l'argent au jour le jour passa celui des obligations. Curieux. Passant lui aussi par là, l'oracle de Wall Street et affidé de la banque d'affaires Salomon Brothers, Henry Kaufman, grand lecteur de

* Marché à terme international de France. Permet de se couvrir entre les fluctuations de taux d'intérêt, auxquelles sont liées les valeurs des monnaies.

courbes multicolores qui sont autant d'entrailles de victimes, s'en inquiéta, se gratta le crâne, affirma : « Pas de baisse des taux dans le proche avenir. » A deux jours il se trompait ; à un mois aussi, à trois aussi ; à six aussi ; mais sur l'année, il finit par avoir raison.

La Gauche et la Vieille Dame

Comme le nationalisme et la force du franc sont à droite, l'internationalisme et sa faiblesse sont à gauche. La gauche traîne un handicap de faiblesse à l'égard de la monnaie dont M. Bérégovoy, seul homme du franc fort d'après-guerre avec Raymond Barre, est en train de la débarrasser pour plusieurs générations. Pourtant, si l'on regarde l'histoire du franc depuis germinal an XI, et mis à part la « dévaluation honteuse » du radical Félix Gaillard en 1957, il n'y eut qu'une, une seule dévaluation de gauche dans toute l'histoire du franc. Auriol, en 1936, décréta enfin — la plupart des monnaies étaient inconvertibles depuis longtemps, sauf le franc, qui les tenait à bout de bras — l'inconvertibilité du franc et créa le Fonds de stabilisation des changes. Toutes les dévaluations furent de droite, jusqu'en 1981 *.

Mais c'est la chute du Cartel des Gauches qui fit définitivement la réputation monétaire de la gauche. En 1924, le Cartel est en face de la Vieille Dame (Grande pour d'autres), la Banque de France. Les deux cents plus gros actionnaires qui composent l'assemblée générale sont bien, conformément à la légende, les deux cents familles. Les régents sont pris au sein des familles inamovibles, Mallet, Vernes, Rothschild et Hottinguer, ainsi que l'inaltérable Wendel, président du Comité des Forges. Le gouverneur est Robineau. On vire Robineau et on le remplace par Moreau,

* Poincaré (1928), Auriol (1936), Bonnet (1937), Reynaud (1938), de Gaulle (1944), Pleven (1945), Schuman (1948), Petsche (1949), Gaillard (1957), Pinay (1958), Giscard (1969, 1974), Barre (1976, 1979), Mauroy (1981, 1982, 1983), Chirac (1986, 1987).

jugé plus souple. Aussi raide que le précédent. Pour tourner la limite du plafond des avances de la Dame, le gouvernement utilisa deux procédés. D'abord, il se fit financer par des banques commerciales, ce qui vexa vivement la Vieille. Ensuite, plus grave, il fit pratiquer *une vraie fausse comptabilité*, concernant la destruction des billets usés, dont le volume fut artificiellement doublé. Fatal. La Vieille savait. Le gouvernement croyait qu'elle fermait les yeux. La Vieille et les régents encouragèrent la manipulation, laissèrent faire, et puis, tout simplement, *firent chanter* Herriot, Clémentel, Caillaux et les autres : « Ou vous supprimez le bordereau des coupons (le bordereau permettait un contrôle fiscal sur les revenus mobiliers), ou on crache le morceau. » Doublé, Herriot céda. Il supprima le bordereau.

Un petit peu plus tard, à court de fonds, il envisagea un prélèvement sur la fortune. Le régent Wendel glapit qu'il allait démissionner avec toutes les conséquences. Moreau renchérit. On se tourna vers le Parlement pour lui demander le relèvement du plafond des avances. Entre-temps, l'affaire de double comptabilité fut révélée. Le Parlement refusa. A genoux le Cartel devant la Dame. Exit le Cartel, triomphe du Mur de l'Argent, et de ceux que Keynes, ravi, commentant l'affaire, qualifia de « petits paysans ne voulant pas toucher à leur magot ».

Vincent Auriol tint la revanche de la gauche en 1936 : « Les banques je les ferme, les banquiers je les enferme. » Inconvertibilité du franc, réforme des statuts, fin de l'autonomie de la Dame. Elle goûta de la soumission au gouvernement après celle aux maîtres de forges. Pendant l'Occupation, elle assura complètement l'entretien de l'occupant, défit ses bottes, le nourrit et lui ramena de l'argent, bref, travailla avec vaillance pour l'artilleur de Mayence.

Malgré tout, les gouverneurs de la Banque de France qui se succèdent excipent d'une tradition d'indépendance et d'une héroïque autonomie dans la défense du franc et de la France. Un projet de loi Pasqua (1984) prétendait garantir l'autonomie de la Vieille, qui sans doute en pince encore pour Berlin où se décide toujours sa politique.

L'absence d'autonomie de la politique monétaire est

devenue flagrante. Après tout, c'est une sécurité dans un domaine où la Vieille tricote des taux et des coefficients de réserves obligatoires à tâtons. Elle joue sur les deux au jugé, en s'efforçant simplement, au bout du compte, d'approvisionner en liquidités les banques de second rang qui en demandent. Impuissante et myope ? La Vieille le reconnaît volontiers : « On peut dire qu'au jour le jour, les banques centrales n'ont pas le choix... Elles s'efforcent, avec plus ou moins de succès, de trouver de façon discrétionnaire, par tâtonnements et en utilisant les outils d'analyse dont elles disposent, le niveau des taux qui correspond sensiblement à ce qu'exige l'équilibre global de moyen terme[8]... » La difficulté consiste à trouver le « bon » taux, reconnaît-on. On insiste sur la « qualité » du contrôle. Quand on commence à parler de qualité, dans un contrôle purement quantitatif, c'est que ça va mal.

Le G-5 (Groupe des cinq) est le dernier avatar de l'impuissance monétaire, affichée au niveau international maintenant. En janvier 1981, le panier de seize monnaies utilisé pour calculer les droits de tirage spéciaux du Fonds monétaire international, est remplacé par une unité composite des cinq grandes devises, dollar, yen, mark, franc, sterling. C'est la naissance du G-5. En juin 1982, il est fastueusement reçu à Versailles et accouche d'un communiqué dérisoire, qui le ridiculise, lui, ses hôtes et leurs espoirs de coopération monétaire internationale. En 1985 à New York, au Plaza, c'est un peu mieux : on pilote le dollar à la baisse, après avis favorable de James Baker. En 1986 à Tokyo, la classe s'agrandit. Le G-5 devient le G-7 et accueille l'Italie et le Canada. Communiqué final à donner des frissons à un comité central. Puis les sept décident, tenons-nous bien, de la création de dix indicateurs économiques qui seront gérés par le FMI. Ce qui, dans un monde où des milliers d'indices de toutes tailles et de toutes couleurs sont produits tous les jours par des milliers d'augures, équivaut à peu près à équiper d'une dizaine d'arbalètes la totalité du corps des marines.

Après avoir été reçus au Louvre en janvier 1987 par un Edouard Balladur craquant de vanité, les mêmes s'engagent à « prendre une série de mesures, notamment à faciliter la mise en place des indicateurs économiques institués au sommet de Tokyo ». Après les arbalètes, on livre les flèches. Lorsque le 26 septembre de la même année, à trois semaines du krach, les mêmes se retrouvèrent avec le même air entendu sur le perron de la Maison Blanche, armés du même sourire économique pour dire que « l'on allait activer les indices » (oui, oui, ils le dirent), chacun comprit que Louvre, Versailles, Plaza, Tokyo ou Washington ne servaient même pas à leurrer un cambiste plus de quelques secondes. Jusqu'au ministre français qui en perdit l'imparfait du subjonctif attaché à sa personne comme l'élégance à un notaire.

Six mois plus tard, le chahuteur Lawson, chancelier de l'Echiquer et pince-sans-rire, jura, foi de chancelier, qu'il n'augmenterait pas ses taux d'intérêt pour finalement les doubler de juillet à septembre (de 7 % à 12 %). « Ah-ah, dirent les six autres, Nigel Lawson n'aurait-il pas atteint un *seuil* au-delà duquel, au lieu de brider l'inflation, il la favoriserait ? » On effleure ici l'un des concepts les plus émouvants de toute la science économique. Celui de seuil. Il y a toujours un seuil. Un seuil au-delà duquel ça va mal, un seuil d'indifférence, d'acceptation, d'absorption, d'élasticité, de rentabilité, de pauvreté, d'immigration, de tolérance apparemment à tout. Sauf aux conférences et discours économiques.

Quel sera la limite de tolérance aux G-7 ou super-G-7 ? Infinie : on invite le super-G-7, le sommet, à fêter la prise de la Bastille. On donne à l'oracle Attali, qui comme oracle n'a d'autre fonction que de justifier instantanément ce qui se fait ou se fera, non le titre de sans-culotte (tout de même !), mais de *va-nu-pieds* (sherpa). On annonce entre dessert et liqueurs une remise de dette pour les déshérités. C'est toujours ça. Surtout pour Mobutu qui possède largement l'équivalent de la dette de son pays et qui va pouvoir réactiver un brin sa petite machine à sous ; et qui, en sus, se voit gratifié de l'organisation du prochain sommet de la francophonie.

Le dollar

Il n'est pas inutile de se souvenir : la monnaie est une dette, garantie par les résidents, signée par l'autorité d'un territoire. Une dette très liquide certes, la plus liquide possible, mais une dette. Un Français qui possède une dette en francs ne doit rien à un Américain, et vice versa. Les Américains en sont bien conscients : « Le déficit est libellé en dollars, non en livres ou en francs ; en dernier recours, nous disposons de la planche à billets [9] » (Milton Friedman). C'est pourquoi la valeur du dollar n'évolue jamais en fonction du marché mais en fonction des oukases, indécisions, aberrations, voire décisions des Américains. Qu'il s'agisse des accords de la Jamaïque (1976) ou des accords du Plaza (1985) où Pierre Bérégovoy, accouru à la sonnette, crut en toute candeur avoir servi à autre chose qu'à ratifier.

C'est sans doute à propos du dollar que l'on a écrit le plus et prévu le moins. Le cours du dollar n'est lié ni à la crise, ni au chômage, ni au déficit, ni aux cours boursiers, ni à l'évolution du Deutsche Mark, ni même à l'évolution de la masse monétaire, ni même aux taux d'intérêt. Selon toute apparence, il n'est lié qu'au cours du dollar. « L'*over-shooting* de la bête » (jargon cambiste) qui gonfle parce qu'elle gonfle, qui se dégonfle quand elle veut, n'a plus rien à voir avec n'importe quel indice. Même le « chartiste », le plus inepte des prévisionnistes, qui se contente de suivre l'évolution de courbes sur des ordinateurs en attendant des seuils et des retournements sans jamais chercher à comprendre (cf. chapitre 9), reconnaît qu'il n'y a rien à faire. Aucune variable économique n'explique jamais l'évolution du dollar. Toujours le commentaire, le ton du commentaire, le sourire du commentateur. Et la plupart du temps, c'est la réaction inverse à celle attendue qui surgit. Témoin la totale irrationalité du marché lors de la dernière élection américaine. Avant l'élection : « Les opérateurs montrent qu'ils *entendent jouer la hausse*, quelle que soit la réalité économique outre-Atlantique » ; la veille : « L'élection, *pourtant largement prévue*, de M. Bush a créé un climat d'incertitude »; après l'élection : « Contre toute attente, *alors que les opérateurs avaient parié sur* Bush, le dollar baisse[10]... »

Les journaux ont créé à leur manière leur petit système d'assurances pour se prémunir contre l'incertitude de l'expert. Ils organisent systématiquement des doubles tribunes ou des doubles interviews de façon à disposer en permanence du blanc et du noir. Exemple entre mille : Galbraith et Friedman dans *Libé,* à l'automne 88. Galbraith, d'abord : pense-t-il qu'il existe une coordination entre les grands ?

— Aucune. Ceux qui croient au pouvoir des banques centrales croient au surnaturel.

Croit-il à un deuxième krach ?

— J'avais prédit le premier. Je ne vois pas un nouveau krach avant un *bon moment.*

L'évolution du dollar ?

— Sur le court terme, je ne peux rien dire. L'évolution du dollar est gouvernée par les banques centrales (ah ? On avait cru comprendre...). Mais sur le long terme, le dollar va baisser.

Friedman maintenant. Est-il surpris par la hausse du dollar, les taux d'intérêt, tout le reste ?

— Pas du tout !

Va-t-on vers un nouveau krach ?

— Non !

Le dollar ?

— Il va continuer à s'apprécier. Combien de temps ? Je n'en sais rien. Mais sûrement un *bon moment.*

Au moins, avec deux experts qui disent le contraire, on est sûr d'avoir la bonne réponse. Même pas, hélas ! Au moment de l'interview, le dollar est à 6,30, il y est toujours un an plus tard, mais nul doute qu'au bout d'un certain temps il ne finisse par évoluer. Dire que la politique et les banques n'ont pas d'effet sur le cours du dollar n'est tolérable que de bouche d'oracle. Nixon clama : « *Dollar as good as gold* » la veille de dévaluer, Reagan : « *America is back and dollar is strong* » et Baker : « *America is strong and dollar is free.* » Baker siffle, et les Européens accourent. Baker se moque du marché — qui d'ailleurs le lui rend bien. Quant au déficit, qui n'existe pas pour Milton Friedman et Craig Roberts *et ils ont raison,* le mot de la fin à l'éminentissime professeur Ronald McKinnon de Stanford, grandiose spécialiste d'économie monétaire : « Les Etats-Unis seront en déficit aussi longtemps qu'ils emprunteront pour financer leur budget[11]. » Oui. Tant qu'il y aura du déficit, il y en aura.

L'Ecu

En 1986, le gouvernement de Jacques Chirac dévalue contre l'avis des sortants. La gauche est réconciliée avec l'argent. De retour, elle clame inlassablement sa doctrine du franc fort et d'une monnaie européenne, l'Ecu. L'Ecu est le côté face de l'Europe, la défense le côté pile. Quel est l'avenir de l'Ecu ? Autrement dit, les Américains laisseront-ils l'Ecu devenir une monnaie ?

Tous les pays sont plus ou moins contre la notion de monnaie supérieure, sauf la France curieusement, peut-être parce qu'elle comprend intuitivement que l'abandon de la monnaie au marché est une perte de souveraineté politique. Lorsque exista une vraie monnaie supérieure comme l'or, qui n'appartenait à aucune nation, le système international fut un système de parités fixes, qui fonctionna sans conférences, sans réunions incessantes des ministres des Finances, sans perpétuelles petites phrases propres à brouiller les marchés. Le règne de l'or (le XIXe) fut celui d'une monnaie commune qui respecta les Etats. L'Ecu pourrait jouer le même rôle, mais son contrôle ferait tôt ou tard intervenir une puissance dominante. L'Allemagne peut-être. Margaret Thatcher l'a compris (intuitivement elle aussi ?), qui refuse l'Ecu *, mais signe sans problèmes un traité de libre-échange sans conséquence sur les souverainetés, comme en ont toujours signé les Anglais, en général au détriment des Français. Par contre, un système européen de banques centrales (plan Delors) serait inadmissible.

* « L'union monétaire dans mille ans ! »

La création d'une monnaie européenne est insupportable pour les Américains, qui les priverait de la supériorité du dollar, des possibilités d'atermoiements et du degré de liberté supplémentaire qui lui sont liés. Les économistes américains détestent l'Ecu. Martin Feldstein, ex-chef des économistes de la Maison Blanche, combat la coopération internationale et l'unité européenne au nom de l'ignorance : « Les incertitudes au sujet de l'état actuel de l'économie internationale et les incertitudes sur les véritables effets de la politique d'un pays sur les économies des autres pays nous empêchent d'être assurés que la mise en œuvre des mesures de coordination serait effectivement bénéfique [12]. » A moins qu'il ne s'agisse de pur mépris, rarement témoignage aussi assuré d'incapacité et d'esprit antiscientifique aura été fourni par un scientifique. « Tout est vrai jusqu'à preuve du contraire », croyait-on. Alors que « Tout est faux, et de toute façon je n'ai aucune preuve ».

Seul un pouvoir politique peut créer une monnaie : le Premier Consul en 1802 pour la Banque de France, le Zollverein, le Federal Reserve System en 1912. L'existence de l'Ecu serait à l'évidence trop bénéfique pour la Communauté qui intra-échange les deux tiers de sa production. La notion de contrainte extérieure disparaîtrait. L'Ecu deviendrait aussitôt la monnaie supérieure. L'Europe serait comme au XIXe le banquier du monde. Les Etats-Unis seraient rabaissés à leur rang originel de colonies, le Japon et les dragons à celui de pays exotiques. C'est évidemment insupportable pour les Etats-Unis, le Japon, l'Angleterre, et pour les Européens, trop pusillanimes pour prendre acte de leur puissance ou ne pas préférer leur déclin prospère comme les Allemands. Comme toujours, le destin de l'Europe est inscrit dans la génétique allemande : une Allemagne de 50 millions d'habitants, dont la moitié de vieillards gavés, n'aspirait qu'à disparaître en paix avant d'être réveillés par le fracas du mur qui s'écroule.

Friedman ne s'y trompe pas. Avec son cynisme habituel, il reconnaît que si les questions de déficit, de fluctuations du dollar, de taux d'intérêt le laissent froid, l'Europe, le grand marché de 1993, « ne comble pas ses vœux ». Mais heureusement, « le discours politique ne correspond pas à la réalité. Malgré les innombrables effets de manche, les dirigeants européens campent sur leurs positions. 1992 n'apportera pas plus d'unité européenne que 1957. *Les femmes et les hommes politiques en Europe refusent d'adopter une monnaie commune...* et le rêve européen restera une chimère[13] ».

« L'on pourrait être tenté de mettre l'économie politique française à la tête de tous les pays », écrivait Joseph Schumpeter dans la préface de son *Histoire de l'analyse économique.* C'était l'entre-deux-guerres, le temps où existait une tradition de monétaristes français, le grand Albert Aftalion, le grand Bertrand Nogaro, d'autres. En économie comme ailleurs, se vérifie une fois de plus une grande et vieille loi monétaire, la loi de Gresham : la mauvaise monnaie chasse la bonne.

8.

Pathologie boursière

> « — Je ne connais pas grand-chose à Wall Street, commençai-je mal à l'aise, mais pouvez-vous me dire pourquoi toutes ces actions ne cessent de grimper ? est-ce qu'il ne devrait pas y avoir des liens entre les bénéfices d'une entreprise, ses dividendes et le prix de vente des actions ?
> « — Monsieur Marx, vous avez encore beaucoup à apprendre sur la Bourse et le marché des valeurs » Groucho, *Mémoires capitales*.

LES marchés financiers, les Bourses, ont toujours été considérés comme les modèles du marché : si l'on veut voir, de ses yeux voir enfin la concurrence, il faut aller à la Bourse. L'offre et la demande sont là. Des prix sont fixés, on tâtonne, on marchande, on barguigne. Fluidité, atomicité, *information* y sont parfaites. Le paradoxe, c'est que le plus parfait des marchés, celui pour lequel fut écrite la théorie, celui qui devrait être le mieux compris, analysé, anticipé, est totalement inaccessible à l'entendement.

Comment les adorateurs du marché sont-ils désarmés devant le marché par excellence ? Pourquoi n'y a-t-il plus là embryon de loi seulement ? Pourquoi l'obscurité y est-elle plus effrayante qu'ailleurs ? C'est l'irrationalité pure du marché pur.

Vertiges

C'est un casino international, sans banque, et à mise illimitée. Les tables de jeu sont réparties sous toutes les latitudes. Les bourses (actions et obligations) sont liées aux marchés des changes (monnaies), de l'or et des matières premières. L'interconnexion, l'unification spatiale et temporelle est parfaite. La Bourse fonctionne en continu : une qui ferme, l'autre qui ouvre, Tokyo, Hong Kong, Sydney, New York, Paris, Francfort, Londres, Tokyo. Les marchés sont en expansion et de plus en plus « volatils ». S'y créent de plus en plus d'instruments financiers pour pallier le risque et la volatilité. Tous les nouveaux instruments de haute spéculation, utilisés sur les marchés dits *à terme,* où l'on peut anticiper les valeurs, et donc *vendre ce que l'on ne possède pas et acheter sans argent,* puisqu'on livre ou paie à terme — c'est le principe même de la spéculation —, tous ces instruments sont au départ destinés à atténuer les risques. A l'arrivée ils les amplifient.

A l'origine on lutte contre les risques de dépréciation de change ou de fluctuation des taux d'intérêt. On prend des contrats d'assurance. Ensuite, on spécule purement sur ces contrats à terme. Tout le monde spécule, même les plus sages. Les « zinzins » par exemple (investisseurs institutionnels, dits aussi les « gendarmes »), qui gèrent l'épargne pépère (Sicav, caisses de retraite, compagnies d'assurances, Caisse des dépôts, Crédit foncier). Ils suivent. Même le Syndic des agents de change spécule, alors qu'il est là pour couvrir les risques. C'est normal, c'est le marché. Seul problème : « se dégager à temps ». Récupérer le liquide — et tous alors courent à la liquidité, c'est le mimétisme, la chute.

Les marchés sont en expansion. Non seulement ils accueillent et éliminent constamment des titres, c'est leur rôle d'origine, mais ils ne cessent d'innover en créant de nouveaux instruments financiers. Ceux-ci couvrent les taux, les risques sur les taux, et les risques sur les risques. L'objet spéculatif est infini. Les spéculateurs ne supportent pas de ne pas spéculer. Entre deux ordres ou dans l'attente du prochain indice du déficit extérieur américain, les *golden boys* parient sur le poids du futur *royal baby* ou le nombre de morts du Paris-Dakar.

Du fait de la mondialisation, les marchés sont incontrôlables. La démultiplication des places *offshore* (Luxembourg, Bahamas...) permet d'éviter non seulement la taxe, l'Etat, mais aussi l'intermédiaire traditionnel, grande banque ou agent de change. Les marchés étant « branchés » en permanence les uns sur les autres, toute tentative d'intervention de « zinzin », gendarme ou banque, est *a priori* vouée à l'échec. Les secteurs sont mal définis, les spéculations se chevauchent, monnaies et actions, obligations et matières premières. Le court et le long terme s'enchevêtrent. L'informatisation des transactions et la cotation en continu permettent d'exploiter immédiatement la moindre fissure spéculative. Tout bruissement, tout frémissement des cours peut se propager et s'amplifier comme chuchotement sous le dôme de Saint-Paul et exploser en vacarme.

Ces phénomènes cumulatifs, ces *structures dissipatives* consomment plus d'énergie que n'en dégagent celles qu'elles remplacent. C'est l'*effet aile de papillon:* un battement d'ailes au Japon, de proche en proche, fait naître un ouragan en Californie. Certains admettent l'existence de systèmes économiques purement chaotiques. Or, l'existence de systèmes chaotiques « transforme la notion d'imprévisibilité, la libère d'une ignorance contingente qu'une meilleure connaissance suffirait à surmonter, et lui donne un sens intrinsèque[1] ». Cela veut dire que *l'incertain est un bloc,* incapable de fissures, par lesquelles pourraient se glisser les ciseaux probabilistes des économistes. « Il est évident que dans bien des cas les probabilités traduisent une ignorance. » L'irrégularité paraît être la loi, le chaos la norme, l'incertain l'éther dans lequel baignent les cerveaux. De l'irrationnel dans un bain d'incertain secoué par le chaos : l'activité boursière.

Finis l'équilibre et la mécanique à la Walras ! Vive les objets fractals, vive la Bourse, qui ira de chaos en chaos, et de *put* en *call* des *golden boys.* La mondialisation de la finance accroît la dimension des catastrophes et leur vitesse de propagation. Pas de fusibles entre les marchés.

Or ces marchés spéculatifs ont explosé. En vingt ans, les contrats ont centuplé. « Réduire le coût de l'argent par une plus grande mobilité du marché financier et une concurrence plus vive, c'est favoriser l'investissement et encourager l'emploi », dit Sganarelle-Béré. Et avec lui tous les spéculateurs qui, depuis que le métier existe, n'ont cessé de clamer qu'ils créaient de l'emploi. Les *brokers, traders,* courtiers et commis, peuvent élever une statue au grand accélérateur de particules financières que fut Pierre Bérégovoy. Rarement ministre fit autant pour la finance, et il est assez plaisant de le voir aujourd'hui chicaner quelques noyaux de privilégiés, dits noyaux durs. Une goutte d'eau dans la tempête après avoir favorisé un déluge de profits financiers.

On doit aux socialistes la mise en place de la nouvelle profession boursière et la suppression du sacro-saint monopole des agents de change ; on leur doit l'introduction des certificats d'investissements (actions sans droits de vote), celle des billets de trésorerie (emprunts directs des entreprises sur le marché monétaire qui court-circuitent les banques) ; on leur doit la création du second marché boursier en pleine expansion ; on leur doit l'ébauche du financement du capital-risque ; on leur doit la création du marché de spéculation pure, le MATIF ; on leur doit la mise en place du MONEP (Marché des options négociables sur actions) où sont négociés des titres fondés sur indices boursiers (spéculation sur la spéculation : boursicotage sur la Bourse).

On échange gros, très gros sur ces marchés spéculatifs : 500 000 francs pour l'unité de « notionnel » par exemple, le panier d'emprunts d'Etat négocié sur le Matif. L'introduction prochaine d'un *market making* (marché de gros des actions : ordre à passer d'un minimum de deux millions) répond d'ailleurs à l'exigence des grossistes du *put* et du *call.* Enfin, *nec plus ultra,* sophistication suprême, on lui devra la *titrisation des créances,* dernier produit financier. Enfant chéri de Sganarelle-Béré. Unité de compte : le million de francs.

Technique : dans des fonds communs de créances, on entasse divers crédits bancaires, que l'on redécoupe en tranches pour les amateurs. Avantage : les banques peuvent ne pas conserver jusqu'à échéance des crédits et les négocier. Elles peuvent *nettoyer leurs bilans.* La titrisation fut inventée par les banques anglo-saxonnes pour épousseter de leur passif quelques petites saletés représentant des créances sur le tiers monde. En plus, on rend négociables des crédits qui somnolaient dans les bilans : excellente opération.

Est bon tout ce qui facilite l'arbitrage et la rapidité. Après le « Big Bang » de la City (cotation en continu et suppression des monopoles de courtage), le Palais Brongniart connut sa dérégulation, laquelle ne fut pas stoppée une seconde par le krach, au contraire. Le Monep naquit après le krach. Il y eut même une émulation entre ministres des Finances : Béré crée le Matif, Balla crée le Monep, Béré le met en place. Il faut le cynisme ou la candeur de l'un ou de l'autre pour croire que la création d'un marché implique la concurrence.

Dès leur arrivée à la place des intermédiaires traditionnels, le premier souci des mastodontes bancaires fut de créer une Bourse à deux vitesses. Les gros ordres sont traités illico. Les petits (moins de 30 000 francs) sont exécutés le lendemain et au premier cours de la journée. Tant pis pour ce qui se passe pendant la journée. Madââme, Môôssieu... tu parles ! Les banques recréent la discrimination traditionnelle qu'elles pratiquent tous les jours dans leurs succursales entre petits et gros clients, auxquels on réserve les meilleurs crédits, les meilleurs rendements financiers et les meilleurs tuyaux. La COB n'y voit goutte, et de toute façon n'y peut rien. Non seulement les banques discriminent, mais elles prennent l'habitude de s'échanger entre elles, *hors marché,* en dehors de la Bourse, de gros paquets de titres dont elles ratifient ensuite nonchalamment l'échange au Palais Brongniart.

Même le plus limité des citoyens se doute qu'un marché profite surtout à des marchands. En 1987, avec le changement de majorité, la Bourse manifesta quelque inquiétude en voyant partir son adorateur. Rassurée par les privatisations, elle attend du fils prodigue revenu qu'il privatise sans avoir l'air, et on peut faire confiance à son imagination financière pour ne pas être déçu.

En attendant il nettoie l'arrière-cour, les *back-offices*. Les bureaux du fond, occupés par les besogneux qui entérinent les ordres des *golden boys*, comptent, apurent, et font la livraison des titres. La désorganisation est effrayante : un demi-million d'opérations y sont en suspens pour 55 milliards de francs. Quantité d'ordres, de contrordres, et même de titres disparaissent à jamais dans ces écuries. But du nettoyage : *moraliser*. Eviter que de simples coursiers aillent boursicoter sur le Matif, avec les titres qu'ils sont simplement chargés de porter.

Moraliser, c'est ce que prétendit Zola en écrivant *L'Argent*. C'est ce que voulut M. Pompidou, ex-directeur de Rothschild-Gundermann. C'est ce qu'on souhaite aujourd'hui après l'affaire Triangle. Il est vrai que le Matif remplit largement ses promesses en démarrant sur un trou de 700 millions au détriment de la Chambre syndicale des agents de change.

Carambouilles

L'année 1987, l'Association française des docteurs ès sciences économiques, éminente autant que son nom est ronflant, octroya le titre envié de financier de l'année à Xavier Dupont, président de la Chambre syndicale des agents de change. La Chambre joue le rôle de caisse de garantie auprès des agents. En 1987, grâce au Matif, la Chambre se fit plumer de 613 millions. Sur le total, la moitié était partie en fumée avec les escrocs, le reste parti en fumée à cause de mauvaises gestions. La Chambre ne disposant que de la moitié de la somme et devant couvrir des opérations à venir plus que délicates, liées entre autres à ces fameux « suspens » dans les *back-offices*, les agents en furent au total pour plus du double de leur poche.

Vive Dupont, financier de l'année. « Le pire reste à venir, déclara tristement le président de la Commission nationale des commissaires aux comptes, les escrocs amplifient simplement les erreurs de gestion. Nous avons pris en marche le train de la grande spéculation, sans avoir les outils, la compétence des hommes, la solidité des verrous [2]. » Dur pour Dupont. Le ministre Madelin fit une découverte : « Vous vous rendez compte ? Ces gens-là jouaient sur un marché en se vendant des choses qui ne représentent rien [3] ! » Même un socialiste sait qu'on peut jouer sur le Matif sans rien posséder. Du temps de sa splendeur, le financier Dupont gouroutisait dans un journal du soir à propos du *syndrome égyptien,* cliché ancré dans l'esprit des professionnels : à une période de fort développement des affaires doit succéder inéluctablement une ère de vaches maigres. Ce vil syndrome devait « céder la place à la conviction qu'une croissance exponentielle de notre marché traduit un changement d'échelle décisif et durable ». C'était avant le krach , c'était avant le trou. Le financier se considérait comme le plus grand personnage de l'économie et de la finance nationales [4], l'exquis ministre d'Etat Balladur excepté. Sans doute rapportait-il cette fable de bétail par ouï-dire. Car eût-il rêvé comme Pharaon, il eût constitué des réserves comme Joseph, pour combler les vols des joyeux drilles qui lui faisaient les poches pendant qu'il contait des paraboles. Mais voilà le plus drôle : lorsqu'il vit qu'il commençait à plonger (il ne devait encore que 170 millions), il fit le puéril pari *de se refaire.* Toujours avec la caisse des autres. Il plongea du triple.

Dans les escrocs, qui le plumèrent, le brillant et mondain Aletti. Aletti pluma les agents de change, comme d'autres plumèrent Total et l'Aérospatiale, comme d'autres plumèrent les polytechniciens d'Elf-Aquitaine en leur faisant croire à l'existence d'avions renifleurs. Aigrefin patenté, il fut pourtant embauché deux fois par Paribas (« Madame, monsieur »). Nombre de ses victimes gardent le silence. Comme gardent le silence les victimes des mystérieux passeurs apparus en 1981 après la victoire de la gauche, pour aider les professions libérales apeurées à passer leurs économies en Suisse. Arbitragiste sur le Matif, il n'eut pas le loisir d'atteindre les sommets de son maître Boesky, héros de Wall Street et modèle du film, qui put payer une amende de 100 millions de dollars et détient sans doute le record de l'arnaque sur un marché à terme.

Le plus simple pour gagner en Bourse, c'est de faire des opérations légales. La récupération, la chine, l'équarrissage d'entreprises, le partage et la revente en pièces détachées, bref, la casse, permettent des opérations monstrueuses. A faire rêver les chiffonniers qui ont toujours fourni des exemples d'extravagantes fortunes. La mise à la ferraille et la récupération sont connues sous le nom suave d'OPA, Offre publique d'achat.

En 1988, les dirigeants et le personnel du géant de l'agro-alimentaire américain RJR-Nabisco déclarèrent publiquement vouloir racheter leur petit fonds de commerce, évalué à 24 milliards de dollars, soit 140 milliards de francs, presque une fois et demie le déficit budgétaire français. Peu de temps auparavant, Philip Morris avait racheté pour l'équivalent d'une centaine de milliards de francs un autre mastodonte de l'agro-alimentaire, Kraft. Dans le cas Nabisco, le personnel voulait prévenir un *raid.* Dans le cas de Philip Morris, il s'agit d'un *raid.*

Comment opère le *raider,* qui n'a jamais le moindre sou pour financer son opération ? Le *raider* choisit une entreprise affaiblie par le krach ou sous-évaluée parce qu'il estime simplement que son *raid* va lui donner soudain de la valeur en excitant les boursiers. Le *raider* sait qu'il va acheter, puis dépecer, compartimenter les activités, dégraisser du personnel, tailler et découper dans le vif. Il émet des *junk-bonds* *, « obligations pourries », gagées sur la revente de la viande découpée et emballée, extrêmement risquées et à très haut rendement. Avec ses emprunts, il achète, saucissonne et revend. Il empoche la différence et recommence. Les *raids* sont identiques aux opérations immobilières où le marchand de biens achète

* Inventées par Michael Milken, de la maison de courtage Drexel Burnham Lambert, remercié pour excès de génie financier, à la demande du fisc, après que son employeur eut versé à celui-ci, pour le calmer, 650 millions de dollars. Seule faute de Milken : son succès.

un vieil appartement, expulse les locataires et le revend comme bureaux.

Les OPA inaugurèrent une ère nouvelle en Bourse. Désormais n'importe qui peut acheter n'importe quoi, de n'importe quelle taille, sans savoir s'il s'agit de cigarettes, de soja, de chaînes hôtelières ou d'électronique, malade ou en parfaite santé. La sauvagerie est à son comble. Tout le monde est sur le qui-vive. Les bénéfices sont tellement gros que personne n'est à l'abri du *raid*. Le *raider* est hostile. Le prédateur qui se précipite sur la bête blessée et la boulotte vivante. Après le krach, *raiders* et bradeurs festoyèrent. On solda à Wall Street. Surgirent des chevaliers blancs. La lutte fut féroce. C'était l'Ouest :

— J'ai cinquante-deux ans, dit le *raider* Stiegler, après son échec contre Texaco. C'est comme dans le Far West, les meilleurs fusils disparaissent... Quant à moi, tant que je tirerai plus vite que mon ombre j'exercerai ce métier.

Au regard de ces monstruosités financières légales, le *délit d'initié* apparaît un peu fleur bleue. L'initié est un escroc modeste. Aussi modeste que son collègue spécialiste de la « bouilloire », amateur sympathique de fausses rumeurs. Recette du bouilleur : acheter un gros paquet d'actions à froid, sous son nom, laisser reposer un moment ; ouvrir des comptes chez des agents de change, sous des noms divers ; laisser reposer. Le jour J, passer des ordres en rafale depuis lesdits agents, laisser monter, vendre le premier paquet, et partir en courant. Le chauffeur est un petit. Quelques millions seulement.

La COB (Commission des opérations de Bourse) traque initiés, bouilleurs et carambouilleurs, comme sa collègue américaine la SEC (Security Exchange Commission), qui dispose de pouvoirs judiciaires. Hermès promit à Jupiter « de ne plus mentir mais de ne pas dire exactement la vérité »: c'est le jeu du marché. Un vendeur dissimule. La Bourse ne fonctionnant que sur tuyaux et bonnes informations, le délit d'initié est un délit artificieux. La subtile frontière entre information et information privilégiée donne à la SEC des pouvoirs arbitraires et exorbitants. Ainsi elle blanchit la maison Drexel du délit d'initié, qui lui livre Milken, l'homme qui fit sa fortune. Elle fit courir le bruit dans le *Wall Street Journal* que Milken renseignait Boesky, le *super-crook*. Peut-être fut-elle renseignée par Boesky ? Le marché l'infiltre, et elle infiltre le marché. Elle infiltre le marché à terme de Chicago. Sur le *pit* (lieu d'échange) le plus chaud du monde, les *runners* et les *traders* * ont leurs propres couleurs. Les policiers, déguisés, se font plumer par les vrais *brokers*, qui eurent le tort de ne pas les laisser gagner un peu — la note eût été moins salée : 150 à 200 *golden boys* pincés sur 500, le tiers de la profession. Les policiers agissaient de concert avec les maisons de courtage, agacées de voir leurs employés les voler. Les volumes et la valeur des transactions sur le marché de Chicago sont énormes : à force de faire passer les gâteaux et de voir monter la chantilly, comment ne pas être tenté d'y plonger le doigt ?

Emoustillée par le prestige et le style roman noir de sa grande sœur américaine, la COB multiplia ses observations sur les initiés en 1988. Elle acheva de se ridiculiser en épinglant à tort un établissement gestionnaire de Sicav : tout simplement elle se trompe d'établissement. Petite bavure qui assombrit l'image d'infaillibilité et de rigueur qu'elle n'a d'ailleurs jamais eue. Lorsque quelques plaisantins firent courir le bruit de la mort de Bouygues, provoquant la chute des cours suivie d'une flambée lorsque la société démentit mollement, la COB ouvrit rapidement une enquête sur les bouilleurs qui doublèrent leur capital. Sans succès. Puis elle s'inquiéta d'un délit d'initiés sur le Matif, où des opérateurs auraient eu connaissance des chiffres du déficit extérieur français quelques minutes avant sa publication par l'INSEE et les douanes.

Les experts de la COB constatèrent un gonflement des transactions un jour d'octobre 1988, quelques secondes avant midi, où l'on connut le résultat, effectivement aberrant, d'un excédent du commerce extérieur. Mais ils durent déchanter. Nombre d'opérateurs avaient simplement téléphoné à l'INSEE ; d'autres avaient parié sur un bon chiffre ;

* Ceux qui portent les ordres, et ceux qui exécutent.

d'autres sur un contre-effet de la bonne nouvelle. Autant rechercher un anchois dans un banc de sardines. Tête basse ils repartirent, ayant vérifié une fois de plus qu'il n'y avait jamais de corrélation entre tel ou tel indice et les fluctuations du marché.

Contrairement à la SEC, la COB n'inquiète personne. Elle soupçonne. Puis transmet à la justice. En 1987, deux affaires de délit d'initié : non-lieu pour l'une, maigre amende pour l'autre. Traditionnellement, la justice ne poursuit pas. Lors du scandale de Panama, 104 députés inculpés. Un seul condamné : celui qui insista pour plaider coupable.

Météorologues et chartistes

« Demeurez, oracles imparfaits ! Dites-m'en davantage ! » *Macbeth.*

Dans un article intitulé « Comme des papillons[5] », le Pr Bourguinat remarqua rêveusement que le « marché est surinformé ». Remarque étrange autant que désabusée de la part d'un théoricien de la finance, l'information parfaite en économie étant une limite, le zéro absolu des chimistes ou la vitesse de la lumière des physiciens. On connaissait la *désinformation,* quelque chose d'infiniment plus subtil que le bon vieux mensonge, presque vrai et d'autant plus faux, vrai-faux concept ou presque, on dispose désormais de la *surinformation,* le trop-plein de vérité qui fausse tout, et du *surinformateur,* autrement redoutable que ce couillon de menteur.

Sans doute la surinformation explique-t-elle qu'on ne se fie à rien de particulier sur un marché boursier. Tantôt le résultat, mauvais, est jugé moins mauvais qu'il n'y paraît. Tantôt bon, meilleur que prévu. Tantôt mauvais mais bon quand même. Sur le Matif, où l'on spécule sur les taux d'intérêt, on change d'indicateur comme de chemise : qui se fiait au différentiel d'inflation passe au commerce extérieur, qui aux déclarations des experts américains, qui même, à celles des hommes politiques français. Un jour on constate qu'une déclaration de Martin Feldstein à la porte du temple (printemps 1988) fait baisser le dollar, l'autre que la même déclaration du même dans les mêmes conditions (automne 1988) fait stagner puis augmenter le dollar. Quant à la « sagesse des marchés » chère à M. Bérégovoy, autant dire celle des cyclones évitant parfois les lieux habités.

Les commentateurs boursiers sont d'ailleurs à la même enseigne que les commentateurs météo, qui n'ont plus de saison mais un métier qui évolue sûrement vers celui de bouffon. Tel adorne ses millibars de bribes littéraires, tel conte l'histoire de la grand-mère coincée dans l'ascenseur durant deux jours. Qui parle de « Bourse frileuse » d'embellie, de redoux, qui de tempête ou de réchauffement...

Keynes, spéculateur et millionnaire, fit un jour cette judicieuse remarque : sur une Bourse, il y a des haussiers et des baissiers ; la moitié de haussiers, la moitié de baissiers, de sorte que la Bourse s'équilibre. Chacun disposant des mêmes informations, il est parfaitement absurde de vouloir lier au comportement haussier ou baissier telle information, qui a de fortes chances d'impliquer l'un et l'autre, de sorte que le jeu du spéculateur se résume toujours à « être dans la foule et deviner mieux que la foule ce que la foule va faire ».

C'est pourquoi la catégorie la plus indiscutablement incompétente de tous les experts qui hantent les couloirs de l'économie politique, à part, évidemment, l'ubuesque corporation des experts en développement, est celle des experts boursiers. Si l'on peut discuter de la frontière entre un escroc, un escroc malchanceux et un honnête commerçant malchanceux, il n'y a pas de frontière entre expert, gourou ou médium sur une Bourse. Tous sont dans la sorcellerie. La seule différence est dans les postiches. De l'Ariégeois qui se contente d'un nom de fakir, jusqu'au prétentieux faux Christ.

Des milliers d'oracles gravitent autour des Bourses. Les plus curieux sont les chartistes ou graphistes. Le chartiste éprouve la fascination du gogo pour le chiffre et la courbe, et malheureusement, dispose aussi d'un ordinateur portable. Il peut donc introduire ses chiffres dans sa mallette, en tirer des *charts,* des graphes, puis les contempler avec ravissement. La technique du chartiste repose sur la méthode statistique la plus courante, la plus connue, la plus sotte (et la plus connue comme sotte) qui est l'extrapolation : le passé se répète, l'histoire est un éternel recommencement. Mais quelle histoire ? C'est là qu'intervient le doigt du chartiste : faut-il regarder trois jours en amont, une semaine, un mois, plus ?

Le chartiste, qui a engrangé dans son disque dur tous les indices possibles et imaginables, observe ses courbes, sourire au coin des lèvres. « Amazone » (un rond et un plat) : retournement de tendance. « Papillon » (deux courbes dentelées consécutives) : continuation de tendance. « Triple sommet », « tête-à-épaule » etc. Il est donc celui qui prévoit les cours de la Bourse à partir des cours de la Bourse. Apparemment l'idiot absolu. Déjà l'éminentissime Bourguinat évoquait les « prophéties autoréalisatrices », par un raisonnement judicieux qui dit que le boursier va faire ce qu'il pense qu'il va faire, donc qu'il va finir par faire ce qu'il va faire. Le chartiste est du même acabit que l'astrologue aidé par ordinateur, le parieur du tiercé sur logiciel ou l'analyste du loto par la loi des grands nombres. Il possède un honorable ancêtre en la personne du lecteur de marc de café, qui suppute à partir des mêmes circonvolutions irisées, et dans celle du grand Pareto, notant déjà dans *Marxisme et économie pure* qu'il était « extrêmement curieux que les phénomènes économiques eussent une forme ondulée [6] ». Curieux en effet.

Les chartistes sont très aimés des boursiers. Ils jouent auprès d'eux le rôle des augures auprès des sénateurs romains. Les augures étaient avant tout des *techniciens de la divination.* Ils conservaient leur science du présage dans les livres sibyllins, qui contenaient les recettes sacrées (comment interpréter l'angle aigu d'un vol d'hirondelles, etc.), et ce que l'on appelait du terme proprement merveilleux de *part de l'imprévu.* L'imprévu, le chartiste connaît. Il ne connaît que ça. Ses graphiques sont les livres sibyllins.

Le 15 juillet 1988, émoi des chartistes : l'indice CAC

(indice « composite des agents de change ») se trouve juste à mi-chemin entre son niveau le plus élevé et celui du krach. Circonspects : « Le marché est dans une position transitoire difficile. Il lui faut retrouver son équilibre pour s'élancer vers le haut. Mais une glissade est possible et serait difficilement contrôlable[7]. » Les judicieux personnages récidivent deux semaines plus tard : « Après avoir fluctué pendant plusieurs séances, la Bourse se trouve dans une situation qui peut évoluer soit vers la hausse, soit vers la baisse. » La suite confine au sublime : « *En théorie,* la variation finale est d'autant plus forte que la léthargie a été longue[8]. » Autrement dit, plus c'est calme, plus ça bougera fort ; mais si ça bouge, ça peut monter ou baisser.

Les chartistes considèrent que le 15 août est maléfique, car un 15 août fut prise la funeste décision de briser le couple or-dollar et de liquider le système de Bretton Woods. Horreur, le 15 août 1988 fut aussi un vendredi, et jour des « Trois Sorcières », où en fin de séance *(triple witching hours),* les ordinateurs dansent le sabbat pour apurer simultanément les comptes sur trois marchés spéculatifs (options sur taux, sur indices, sur actions) !

Force est d'abandonner les sympathiques chartistes et de revenir aux « humeurs » de la Bourse, ses langueurs et ses frémissements. Indiscutablement la Bourse est une femme. Elle s'enflamme, elle frémit, elle est morose, déprimée, attentive, expectante, circonspecte. Elle a ses cycles. Elle grossit démesurément, puis maigrit, déprimée. L'intuition commande ses actes, elle est imprévisible. « Ses sautes d'humeur sont agaçantes », note ce boursier. « Elle est déçue », dit un autre. Comme les statistiques sont fastidieusement contraires aux prévisions, certains s'émerveillent de « sa patience ». Après un résultat catastrophique du commerce extérieur, « elle se refuse à broyer du noir ».

Rien n'est compréhensible, rien n'est prévisible. Les commentateurs boursiers sont philosophes. Ils annoncent jour après jour que tout est bien contraire à ce qu'on prévoyait, rassurez-vous, mais que la vie continue. Ils n'omettent jamais le petit trait d'humour, le retournement surprise après la hausse imprévue, le mauvais résultat malgré le bon indice. Comme il faut un peu de sérieux, il disent « simple correction », « les boursiers prennent leurs bénéfices », « consolident leurs positions », « accalmie jugée nécessaire ». Jargon faussement savant et bien inoffensif. Puis, reste toujours le *légendaire facteur technique* que l'on ressort de temps en temps entre deux fou rires. Et si vraiment on est sec, on va chercher le gourou :

— Voilà un pouls qui marque que votre fille est muette.

— D'où cela vient ?

— Cela vient de ce qu'elle a perdu la parole.

La belle oscille entre hyponcondrie et hystérie. Languide, dolente, tout à coup elle s'enflamme et s'affole. Les meilleurs économistes n'ignorent pas qu'une Bourse est « fiévreuse », « mélancolique », quand elle n'est pas simplement « nerveuse ». Ils savent aussi que « le pouls vient de la faculté pulsique, la faculté pulsique de la faculté vitale, et la faculté vitale vient de l'âme » (Claude Pellé, 1630).

Krach

Après le krach, les économistes de Molière firent entendre des clameurs de satisfaction : la saignée était nécessaire. Du temps de Pâtin, certains prétendaient tirer la moitié du sang d'un malade sans danger. Du temps de Kaufman on affirma que les cours auraient dû baisser beaucoup plus, non du tiers mais de la moitié. Apoplexie manifeste. Salutaire saignée de 2 000 milliards de dollars. Pâle mais requinquée, la malade repartit.

La veille du krach, oracles et spécialistes déclaraient *urbi et orbi* que l'âge d'or était enfin atteint. « Je suis convaincu que la Bourse a de très beaux jours devant elle », confirmait, modeste, l'augure Jean-Claude Trichet, directeur du Trésor après s'être brièvement regardé dans une glace en pied[9]. Douché, l'augure se fit remarquer par son silence, pas très long, car dans la profession on lustre vite ses plumes.

Alors que le feu prenait à tous les étages de Wall Street et du Palais Brongniart, de la corbeille (rez-de-chaussée) au Matif (premier étage), il se trouva encore des experts pour dire que ça ne brûlait pas vraiment. La palme au Pr Williamson, de l'Institute for International Economics de Washington, qui raconta à qui voulut l'entendre : « Non, ce n'est pas un krach », et mention spéciale au gourou Walter Murphy, de chez Merryl Lynch, qui ressortit... la fameuse « correction technique », en essuyant de son menton les gouttes d'un bouillon à quelques centaines de milliards de dollars.

Personne ne vit arriver le coup. Les marxistes, réveillés en sursaut, hurlèrent à la dépression et ce fut une expansion. Milton Friedman fit mine de se faufiler parmi les devins, sans trop insister. A part Stephen Marris, qui annonçait le krach depuis deux ans et demi et fut enfin récompensé — et qui, dès le lendemain commença d'annoncer le suivant — deux oracles furent généralement salués : Galbraith et Allais.

John Kenneth Galbraith possède quelque humour pour ne pas s'octroyer la qualité d'extralucide que la foule boursière orpheline et apeurée voulut lui prêter. Mais en tant qu'historien de 1929 il ne pouvait qu'être frappé par certaines similitudes, à commencer par l'extraordinaire aveuglement des économistes à la veille du premier grand krach. A l'automne 1929, Irving Fisher décréta l'inoubliable : « Le prix des actions a atteint ce qui paraît être un plateau permanent. » Et comme Galbraith, ne serait-ce qu'en raison de l'âge, Maurice Allais ne pouvait pas ne pas avoir une impression de déjà vu. « Les arbres ne poussent pas jusqu'au ciel », dit-il.

Titulaire depuis une vingtaine d'années, avec son compère Friedman, de divers records d'hérésie par unité de temps de parole, profitant du silence soudain suivant la catastrophe, le grand Samuelson susurra son avis, mal à l'aise quand même : « Aux hommes superstitieux, les coïncidences de mauvais augure semblent être parentes, souffla-t-il dans *Newsweek*, esquissant quelques signes de croix. Le krach de 1929 se produisit également en octobre. » Il l'avait remarqué. Il est judicieux qu'un Nobel argue avant toute chose de conjonctions astrales. Le bon savant aurait dû pousser la comparaison à son terme. Nombre de mystiques des palais boursiers remarquèrent en effet que les deux secousses eurent lieu un jeudi. Or le jeudi, *Jovis dies*, jour de Jupiter, est par définition le jour de l'oracle, puisque l'oracle ne faisait que transmettre le signe du premier des dieux, lequel était le maître des signes. Samuelson peut être rassuré : tout nouveau signe avant-coureur de krach se manifestera un jeudi. Dans sa savante sagesse, le Nobel ajouta : « Un krach aboie plus qu'il ne mord et le krach de 29 ne provoqua pas à lui seul la grande dépression. » Nous voilà rassurés. Sinon sur les aboiements de l'économie, du moins sur l'infinie modestie de Samuelson : « Le recul du marché boursier peut-il entraîner à lui seul une récession ? Qui sait ? » Qui sait, en effet ? Certainement pas Samuelson, qui n'a jamais rien su ni prévu ni même vu : « La “ confiance ”, en économie, forme un tissu solide, mais lorsqu'elle se trouve déchirée, on ne la raccommode qu'avec difficulté. La chute des marchés boursiers n'est qu'un préambule. A quoi ? Personne ne le sait [10]. »

Au silence de l'oracle sans doute, qui nous quitte pour une retraite savante et morose. J.K. Galbraith a proposé depuis longtemps un critère d'identification de la perplexité en économie : c'est l'utilisation du mot « confiance ». Si quelqu'un en appelle à la confiance, la cause est entendue. C'est un farceur ou un expert.

Mister Crash devait jouer un dernier tour pendable aux salariés de la divination. S'étant fait remarquer avant, ils se ridiculisèrent après, et à l'unanimité. Pas un qui ne glapît à la récession immédiate de l'économie mondiale et renvoyât à cette crise de 29 dont il entendit parler. L'université ne fut pas en reste. Aux Etats-Unis, tous les ordinateurs universitaires, pris de court par le premier krach, en prévirent en hâte un second, et puis, à défaut, annoncèrent la récession. En France, les organismes de prévisions virent les corbeaux partir vers la gauche : ainsi l'OFCE (Office français de conjoncture économique), qui venait d'empocher sans y voir malice un prix de meilleur conjoncturiste 1986-1987, déclara que la croissance de 1988 serait nulle aux USA. Pourquoi ? « Au feeling » dit l'OFCE, qui n'ose plus mettre en avant ses batteries de cuisine économétrique. Au feeling, l'OFCE se trompa de 3 %. Au « feeling » aussi, sans doute, l'INSEE déclara que la demande allait diminuer de 1 % aux USA. Là, petite erreur de quatre points. Au feeling et très cool, d'autres organismes envisagèrent des récessions un peu partout, l'un d'eux alla même jusqu'à une récession de 4 % [11]. Dépités, tous les oracles se lancèrent dans de nouvelles prévisions frénétiques de la récession. Les Grecs accolaient aux sortes de transes qui saisissaient la Pythie le mot curieux d' « enthousiasme ». Le krach balaya tout, sauf les trémoussements et la fébrilité des visionnaires. Le temps passa, on oublia, on réévalua. Aux dernières nouvelles, l'INSEE doublait ses prévisions de croissance 1988.

Restait à trouver un coupable. L'endettement du tiers monde ? Le déficit américain ? Les taux d'intérêt trop élevés, l'excès de crédit, les dettes qui marchent sur la tête des dettes ? L'hypertrophie d'eurodollars, de bons du Trésor américains ? Les nouveaux instruments financiers, les nouveaux marchés à terme ? Les hommes peut-être, trop jeunes, inexpérimentés ? Pas du tout ! Le coupable fut l'ordinateur. Eh oui : les programmes d'échange des ordinateurs *(trading programs)* amplifièrent dramatiquement la baisse. De même que l'anticyclone, cet inconscient, est la cause de la pollution urbaine, assez irresponsable est l'ordinateur pour ne pas s'arrêter quand il sent approcher la catastrophe. L'ordinateur est programmé pour vendre dès que l'indice décroche. L'indice baisse, donc les ordinateurs vendent etc. Les yeux agrandis, Maurice Allais remarqua que la cotation continue favorise la fraude, pénalise les petits porteurs, exacerbe la spéculation. Personne ne s'avisa d'observer que les ordres de vente engrangés dans les mémoires ne sont pas les mêmes ; que certains vendent du cacao lorsque d'autres vendent du café. Non. Les faits étaient là : les boîtes électroniques avaient accéléré la chute. La SEC estima même le facteur aggravant : 30 %. Un chiffre, et tout le monde fut content.

Golden boys

Ils préfèrent le terme de *trader* ou de courtier. Ce sont des pros, non des blousons dorés. L'euphorie boursière les a mis en avant. Jeunes, éphémères comme les titres.

Les *golden boys* sont des aboyeurs, des bateleurs, de la lignée très ancienne des crieurs de foire, déclamateurs de tréteaux, charlatans et marginaux. Ils doivent crier fort. La fosse commune est leur séjour ultime, à côté des artistes et des vagabonds. Ce sont des bohémiens de la finance : amccuser de délit d'initié un *golden boy* n'a pas plus de sens que d'accuser de vol un tzigane. Très rarement titrés. Ce sont des autodidactes, des *remisiers* et des *coulissiers* passés à la corbeille *. Des équilibristes qui ont vu travailler les grands. Camelots et bonimenteurs, on ne leur saura pas gré de leur sang-froid ou de leurs analyses, mais de leur bagou. Savoir crier et jongler. Le métier est masculin.

Dans *L'Argent* de Zola, sont campés deux agents de change, d'une grande présence physique : Mazaud, l'un des fleurons de la place, « petite taille, figure agréable, vivacité d'esprit et de corps, beaucoup de flair, intuition remarquable » et « voix aiguë », indispensable à la corbeille, « grouillante de monde avec la violence débridée d'une marée haute ». La corbeille, où s'échangent les titres, est un lieu confus, sans loi, où l'on se déchaîne. Le souk. La bourgeoisie débraillée. Il n'y a que dans le bidonville que l'on retrouve une telle liberté et une telle violence. C'est un monde du langage préhumain, fait de cris et de gestes (158 gestes autorisés dans le patois *golden boy*). En face de Mazaud, Jacoby, son ennemi, qui finalement aura sa peau : « un grand gaillard de soixante ans, à la large figure gaie dont la voix mugissante était célèbre[12] ».

* Les coulissiers, que l'on appelait aussi « pieds-humides », car ils traitaient à l'origine les valeurs hors cote devant le Palais Brongniart, les valeurs non encore admises à la corbeille, furent intégrés dans les agents de change en 1962.

Un *trader* est du signe du Taureau, il est *bullish* comme le marché à la hausse, haussier ; un *trader* ne peut être *bearish*, baissier. Chez Zola, le haussier Pillerault porte haut et beau ; triste est le baissier Moser par contre, comme un marché en baisse, même lorsque la spéculation à la baisse fait sa fortune. La virilité, c'est le jargon du *golden boy :* un « climax », un orgasme, moment de hausse frénétique d'une valeur ; le chiffre six se crie « queue en l'air », le neuf « queue en bas » ; on dit « ferme » ou « raide » pour une tendance. Les femmes : dans *L'Argent,* les demi-mondaines qui gravitent autour de Saccard se font tatouer des ordres de vente aux endroits les plus privés de leur anatomie. La violence : « un scalp » pour une intervention ultrarapide d'un *boy* entre deux autres, qui achète cent au premier et revend à cent cinq au second.

Le jour du krach de la Banque Universelle, alors que « toutes les valeurs avaient monté, les moins solides trouvant des crédits, une pléthore d'affaires véreuses gonflant le marché », Mazaud et Jacoby se défient de part et d'autre de la corbeille. Pillerault postillonne contre Moser qui baisse la tête. « L'idée de la valeur était pervertie, au point de perdre tout sens réel [13] » — Allais n'a jamais dit plus. C'est l'heure des comptes : Mazaud perd. Il se suicide. Le mythe du joueur ruiné, aussi fort que celui de l'amant trahi. Personne ne se suicide après un krach — Galbraith est allé jusqu'à vérifier en 1929, en épluchant les statistiques — car le propre du joueur, c'est de rejouer.

Les *golden boys* sont d'abord des joueurs, et le jeu n'est pas affaire de petites gens. Les *boys* sont riches (75 000 francs de revenu mensuel en moyenne, mais les moyennes n'ont pas grand sens au jeu) et la notion de petit porteur est une aberration boursière. Le petit porteur ne peut jouer, il est lourd, il est pauvre, c'est un bon père de famille, il *place.* Il place pour doter sa fille. Dejoie, le petit porteur de *L'Argent,* achète des actions de l'Universelle pour payer le mariage de sa fille, et non pour s'offrir Mme de L... comme Saccard, à quelques centaines de milliers de francs la nuit, au vu et au su de tout Paris. Dejoie ne profite même pas de la grande hausse de l'Universelle. Il a le regret éternel de sentir « la fortune passer dans l'air, mystérieuse et vague, inutilement... ». La fortune... Dejoie perdra ses rogatons dans le krach. Ce n'est que justice. La Bourse n'est pas pour lui. Au soir du krach de 1987, Chaban, Balladur, Chirac, Pasqua, Chalandon, Pinay même, exhumé pour la circonstance, se relayèrent pour conseiller aux petits porteurs de garder leur sang-froid pendant que les gros vendaient à tour de bras. Puis ils les félicitèrent de leur patience. Et les pauvrets durent avoir quelque fierté, comme Dejoie qui serre les mains de Saccard en pleurant au soir du krach, parce qu'il a « tenu », c'est-à-dire tout perdu, tandis que son patron songe déjà à d'autres spéculations.

Les petits porteurs délaissèrent les livrets de caisse d'épargne et se crurent propriétaires de Paribas. Le jeu n'est pas le livret rose, mais le Matif, à 50 milliards de francs de transactions journalières, *deux fois Paribas*.

Le krach vengea les petits porteurs. Il estoqua la politique de privatisation. Les deux premiers mastodontes financiers privatisés se ridiculisèrent chacun à leur manière. Paribas fit les prévisions financières les plus lamentables de toute la profession. Il est vrai que sur les milliers de lettres confidentielles qui renseignaient les actionnaires, une demi-douzaine environ virent arriver la tempête. Paribas se trompa sur les paniers d'actions conseillés à la ménagère et surtout sur les actions Paribas qui chutèrent plus que les autres [14].

Du côté des « stratèges de l'argent », four complet. Alors que la cotation devait intervenir le 29 octobre, l'avisé La Genière décida d'attendre un peu que les choses se tassent. Elles se tassèrent : l'action Suez, vendue par la voix de sirène de Catherine Deneuve à 70 % au personnel de la boîte à 317 francs, cotée d'entrée 300 sur le marché gris de Londres, tombe à 260 dès que l'avisé s'avise de la mettre en vente. Grugés, les « petits porteurs » iront pleurnicher pour être remboursés, auprès de l'avisé, plus grugé encore qui vit s'interrompre sa privatisation arrêtée *in extremis,* et se profiler les lourdauds de la gauche. Ayant réclamé en vain d'être achevé (« Pitié ! Privatisez-moi ! »), l'avisé se lancera par dépit dans une campagne pichrocholienne contre Berlusconi sur la Générale de Belgique. L'Italien le plumera après lui avoir concédé le titre de vainqueur. Re-cocu mais content.

Après le krach, les banques d'affaires et les maisons de courtage dégraissèrent largement en prévisionnistes, conjoncturistes et chartistes. Elles constatèrent que les choses n'allaient pas plus mal et vérifièrent l'adage qui veut qu'un chef d'entreprise sache d'abord tenir une fourchette avant de lire un graphique. On en revint au sain fonctionnement du capital, en dehors de toute logique économique, mais dans la tradition des relations, de l'amitié, de la promotion d'école, des dépenses d'affaires et de la vanité, du signe extérieur de richesse et du cigare. Et surtout du sacro-saint principe de l'origine sociale, découvert par Lévi-Strauss : la circulation des femmes.

Très prisé des boursicoteurs, les manuels d'astrologie boursière. On y trouve les conseils de bon sens des horoscopes : spéculez, mais pas trop, gardez un peu d'épargne ; en cas de chute, ayez de quoi attendre la hausse. Le vieux manuel de Gaston Défossé, lui, conseille de tout lâcher dès que la chute atteint 10 %. Ça vaut toutes les lettres confidentielles et les 36-15 code MONEY ou ACTI.

La semaine du krach, un évangéliste campa en face de Wall Street et conseilla d'investir en Dieu, la seule valeur sûre. Passant par là, l'oracle Kaufman, qui jetait une pierre en direction des pigeons pour voir s'ils s'envolaient vers la droite ou vers la gauche, eut une brusque illumination. Il l'exprima quelques mois plus tard dans un article de l'*Herald Tribune*, en février 1988 : la dérégulation financière, la mondialisation, la mobilité, l'innovation, tout ça était allé trop loin ; bref, « le marché s'était un peu trop mercantilisé ». Remarque lourde de sens. Point trop n'en faut, comme de la liquidité pour l'eau.

Conclusion laissée au grand financier Jimmy Goldsmith, homme d'affaires hissé à la dignité d'oracle après son anticipation du krach. Jimmy Goldsmith anticipa, et surtout put le prouver, car il fut plus riche le lendemain. Comme on l'a peut-être remarqué, sur ce maelström du délire et de la mimésis que représente la Bourse, ses sorciers et ses démons, plane un absent, immense et maléfique : le sida qui, contrairement à la cocaïne, ne contamine pas encore les marchés boursiers. Sir Jimmy, propriétaire de la Générale occidentale, des Presses de la Cité, de *L'Express* et autres, découvrit brusquement que l'hypertrophie boursière allait de pair avec l'expansion du virus du sida.

Mi-87 il prit peur. Il vendit tout au plus haut des cours, et fortune faite et refaite, partit vivre des jours fidèles au bras de sa maîtresse mexicaine — « superbe », dirent les journaux.

9.

Finances aux forceps

« O Toscan, qui es venu au collège des tristes hypocrites... » Dante, *Enfer,* chant XXIII, « Les fraudeurs ».

Si « moraliser les affaires » prête à sourire, que dire de « simplifier les impôts et promouvoir la justice fiscale » ? Il n'est guère de pays développé où le système soit plus compliqué, inique, où la fraude soit plus systématique qu'en France. En 1981, les socialistes instituèrent un impôt sur les grandes fortunes (IGF). Ils luttèrent aussi timidement contre la fraude ce qui leur rapporta autant que l'IGF (6 milliards) et beaucoup plus que l'impôt de solidarité sur la fortune (ISF) (4 milliards), mais passa complètement inaperçu. Preuve que la fraude avait atteint des niveaux indécents, même pour les fraudeurs. Mais la fraude, abondante, plus forte que l'impasse budgétaire *, ne cesse d'être encouragée, au nom du trop d'Etat et d'une vieille tradition antifiscale.

Avec la monnaie, l'impôt fonde l'économie politique. En filigrane encore, la question de l'Etat et de sa pérennité. Il est naturel que l'Europe trébuche sur un problème fiscal après un problème monétaire. Aligner les taux de TVA français sur les taux moyens européens provoquerait une « paupérisation de l'Etat » dit le Premier ministre, qui montre l'exemple américain — détérioration des services et du

* Entre 100 et 150 milliards.

capital publics — mais qui ajoute que la TVA, en période de dénigrement systématique de l'impôt, a l'immense avantage d'être indolore et difficile à frauder. Ce qui est vrai, mais encourage un impôt inique au nom du service public.

La réforme fiscale, annoncée et rejetée depuis Vauban et son *Projet de dîme royale* qui lui valut la disgrâce, réapparut évidemment en début de campagne présidentielle. Raymond Barre en fit son cheval de bataille, avant de marcher au pas devant l'impopularité de la chose. L'économiste Strauss-Khan (voir Alphandéry) parla d'une généralisation de l'impôt sur le revenu à tous les citoyens. L'économiste Alphandéry (voir Strauss-Kahn) évoqua une fiscalisation de la Sécu. D'autres, désabusés par la contemplation de sept siècles de construction de la pyramide fiscale, de lois en exceptions, déclarèrent ne pas attendre grand-chose d'une réforme. « Je ne crois pas au grand soir fiscal », dit Alain Juppé. « Non plus qu'à une nuit du 4 Août fiscal », renchérit Laurent Fabius. Raymond Barre songeait à une retenue à la source, songe partagé par Michel Rocard. Les économistes Strauss-Kahn et Alphandéry essuyèrent une larme à propos du grand projet d'impôt généralisé sur le capital des Nobel Allais et Hayek. Le giscardien Giscard fit la moue. Le nouvel économiste Rosa conclut que « la France n'avait pas d'économiste compétent dans le domaine fiscal[1] ». Pas très aimable pour Allais, Barrère, Brochier, Uri et tous les économistes de la soixantaine qui écrivirent des montagnes de papier sur le problème fiscal ; non plus que pour la jeune génération mathématique des élevages en batterie qui pond en nuit permanente quintaux et quintaux de théorèmes sur la question. Mais les nouveaux économistes ont une doctrine simple : moins d'impôt.

Le poids de l'Etat

Les économistes mesurent le poids de l'Etat par celui des impôts dans le PIB. Ils n'ont jamais cessé de dénoncer l'excès de poids public. Les physiocrates, qui inspirèrent la réforme fiscale révolutionnaire en proposant un impôt assis sur le foncier, estimaient que 20 % des revenus individuels prélevés étaient suffisants. Proudhon, fixait dans sa *Théorie de l'impôt* (1868) une limite à 10 %. Idem Leroy-Beaulieu, qui note que 12 % est « un fardeau considérable », et que si l'on veut ne pas pénaliser le travail et l'épargne, il faut s'ingénier à « réduire cet énorme prélèvement[2] ». Après la Première Guerre, Keynes suggéra 20 %. Après la Deuxième Guerre, Colin Clark suggéra 25 %. Après 1968, le général de Gaulle dit : 33 % ! Au-delà, fini l'esprit d'entreprise. Après 1974, Giscard dit : 40 % ! Au-delà, commence le socialisme. Ce qui fut vérifié : il partit en laissant 43 % et les socialistes.

Sauf les conseillers de Reaganomics, qui se moquent d'abord de leurs propres affirmations, personne n'a jamais démontré qu'il existait un lien entre faiblesse des prélèvements et performances de l'économie. La Suède est un pays sans chômage, très productif, avec d'énormes prélèvements. Le Japon est un pays sans chômage, très productif, avec de faibles prélèvements. Encore le faux dilemme Etat-marché. La société est infiniment plus mercantile aujourd'hui qu'elle ne l'était en 1914 avec 10 % de prélèvements. En 1914, sur 100 francs, 1 franc allait à l'Etat, 10 au marché, et le solde restait en autarcie. En 1989, 50 pour l'Etat, autant pour le marché : Etat et marché ont crû de conserve.

Le chiffre global de 50 % ne vaut donc pas grand-chose. L'économiste Pierre Uri, prêcheur dans le désert socialiste de la réforme fiscale[3], fit remarquer que du fait des doubles comptes — l'Etat qui paie un fonctionnaire qui paie des impôts à l'Etat — les prélèvements devaient être allégés de 15 à 20 %. D'autres signalèrent qu'en rapportant les impôts aux revenus majorés des transferts, on retrouvait le chiffre de 12 % avancé par Leroy-Beaulieu en 1914. Autrement dit le poids de l'Etat quand il n'y avait pas redistribution.

Pour ajouter à la confusion, des finauds ajoutèrent qu'il y avait Etat et Etat : Etat central, collectivités locales, Sécurité sociale. L'Etat central, le bon vieux cerbère à trois têtes, coiffées du casque du militaire, du képi du gendarme et du mortier du juge, est en nette régression par rapport aux collectivités locales, desquelles il éponge une partie du déficit. Mais surtout, les dépenses de Sécurité sociale ont, depuis 1981, fini par dépasser celles de l'Etat central. En 1960, le budget de l'Etat représente encore les deux tiers des dépenses publiques, contre la moitié en 1973 et moins de 40 % en 1988. Où est l'Etat totalitaire, le Moloch, le Léviathan ? Moloch a les rondeurs d'une infirmière.

Personne ne sachant bien qui paie pour qui ni combien, le slogan du trop d'impôt a toujours été très populaire. Les libéraux, et particulièrement l'école des choix publics (James Buchanan, Gordon Tullock), pensent que la croissance des dépenses publiques et des impôts naît du clientélisme. Mais les impôts rapportent-ils encore quelque chose ?

La courbe de Laffer, ou l'optimum du crétinisme économique

On réussit à faire pire que les buchananeries. Ce fut la courbe de Laffer. La courbe était la chose la plus simple qui pouvait germer dans cervelle d'économistes pourtant fertiles en idées d' « évidence » ou de « bon sens ». Supposez que l'Etat prélève 100 % des revenus, dit Arthur Betz Laffer, professeur d'économie à Chicago, *Chief economist* à l'Office of Management and Budget, conseiller républicain, à la table d'un restaurant, un soir. Eh bien, rendement de l'impôt zéro. Car si l'Etat prend tout, personne ne voudra plus produire. Supposez que l'Etat prélève 0 %. Eh bien, rendement 0 également. *Donc,* entre les deux, il y a bien un impôt qui rapporte le maximum. C'est le taux optimal. Trop d'impôt tue l'impôt. C'est la courbe de Laffer. Elle déclencha illico tous les jaquemarts de la science économique qui sortirent carillonner « Vive la réduction d'impôt ! ». En France, parmi les plus laffermentables, Attali, Rosa, Fourçans. En Angleterre l'hilarant Lawson. Aux Etats-Unis tous les *supply-siders.*

La courbe de Laffer repose sur la loi que le Nobel Samuelson considère comme la foi fondamentale, la plus absolue et générale de l'économie politique : la *loi des rendements décroissants.* Toute activité économique se heurte tôt ou tard (le fameux tôt ou tard) à la loi d'airain des rendements décroissants. D'abord, dans une première phase, les résultats augmentent plus que proportionnellement aux moyens engagés C'est la phase des rendements croissants. Puis l'activité stagne, puis les résultats augmentent moins que proportionnellement aux moyens mis en œuvre. C'est la phase des rendements décroissants.

C'est pourquoi il est possible de tracer une courbe de Laffer de n'importe quelle activité. Courbe de Laffer du Conseil des ministres : 0 ministre, activité 0. 350 ministres, activité 0. Entre les deux, il y a l'optimum du Conseil des ministres. On peut tracer une courbe de Laffer des agents à un carrefour, des danseuses au Crazy Horse, et des experts en science économique. Non seulement les économistes crurent à la courbe, mais ils la tracèrent *.

Ils y crurent et on les crut. Et la guignolesque théorie de Laffer fut une chance immense pour l'économie américaine, qui augmenta ses dépenses en réduisant ses impôts, et fit payer par l'étranger sa plus formidable croissance d'après-guerre.

Tax-cut

Après avoir fabriqué quelque temps des « modèles roses » pour le président Nixon, modèles qui prévoyaient automatiquement sa réélection, Laffer partit en 1976 pour la Californie où se jouait la révolution fiscale emmenée par les milliardaires. Le milliardaire Howard Jarnis, lassé des ponctions sur son pactole, réunit les signatures nécessaires pour organiser un référendum limitant les impôts fonciers. Ce fut un grand succès. L'impôt tomba de 3 à 1 % de la propriété, sans possibilité d'augmenter de plus de 2 % par an quel que soit le taux d'inflation (autant dire qu'il

* Ainsi le Pr Fourçans[4]. La courbe française serait plate vers les 40 %. Ce petit plat signifie que nous sommes à l'optimum, à 500 milliards de francs près. Marge confortable.

diminuait), et sans possibilité de voter de taxe nouvelle dans l'Etat, sauf majorité des deux tiers des électeurs (autant dire jamais). Vieille idée que celle de faire baisser les impôts par référendum aussi vieille que celle de rétablir la peine de mort. Tardieu : « Si le peuple français avait possédé le référendum, nombre des abus sous le poids desquels il plie lui auraient été épargnés : la multiplication des fonctions publiques, des monopoles et des offices, les impôts inquisitoriaux, les assurances sociales, l'école unique se seraient heurtés au BON SENS des masses[5]. »

Mais l'amendement 13 ou « proposition 13 » de Howards Jarnis fit forte impression. Chez Friedman notamment, qui s'agitait dans un National Tax Limitation Committee et rêvait, ouvrons les yeux, d'un amendement constitutionnel *interdisant purement et simplement le déficit budgétaire*. La chose la plus catastrophique qui aurait pu arriver à l'économie américaine quand on connaît la suite (VGE en 1963, ministre des Finances et des Affaires économiques, proposa la même chose à M. Pompidou, qui se contenta de ricaner). Friedman rappela les errements des économistes autour de Johnson pendant la guerre du Viêtnam. Prévoyant une baisse des recettes fiscales de 95 milliards de 1963 à 1968, ils furent confrontés à une hausse de 55, à cause de la reprise d'activité. Friedman feint d'oublier que l' « activité » en ce temps-là s'appelait la guerre, comme elle s'appellera sous Reagan la défense.

Mais enfin, voilà nos économistes engagés dans le *tax-cut*. Taux maximum du revenu qui passe de 70 à 50 %, baisse moyenne de 23 %. Les entreprises bénéficièrent de multiples dégrèvements. Les plus grosses entreprises empochent, ne réinvestissent pas, mais augmentent plutôt le salaire de leurs cadres. Les dégrèvements sont si importants que 27 entreprises sur les 250 plus grosses ne paient plus d'impôt pendant quatre ou cinq ans[6]. Plus : les lobbies qui viennent négocier dégrèvement après dégrèvement dans le bureau de la Maison Blanche en obtiennent tellement qu'ils en ont trop. Se crée un *marché du dégrèvement*, où l'on ristourne une partie de ses avantages fiscaux à des moins chanceux. Le premier *tax-cut* est totalement injuste. Seuls les gros et les bruyants en profitent. C'est l'époque où Reaganomics accorde tout.

Le deuxième *tax-cut* (1986) rectifie le tir : plus d'exemptions, sauf pour les marchés avec le Pentagone, on passe de quatorze à trois taux d'impôts, 15, 28 et 33 %. Ce coup-ci ce sont les entreprises qui paient la baisse. Conformément à la théorie, les offreurs allaient offrir. On allait voir du 5 % de croissance en termes réels, disait Murry Weidenbaum, le grand modélisateur de la Maison Blanche, un *léger* déficit en 1982-1983, et puis l'équilibre en 1984. En 1982, on envisagea même, non sans humour, de voter le budget en équilibre. Finalement le déficit fut de 100 milliards de dollars. Le double l'année suivante. Le triple l'année suivante. Le quadruple l'année suivante. Cette régularité fascina les économistes. En 1986, il devient beaucoup plus raisonnable (220), il baisse encore en 1988 (170). La croissance a fait augmenter les recettes qui ont augmenté l'assiette fiscale. C'est un *pur exercice d'économie keynésienne,* comme on n'ose pas en rêver en travaux pratiques de première année de faculté.

Une loi fédérale, dite Gramm-Rudman, prévit l'équilibre budgétaire pour 1991. La loi fut révisée et le sera encore. En 1988, les gourous de M. Bush préparèrent un budget moins déficitaire que la prévision Gramm-Rudman pour 1989 : 92 milliards au lieu de 100. Pied de nez aux fédéraux et budget excessivement optimiste, dont se moque évidemment le nouveau président, montrant qu'il a hérité un peu de l'essence de Reaganomics qui est de rire des prévisionnistes*. Il faut dire qu'il y eut de quoi rire : les erreurs macro-économiques furent stupéfiantes. Les Américains sont familiers, à cause des énormes masses financières que manipulent leurs économètres, d'erreurs surprenantes. Là, les choses furent grandioses. Craig Roberts, oracle patenté

* En août 88, le Département du Commerce extérieur annonce un déficit de 655 millions de dollars sur les services, *ce qui est très grave,* car les Etats-Unis sont structurellement excédentaires depuis 1958. Correction finalement : il s'agirait d'un excédent de 1,4 milliard... Et puis, tout compte fait, on annonce à nouveau un déficit pour le trimestre suivant de 492 millions. Quand on sait que le déficit fait soi-disant la conjoncture boursière...

du territoire de la Maison Blanche, estime la faute de prévision d'assiette à quelque 2 500 milliards de dollars, mais la plus grosse faute des analystes fut de *trop croire en leur incapacité*. Trop sûrs de ne pouvoir maîtriser les prix malgré leurs promesses, ils parièrent sur un nominal qui s'évanouit en fumée du fait de la décélération de l'inflation. Ils furent moins impuissants qu'ils ne l'eussent souhaité, moins incapables qu'ils ne l'imaginaient. Dieu merci, ils le furent tout de même suffisamment pour ne pas résorber le déficit comme promis, ce qui sauva la croissance. Eberlués, ils se retrouvèrent avec une croissance sans précédent dans l'industrie et une baisse corrélative du chômage, provoquée par la dépense publique la plus pure qui soit, la dépense militaire. Comme pendant les années Johnson, fameuses années de bombes et de croissance.

Faut-il préciser que malgré ce tintamarre, la pression fiscale ne baisse pas ? En Grande-Bretagne, l'inefficacité du *tax-cut* fut, en termes de soulagement des contribuables, encore plus nette. Alors que la pression fiscale avait diminué dans les dernières années de gestion travailliste, elle augmente avec Mme Thatcher de 35 à 40 %. Pourtant le *tax-cut* est drastique : on passe de onze tranches d'impôt sur le revenu à deux. *What happened ?* Tout simplement, les impôts indirects qui ont largement compensé la baisse des impôts directs, l'introduction de la TVA. Mais tout de même, l'*interventionnisme* a baissé aux Etats-Unis, vous ne pouvez pas dire le contraire ! Et en Angleterre aussi ! Même pas : les Américains interviennent beaucoup plus pour soutenir leur industrie que les Français, deux fois plus. Les Anglais autant[7].

Il faut dire que les Anglais s'étaient trouvé un extraordinaire expert en matière de carambouille statistique, le chancelier Lawson qui éclipse le ministre Madelin pour l'hilarité et le ministre Fourcade pour la tambouille (on retrouvera les Anglais à propos des statistiques du chômage). A l'occasion de sa traditionnelle déclaration d'automne, le chancelier se félicite des erreurs non moins traditionnelles des experts qui lui permettent d'escompter un bonus budgétaire équivalant à 70 milliards de francs, à peine. En matière de commerce extérieur, il avoue par contre s'être trompé de quelque 100 milliards[8]. Et puis, toujours la tradition, il annonce une baisse de la pression à 40 % du PIB, du « jamais vu ». C'est vrai, du jamais vu depuis que Lawson détaxe. Sur l'inflation, l'hilare Nigel ne s'est trompé que de trois points : elle sera de 7 % et non de 4 %. Mais comme on s'étonne de ce que son budget, magnifiquement déflationniste, entraîne tout de même de l'inflation, ce qui est vraiment bizarre, le monde à l'envers, il répond en se tenant les côtes que c'est *le monde keynésien à l'envers,* inapplicable au chancelier Lawson. On lui dit alors qu'il est très curieux que la réduction de son déficit budgétaire et même son changement de signe — puisqu'il le dit ! — ne s'accompagnent pas d'une réduction du déficit extérieur. Or tous les Anglais savent que déficit budgétaire et extérieur sont des *twin-deficits,* déficits siamois. Nigel Lawson répond avec allégresse que le déficit extérieur ne le concerne pas ; que c'est une affaire privée. C'est le privé qui emprunte ? Eh bien, qu'il emprunte ! Et puis, suivant la pensée de beaucoup de commentateurs, désespérés de jamais interpréter correctement les résultats du commerce extérieur, il laisse entendre que ces statistiques sont largement bidons et que leur insignifiance est proportionnelle à l'ignorance des utilisateurs. Accablé, on lui demande : pourquoi le privé emprunte-t-il à l'extérieur ? Parce que l'épargne a diminué, tiens ! Elle est passée de 10 à 5 % du PIB, une misère (rire sous cape en songeant au *tax-cut,* destiné précisément à favoriser l'épargne). Il part.

Cet effondrement de l'épargne britannique a fini par intriguer un analyste, un certain Christopher Johnson. Il fit remarquer que le poste « erreurs et omissions », qui apure toute série statistique qui se respecte, était, en valeur absolue, *plus important que celui mesurant l'épargne privée elle-même*[9]. En clair, la statistique officielle est bonne à 100 % près, foi de statisticien.

Le *tax-cut* n'épargne même pas la Suède. Les Suédois (55 % de pression fiscale) espèrent surtout réduire la fraude, phénoménale, et récupérer ainsi la baisse des taux. En

Suède, on déclare globalement des pertes en matière d'imposition sur les plus-values boursières alors que le pays a connu la plus forte hausse boursière du monde durant ces huit dernières années. Mais ce qui est intéressant, c'est l'argument des socialistes suédois concernant leurs pauvres : en détaxant les pauvres, on va les inciter à chercher du travail. Fini de feignasser. Le chômage va baisser.

C'est toujours l'argument de l'offre, mais l'offre des humbles maintenant. C'est cet argument qui fit glapir en France contre le RMI, le revenu minimum d'insertion (revenu minimum « d'indignité », « d'incapacité », « d'impuissance », etc.). Les avantages sociaux incitent à la paresse. En supprimant des avantages sociaux, on incite à la recherche de travail. L' « impôt négatif », inventé par Friedman, jamais appliqué, est l'anti-RMI : pas de minimum garanti. Pas de SMIC, et moins encore de RMI. Laissons faire le marché du travail. Par contre, pour celui qui n'arrive pas au « minimum », un impôt négatif qui comble le trou. Avec l'impôt négatif, plus de souci que le chômeur refuse du travail pour perdre des alloc et se mettre à payer des impôts. Judicieux.

Non seulement judicieux, mais vieux : l'argument anti-RMI fut inventé par Malthus, père spirituel des économistes de l'offre. L'exalté d'abstinence, d'épargne financière et sexuelle clama en son temps : « Les lois sur les pauvres créent les pauvres qu'elles assistent. » Les subsides aux plus démunis entretiennent la pauvreté et le vice des déshérités qui se prélassent dans leur misère. Génération spontanée : mettez du fromage dans une cave, les souris apparaissent. De la laine dans une armoire, et voilà les mites. Distribuez des subsides, et pullulent les pauvres. Prime à la pauvreté et à la paresse pour les détracteurs du RMI, moyen artificiel de survie pour le révérend. « Au grand banquet de la Nature, il n'y a pas de couvert pour lui. La Nature lui commande de s'en aller. » Cher Malthus... Dans un silence, un Français, un Italien dit : « Un ange passe... » Un Anglais : « Un pauvre vient de naître. »

Michel Rocard avoua qu'il n'avait pas la moindre idée du coût de la mesure. Cet aveu suffit à prouver que le RMI est une grande loi sociale, échappant aux contraintes et autres lois d'airain de l'économie, comparable aux grandes lois de 1936, dont le gouvernement n'envisageait ni ne mesurait le coût.

De l'art budgétaire

> « Si un jour je dois m'occuper à nouveau de finances publiques, je ne me laisserai pas intoxiquer par les spécialistes et leurs chiffres » A. Juppé.

Le budget (loi de finances depuis 1959) prévoit et autorise en forme législative les ressources et les dépenses de l'Etat. Le budget est donc un acte de prévision. Tout est dit.

Et tout commence au printemps, par l'élaboration des « budgets économiques », qui serviront de base à l'élaboration du *Rapport économique et financier*, lequel sera gracieusement fourni aux parlementaires en annexe de la loi des finances qu'ils voteront aussitôt. C'est la Direction de la prévision (la DP), les experts du ministère des Finances, qui mène la danse. Au sein de la DP, les super-experts de la Division des projections économiques d'ensemble, en relation avec les super-gourous du service de la conjoncture de l'INSEE. Le budget économique est une projection établie pour l'année en cours ou l'année suivante dans le cadre de la comptabilité nationale. Que fait la DP ?

La DP fait circuler entre experts un projet sommaire. Les experts réfléchissent, répondent par des notes d'hypothèses, critiquent, détaillent. Après quoi se réunit le Groupe technique de la commission, qui est une émanation de la Commission des comptes de la Nation, laquelle est une émanation émouvante de la DP, de l'INSEE, plus quelques augures tirés de l'INED, du Plan et autres lieux de plaisirs. Le Groupe compare les « prévisions officielles » aux « prévisions non officielles » : celles faites par des organismes indépendants français ou des organismes internationaux. Comme les prévisions des « indépendants » français dépendent de celles de l'INSEE et de la DP, les experts de la DP et de l'INSEE sont satisfaits. Après quoi, la DP présente en mai-juin, puis en octobre, à la Commission des comptes de la Nation, c'est-à-dire, en gros, *à elle-même,* ces fameux budgets économiques : « Je me raconte les choses et je suis contente. » Ces budgets apparaissent enfin sous les yeux arrondis du parlementaire lambda avec le titre ronflant : *Comptes prévisionnels de l'année n, et principales hypothèses économiques de l'année n + 1.*

Avant d'être authentifiés par l'imprimatur, les chiffres ont été malaxés dans un flou et un secret absolus. « A court terme, les prévisions dépendent du jugement, hors modèle, des spécialistes[10]. » Ce qui veut dire du diamètre de la narine. A plus de trois mois, l'expert est dans le brouillard total ; à six ou plus il est malheureusement obligé de compter sur la boîte noire du modèle économétrique. Mais à force d' « itérations », d' « opérations variantes », de « méthodes sans modèle » *(sic),* de « méthodes de la spirale », d' « approximations successives », de « révisions », de « calages » des résultats et de « programmations itératives et discrétionnaires » (re-*sic*) * comme on dit en patois d'expert, bref, de tâtonnements divers, on arrive à des résultats qui satisfont tout le monde, *c'est-à-dire les Finances.* Le chiffre se fixe comme un prix dans le souk : au *bargain,* au marchandage et au moral.

Parole d'expert. Et que ça ait l'air un peu compliqué aussi, pour le cochon de parlementaire. D'ailleurs l'expert Strauss-Kahn (voir Alphandéry) est à la barre de la Commission des finances, pour faire des remarques. Notamment réclamer plus d'experts, pour expertiser les expertises. On pourrait un jour en manquer **.

* Et on explicite « discrétionnaire », au cas où il y aurait ambiguïté : « Ce terme signifie que dans les schémas explicatifs utilisés, il n'y a pas d'explication économétrique de cause à effet[11]. » Autrement dit, pas d'explication.

** En attendant, il envoie son double Alphandéry écouter l'oracle Alan Greenspan, président de la Réserve fédérale américaine. Il revient (juillet 1989) fort impressionné par la « batterie d'indicateurs » utilisée par la Banque. On voit

La DP, elle, est contente : elle va pouvoir quitter la Commission des comptes et se tourner vers la Direction du budget, c'est-à-dire se regarder dans un autre miroir. « Voilà vos chiffres, se dit-elle, et encore bravo ! »

La Direction du budget entre alors en scène. La DB aide les ministres « dépensiers » (tous sauf les Finances), à préparer leur budget. La DB sait impressionner les ministres dépensiers. Ils ne bronchent pas. Auprès de chacun elle a son œil, le contrôleur financier, ex-contrôleur des dépenses engagées. Il donne son visa. Il donne son avis. Il informe le ministre du Budget. La DB se méfie des crédits surévalués, faciles à coincer, mais surtout des crédits sous-évalués pour services nouveaux qui se révéleront indispensables. Bien qu'en France, contrairement à l'Angleterre, la DB n'ait pas le droit de sabrer le budget d'un ministre (en cas de conflit c'est le Premier ministre qui tranche), le ministre du Budget refait la copie sur la base : « comme l'année dernière, et on la boucle ». Depuis quarante-cinq ans, salaires, tarifs, prix, investissements publics sont fixés par la DB. Et depuis peu par l'invraisemblable Charasse, qui cumule plus de pouvoir que tous les lobbies de France.

Mais là où ça devient intéressant, c'est quand la DB, tenant ses dépenses, passe aux recettes. Elle repart aux budgets économiques et refait ses évaluations. Elle sous-évalue systématiquement ; de sorte que les prévisions, *après avoir été involontairement fausses, le deviennent volontairement*. Entre 1950 et 1965, les recettes ne sont surévaluées qu'une fois. En moyenne elles sont sous-évaluées de 8 à 10 % : énorme[12]. Pourquoi sous-évaluer ? Parce qu'on pense qu'on tiendra mieux les engagements. On inscrira dans les collectifs budgétaires les ajustements nécessaires, sans aggraver le déficit prévu dans la loi de finances. Entre 1966 et 1976, la sous-évaluation n'est plus systématique et d'ailleurs les prévisions sont meilleures. Mais en 1976, ça repart. L' « ef-

mal en effet ce qui pourrait étonner un expert sinon un indice. Pourtant, la Banque fédérale est l'organisme qui a montré la capacité à se tromper le plus et le plus systématiquement, notamment sur la valeur du dollar qu'il est chargé de réguler.

fort de sincérité », comme disent les hommes de l'art, se relâche. Le rapport économique et financier se borne à justifier la répartition des crédits, le diagnostic macro-économique aussi. C'est bien le rôle de l'expert : justifier ce qui se fait, soit pour l'ignorant, soit pour le truqueur. Recettes, dépenses, impasse sont sous-évaluées de 10, 15, 20 % [13].

Que peut faire le parlementaire avec ces chiffres entre les doigts ? Rien. Il vote. S'il retarde le vote, on promulgue. En matière de dépenses, il n'a que le droit de diminuer. En matière de recettes, celui, tout aussi affriolant, d'augmenter les impôts. Double droit qui en dit long sur l'opinion des Finances vis-à-vis du niveau mental du député. Et le principe même de la procédure budgétaire, qui consiste à n'examiner chaque année que les demandes de crédits nouveaux, sans remettre en cause l'énorme masse de crédits votés dans les lois précédentes... Assez ! A voté.

L'équilibre aux forceps

En 1958, resurgit après le rapport de l'académicien Rueff le vieux dogme libéral de l'orthodoxie financière. L'orthodoxie, c'est l'équilibre, l'absence de déficit, l'Etat qui gère en bon père de famille, sans trop dépenser et sans trop emprunter. L'académicien Rueff prenait le contre-pied de la doctrine ambiante, plutôt au déficit. Certains oracles américains qui se croyaient disciples de Keynes (Heller, Hansen) avaient même élaboré un système très compliqué de régulation de conjoncture et de relance par le déficit : une petite dépression, on accroît le déficit, et hop ! ça repart ! Bien entendu, *jamais déficit budgétaire ne fit la conjoncture, et toujours conjoncture fit le budget,* ce que même l'académicien Rueff n'avait pas manqué de remarquer de ses gros yeux bleus.

Malheureusement, la finance à la Hansen-Heller impressionna fortement les économistes français. Avec le décalage nécessaire pour assimiler et recopier ce qui se fait outre-Atlantique, ils élaborèrent leurs modèles sur des bases keynésiennes. De sorte qu'aujourd'hui on fait encore, véritable prouesse spirituelle, de *la finance orthodoxe avec des modèles anti-orthodoxes.* Mais ce n'est pas très grave pour deux raisons :

1) étant donné que les modèles sont obsolètes depuis une quinzaine d'années et qu'il faut une bonne génération pour les tester, manipuler et rendre opérationnels, il y a de fortes chances qu'ils soient appropriés, lors de leur mise en route, à des conditions vieilles d'une trentaine d'années ; après tout, miracle du cycle économique, elles sont peut-être celles d'aujourd'hui.

2) un modèle pour reprendre l'expression de l'expert Charpin, est *ventriloque,* c'est-à-dire qu'il raconte exactement ce que pense son utilisateur [14].

Après l'académique rapport Rueff, on décida de présenter le budget en équilibre, ce qui n'était pas tout à fait nouveau. En 1948 et 1949, déjà, on présentait même le budget en excédent (2,8 et 2 % !) pour remonter le moral des citoyens qui subissaient une inflation de 60 %. Bien entendu, c'était un excédent fictif. On avait *débudgétisé.* On avait transféré des sommes du budget général vers les budgets annexes. Depuis, la débudgétisation n'a jamais cessé d'être utilisée sans vergogne, comme moyen de ficeler les choses.

Il faudra attendre 1965 pour qu'enfin, les comptes soient en équilibre. Les journaux connurent les premières publicités des finances : « l'année de l'équilibre ». Image de la semeuse, restaurée quelques années plus tôt sur les pièces de 1 franc. Evidemment, c'était faux. Le budget fut exécuté en déficit, pas très gros*. En 1966, même tabac. On présente en équilibre et on exécute avec un gros déficit. Idem en 1967 : on présente en équilibre et on exécute avec un *très gros* déficit. En 1968, plus possible de mentir, on présente un faible déficit, on exécute avec un déficit énorme. Même rengaine en 1971 : on présente un minuscule excédent (pour le principe, deux millions), on exécute allégrement avec quelques mil liards de déficit.

Venons-en au budget de 1985. « Trop d'impôt, pas

* 253 millions.

d'impôt, dit F. Mitterrand à TF1. On asphyxie l'économie, on limite la production, on limite les énergies... Il faut qu'au moment où nous préparons le budget de 1985, cela baisse d'au moins un point. Qu'on renverse la vapeur ! » Machines arrière toutes, et bouches ouvertes de Pierre Mauroy et de Jacques Delors devant leur téléviseur. Pierre Bérégovoy s'exécutera : la pression fiscale passe de 44,7 % du PIB à 43,7 % pile. Fort, hein ? Et avec un déficit contenu dans le chiffre magique de 3 %. Le tout au prix de contorsions dignes de la femme-serpent : d'une main, baisse de l'impôt sur le revenu (10 milliards), baisse de la taxe professionnelle (4 milliards), suppression du 1 % sur la Sécu (10 milliards), suppression de la vignette alcool-tabac (1,4 milliard); de l'autre, augmentation de la taxe sur les carburants (15,4 milliards), augmentation du téléphone (8 milliards), augmentations d'impôts (3 milliards). Banco, au franc près, moins d'impôt, plus de taxe. On y est presque : rémunération des PTT glissée dans un budget annexe des PTT, création d'un budget annexe de la navigation aérienne; on pousse, on force, ouf : – 1 %.

Glapissements de l'opposition, frémissements barristes, mouvements de double menton balladurien. Mais nous voilà en 1987, et le distingué propose un budget *tax-cut* au nom du néo-reaganien Chirac, qui revient de loin, puisqu'il traîne comme une casserole le budget le plus absurdement expansionniste de l'après 1973, celui de 1975, où les fiscalistes, après avoir vérifié l'adage « traire la vache jusqu'à ce qu'elle crie », vérifièrent le non moins célèbre « faire boire un âne qui n'a pas soif ». Budget 1975, « rupture historique, et record d'élasticité-revenu des dépenses gouvernementales », dixit le plus modéré [15]. Allez, oublions le passé. En 1987, on baisse les impôts des entreprises et des ménages. On réduit considérablement les prérogatives de l'administration fiscale en matière de contrôle pour améliorer les relations psychologiques avec ces pauvres fraudeurs. On amnistie les capitaux enfuis (et ils reviennent ! ceux de 1981, ceux de 1968, et même ceux de 1936 !). Ensuite on passe aux choses sérieuses : les milliards de dégrèvement sont récupérés, *sou pour sou,* par des majorations de cotisations sociales.

Bricolage dans la préparation, mépris du parlementaire; mensonge dans l'exécution, mépris du citoyen.

1988, ils reviennent, et ça continue. Le budget 1989 est particulier car c'est le budget des plus grosses erreurs favorables sur les recettes de l'après-guerre. L'opposition est verte et on la comprend. Au niveau des principes, il n'y eut jamais plus insignifiant. Sganarelle-Béré : « Les salariés doivent profiter de la croissance » (applaudissements), « les chômeurs aussi » (applaudissements nourris) « et j'en appelle à la responsabilité des salariés que je sais grande ! » (applaudissements nourris et tout le monde se lève). Ensuite, on passe à la cuisine. « Vous encaissez 40 milliards de bonus ! » clame l'expert Alphandéry. « Pardon, 15 », dit l'expert Strauss-Kahn. « Non, 50 ! » dit l'ex-du-budget Juppé. « 20 », dit l'imprécis Courbis. Finalement ce sera cinquante-quatre[16]. Un miracle. Mais les dépenses augmentent un peu plus vite que le PIB, la pression fiscale va augmenter, aïe, mauvais; la peur du chiffre. Que faire? on renvoie un chouïa dans le budget passé (on ficelle un petit collectif), toujours dans un compte d'affectation spéciale, une vingtaine de milliards, et voilà, l'honneur est sauf*.

Les aller-retour d'une année civile sur l'autre font la joie des occupants de la rue de Rivoli. Et que j'anticipe, et que je recule. M. Balladur, qui n'avait pas prévu grand-chose, notamment de repartir, avait délibérément choisi, en accord avec l'ex-du-budget Juppé, d'annoncer 120 milliards de déficit en 1988, au lieu des 100 jouables grâce à la manne des privatisations. Manque de chance, Sganarelle-Béré revient, et annonce, épanoui, un compte rond de 100 pour le premier vrai budget de la gauche, 1989.

Est-ce que ces bricolages ne servent qu'à leurrer ce pauvre citoyen? N'ont-ils aucun effet sur la « gestion », comme ils disent? Hélas non, l'obsession du chiffre aboutit aux pires

* On se lasse des exemples, mais un dernier, concernant la gestion précédente : on envoie les recettes de privatisation sur un compte spécial — hors budget général donc; ce compte reçoit 60 milliards en 1987, 15 en 1988; mais on l'utilise pour doter les entreprises publiques, dotations qui disparaissent donc du budget général. Puis on clame que pour la première fois dans le siècle les dépenses publiques augmentent moins vite que les prix.

incohérences. En 1988, M. Balladur et l'ex-du-budget Juppé inscrivirent 2 milliards comme couverture de contrats passés par des entreprises françaises avec des pays en déconfiture, autrement dit *peanuts*. Or les défauts de paiement des pays type Mexique, Nigeria, Côte-d'Ivoire, etc., sont un peu plus volumineux : 24 milliards partis en fumée en 1987 [17]. Les deux argentiers auraient dû jeter l'éponge en alimentant les caisses de la COFACE (Compagnie d'assurances pour le commerce extérieur). Mais ils préférèrent éponger en créditant encore les insolvables par le biais de la Banque française du commerce extérieur. Quelques milliards de crédits à l'exportation, dont il vaut mieux ne pas vérifier la solidité.

La dette

Ce petit système de crédits en avance ou retard, au-dessus ou au-dessous de la ligne, se double d'artifices de gestion de la dette publique, quelques dizaines de milliards allégrement déplacés de caisses d'amortissements des rentes en fonds de soutien, en passant par les comptes spéciaux. Un degré de plus pour les bricoleurs et des surprises pour les arrivants qui se retrouvent avec des obligations renouvelables du Trésor *, ou pis, avec un Giscard à rembourser.

Tout de même, le pompon du goitrisme emprunteur, c'est le roi de l'orthodoxie qui l'a décroché, le sage Giscard, qui voulut associer son nom à l'or comme Pinay. En 1952, l'homme au chapeau émit un emprunt à 3,5 % indexé sur la pièce d'or de 20 francs, exonéré de droits de succession, qui sera le paradis de l'évasion fiscale pour toute une génération, jusqu'à ce que Giscard l'avisé le convertisse, en 1973, au profit du sien : emprunt à 7 % garanti sur l'or. 7 milliards récoltés, 70 remboursés, dont la moitié déversée à l'étranger, ça c'est de l'accordéon ! Le Trésor paiera rubis sur l'ongle. La signature de l'Etat, la garantie de l'Etat,

* Tous les intérêts payés au bout. 30 milliards à inscrire en 1990.

l'honneur de l'Etat, tout ce qu'on veut est en jeu. Et surtout la bourse des encaisseurs : on paie.

Les mêmes qui avaient réalisé cette fabuleuse opération financière poussèrent de hauts cris lorsque les socialistes commencèrent d'emprunter en 1982, 1983 et 1984. On réembouche les trompettes de l'honneur et de la réputation, on argue des intérêts à verser. Calembredaines : au plus fort du remboursement les intérêts ne dépassèrent jamais les 8 % du budget alors que les Américains, et là ils paient, sont au-dessus des 15 %. Mais peu importe. L'admirable, au-delà du mensonge, c'est qu'on ait joué sur la corde de « l'Etat qui n'allait pas rembourser », le félon, et plumer une nouvelle fois le probe petit épargnant.

Ce qui nous ramène un peu en arrière, quand il ne payait pas. La question de la dette empoisonna les finances de l'Ancien Régime. La royauté n'honorait pas ses dettes. De même que le roi ne possédait pas la capacité intellectuelle adaptée pour faire financer aux culottes les largesses de la cour, il ne se considérait pas vraiment débiteur de ces prêteurs qui le forçaient tôt ou tard à se mettre en banqueroute, qui renâclaient à prêter encore, mais revenaient quand même et « retournaient à l'usure comme le chien à ses vomissures » (Bloy). Une fois la gent prêteuse payée de lettres de noblesse, d'offices, de mariages, et des traditionnelles légitimations de fils d'ecclésiastiques, on recommençait à dépenser. L'Ancien Régime dura tant qu'il sut ne pas payer. Mais même les meilleurs spéculateurs se lassèrent, c'est-à-dire les Genevois. En 1789 le service de la dette allait absorber la moitié du budget*. Necker prêta de quoi éponger la somme monstrueuse que Loménie de Brienne raflait en partant. Rideau.

La grande force de la bourgeoisie fut de transformer l'Etat en débiteur scrupuleux, docile, facile à traire. Intègre, probe. C'est le « bon père de famille » du Code civil, le niais qui envoie ses fils au front et rembourse toutes ses dettes. Au XIXe, l'Etat est le débouché normal de l'épargne.

* Ce qui n'est pas astronomique, au fond : 42 % du budget en 1872, 35 % encore en 1933. Il faut attendre 1945 pour que la dette disparaisse de la dépense publique.

On comprend mieux les incantations du prix Nobel Maurice Allais qui ne cesse de réclamer l'indexation de l'épargne. Le Nobel vécut cette tragique période de l'entre-deux-guerres, où les loyers étaient bloqués et les propriétaires d'immeubles ruinés, les titulaires d'emprunts russes spoliés, et les épargnants laminés par l'inflation : « Période de grands malheurs pour des milliers et des milliers de gens, les plus modestes étant les plus durement frappés. » D'où la dénonciation du « racket (*sic*) qui résulte des fluctuations de la monnaie [18] ». Oui. Reste que les révolutionnaires russes de 1917, en refusant de payer les dettes de leur tsar, eurent, au sens strict, un comportement *royal*.

La Sécu

Elle dépasse en masse financière le budget de l'Etat. Le public, rien à faire, c'est elle.

C'est une question rebattue. Le mot « Sécu » est nauséeux. Jamais on n'a tant avisé, parlé, compté et recompté, de comités de sages en états généraux et en rapports mort-nés du Conseil économique et social, refusés mais qui seront tôt ou tard appliqués. La Sécu est une question surexpertisée. Tout le monde a écrit sur la Sécu. Strauss-Kahn et Alphandéry ont écrit sur la Sécu. Samuelson a fait la théorie définitive de la Sécu [19]. Il y a un côté morbide, masticateur, à parler de la Sécu, scrutée, grattée, retournée. En plus la Sécu est un problème simple, un problème démographique, résolu depuis belle lurette. Certes, les prévisionnistes se trompent et, étant donné les masses financières, ce sont des dizaines de milliards qui se promènent. Certes, le trou de la Sécu est un mythe (sur les dix dernières années cumulées la Sécu est largement en excédent ; en 1989 la Sécu est en équilibre). Certes, s'il réapparaît, il sera encore financé par impôt exceptionnel. Certes, on va vers la fiscalisation de la Sécu, notamment parce qu'il est absurde de faire payer à des Allemands la couverture sociale des Français en intégrant des cotisations sociales dans des coûts de production. Certes.

Mais on parlera longtemps encore de la Sécu, comme on parla *ad nauseam* de la décentralisation.

Même l'oracle Alain Minc (qui a réussi l'extraordinaire tour de force de faire croire à l'un des pays riches les plus inégalitaires, sinon le plus, qu'il était menacé par l'égalité) reconnaît que la Sécu française est l'une des plus injustes. Ainsi les allocations familiales, défiscalisées : 3 500 francs pour une famille de smicards à 0 % d'impôt sur le revenu, égale 9 000 francs pour une famille à 58 %. C'est juste. Ou plutôt injuste. Et chacun sait que si un ouvrier donne 1 franc à la Sécu elle lui rend 1 franc, contre 1,2 à un employé, 1,5 à un cadre moyen, et 1,8 à un cadre supérieur. Les professions libérales ont d'ailleurs parfaitement compris le message anti-égalitaire et raflent aussi du côté des impôts : les avocats trichent en matière de bénéfices à 50 %, les vétérinaires 40 %, les médecins 30 %, les dentistes 14 %. Les experts-comptables, les pauvres, qui truquent les comptabilités des autres, ne dissimulent qu'à 6 % ! Quant aux commerçants, nos modernes fermiers généraux, ils ne volent au passage que 10 % de la TVA : 70 milliards, rien.

Injuste la compensation entre caisses qui fait payer certaines catégories pour d'autres et financer la maladie par la famille. Injuste le plafond, cette relique du temps de l'assistance, qui favorise les hauts revenus. Injustes les cotisations sociales, mais si on tire sur celles-ci, c'est tout l'écheveau du système fiscal français qui vient : impôt sur le revenu unique au monde, absolument inique, paradis fiscal que la France où 40 % des foyers échappent à l'impôt contre 24 % au Royaume-Uni, 18 % aux Etats-Unis, 14 % en Allemagne. Et ceux qui paient, paient moins qu'ailleurs, grâce à l'inique quotient familial.

Quant aux lamentations fiscales de l'ordre mendiant de l'avenue Pierre-Ier-de-Serbie… Il est quand même extraordinaire que le lobby patronal ait réussi à faire avaler la litanie du « nous croulons sous les impôts », jusqu'au moment où — un reste de vergogne ? la peur du vide, parce qu'ils ne payaient vraiment plus rien ? — ils martelèrent « nous croulons sous les cotisations sociales ». Ils le martèlent encore, bien que chacun sache que le prix du travail qu'ils utilisent est dérisoire, plus faible qu'ailleurs, bientôt plus faible qu'à Taiwan. Mais c'est vrai, ils cotisent un peu plus que les Allemands, qui eux, paient bien leurs salariés, et — comme c'est curieux ! — ont du travail de bonne qualité.

Les oracles de la Cour des comptes

La Cour contrôle l'utilisation de ces deniers publics gagnés grâce à l'impôt. La vieille dame de la rue Cambon conservait autrefois la paperasserie des titres nobiliaires, que Condorcet fit brûler un jour de feu de joie de juin. Et puis, la Cour décida qu'elle était experte en économie, et, ma foi, digne de conseiller en gestion et en rapport coût-efficacité. Sa notoriété est récente, largement liée à la haine pour la fonction publique qui se nourrit de tout ce qu'elle peut, jusqu'au rapport de la Cour qui paraît en période creuse.

La Cour, c'est les animaux malades de la peste. « Manger l'herbe d'autrui ! Quel crime abominable ! » La vertu offensée, qui crache dans les petits plats pour mieux consommer dans les grands, le courage du courtisan. On ne la fait pas à la Cour : elle sait lire les comptes, elle connaît le code des impôts et les règles de la comptabilité publique, l'annualité, l'universalité, la non-spécialité. Elle se sent un peu supérieure, avec « la paradoxale surdité de l'écoute supérieure, le flegme plus inexpugnable encore que celui de Monsieur Homais, une *bêtise travestie en vigilance*[20] ».

Homais gestionnaire. Tous les clichés du bon sens de la gestion, toutes les maximes de la productivité, du marché, de l'offre et de la demande commentées entre la terrasse et l'arrière-salle du café du commerce, les petites démangeaisons poujadistes, sont dans le rapport de la Cour.

La Cour ne donne que ce qu'elle veut. Il y eut 804 rapports en 1987, tous secrets, sauf les miettes diffusées par les journaux. Jamais grand scandale ne figura dans le rapport public (les avions renifleurs par exemple) : pour ça, il faut les fuites. Dans son rapport 1988, elle raconte l' « équilibre aux forceps », d'une manière assez amusante d'ailleurs. Preuve que les traficotages budgétaires sont choses désormais reconnues. Elle parle pudiquement de « fausses imputations » des services, de crédits que les services s'avancent et se négocient, s'échangent, de façon croisée apparemment, comme de la cavalerie de Saint-George. Elle n'égratigne pas trop.

Un peu plus sérieux, l'échec des sociétés de reconversion de la sidérurgie. Pas d'emplois créés, de l'argent qui a disparu comme eau dans le sable, 10 millions par-ci, 5 par-là, rapport « coût-efficacité nul ou presque », bref à l'aune de la *centaine de milliards* soufflés par les gouvernements précédents, avec une petite moitié pour le premier économiste de France, tout ça paraît un petit peu mesquin. Peut-être en veut-elle à Chérèque, le reconvertisseur ? Peut-être ignore-t-elle que la sidérurgie française est devenue très largement excédentaire ? Puis le « petit scandale ». Il faut toujours un petit scandale.

La petite gabegie du superphare d'Ouessant. 160 millions dans le sable. Sur les 160, la moitié en subventions à des entreprises. Restent 80, « perdus en projets de recherche, d'études, et de sondages du fond de mer » : de la subvention à la recherche. Pas perdu pour tous — chaque année, plus de 2 % du PIB part en subventions, la Cour. Presque autant que le déficit budgétaire, tu entends ? Pas de quoi fouetter un Breton apeuré par une nouvelle pollution.

La Cour déambule ensuite dans les administrations avec son nouveau chapeau de gestionnaire et son slogan coûts-bénéfices sous le bras. Elle mesure les coûts, évalue les « profits ». C'est ça le service public. Elle calcule du rendement, rameute à la performance. On sent qu'elle va découvrir quelque chose. Elle passe aux ASSEDIC, réussit à repérer le type qui touche les alloc sans droits, fait halte place Bauveau, s'inquiète élégamment de la « prolifération » des fonctionnaires. Elle remarque que l'Etat ne connaît pas le nombre de ses agents. Naïve, elle croit que ce sont les « instruments de prévision rudimentaires » qui font les mauvaises prévisions, et que les modèles sophistiqués font les bonnes.

Mais la voilà qui s'inquiète du travail à temps partiel. Parce que la stabilité du travail protège les salariés ? Pas du tout ! Parce que, visiblement, certains misérables profitent du temps partiel. Ainsi par exemple, à la Direction des impôts, les agents de la catégorie C prennent, à 20 %, le mercredi. Les monstres ! Non seulement ils choisissent de gagner 80 % du SMIC, mais en plus, ils ne travaillent pas le mercredi. Très perspicace, la Cour remarque que les agents qui choisissent le temps partiel sont des femmes... Ça y est ! On a compris ! Elles ont eu la faiblesse d'avoir des enfants et les gardent le mercredi au lieu de les faire garder ! Honte à ces gorgones qui méritaient bien de figurer dans le rapport.

Mais chaque rapport de la Cour a sa philosophie. Celle du cru 1987 fut le scandale des instituteurs. Après avoir entendu tous les animaux, la Cour a trouvé le pelé d'où venait tout le mal : haro sur le petit proliférant qui porte la tare de l'inefficacité de la fonction publique.

Quelques généralités bonnes à dire : les rigidités de gestion, les pressions syndicales (tremblez, lobby des instits !), l' « absence d'évaluation ». Qu'est-ce à dire, la Cour ? Un marché des instits ? Non, mais le « *rendement* est souvent trop faible », « les instituteurs sont trop peu inspectés » (à cause du lobby ? rien à voir avec la paresse des inspecteurs généraux qui pantouflent avec six fois le salaire des instituteurs ?). Et le scandale de l'ancienneté, qui fait que sont mutés surtout les jeunes et moins les vieux... Dans le même filon : « on a maintenu une école en Martinique sur la pression des parents ». Quelle honte, en effet. Et puis, note la Cour, trop d'instituteurs dans le Gers, le Lot, l'Ariège, l'Aude. Par exemple, il faudrait supprimer les écoles normales dans l'Ariège et le Lot.

Les départements les plus pauvres de France... Les départements qui n'ont rien, rien. Le revenu par habitant de l'Ile-de-France est deux fois et demi celui de l'Ariège, plus peut-être... En plus, tout le monde sait (sauf la Cour, grande spécialiste de la fiscalité et du conseil en gestion) que l'Ile-de-France est un véritable *paradis fiscal*, et que la province finance largement Paris et les Franciliens : 9 % de taxe à l'habitation à Paris, 25 % à Toulouse, 40 % à Marseille. Mêmes chiffres pour la taxe professionnelle. L'Ariège n'a pas des musées qui drainent des millions de visiteurs, mais elle a quelques enfants de moins par instituteur, et ça c'est insupportable à la Cour. Curieux cet émerveillement gestionnaire, cette morale de bachelier commercial d'école privée de banlieue parisienne.

En 1989, la Cour en fit un peu trop. Après avoir épinglé les PTT et le minitel avec des arguments salaces du type « tremblez mères de familles, voilà le minitel rose et l'Etat proxénète ! », elle attaque l'architecte Roland Castro et la mission Banlieues 89. L'une des rares missions inattaquables. Et toujours avec des arguments mi-figue mi-raisin : on a fait des montages financiers complexes, donc on a dû se sucrer. En général, les réponses de services publics incriminés ne sont jamais diffusées, moins encore reconnues par la Cour, ce qui fait que l'on reste sur le petit parfum de scandale. Mais là, pour une fois, les responsables de Banlieues 89 ont râlé. La Cour a ramassé ses jupes, en laissant entendre que si elle avait farfouillé, c'est qu'il devait y avoir matière.

La diatribe de la Cour contre les « néo-privilégiés », c'est-à-dire l'instit et ses vacances et la dernière employée des Finances et son mercredi, arrive à un moment où personne, sauf la Cour, n'ose dire que l'enseignant est un privilégié. A trop montrer d'empressement à dénigrer le service public, elle finira par laisser entrevoir qu'elle n'est composée que de hauts fonctionnaires et que la première vraie, nette économie, serait de la supprimer. D'autant que sa rentabilité (elle aime ce mot) est nulle puisque ses avis ne sont jamais entendus.

C'est tellement vrai que le Premier ministre envisage de faire contrôler son administration par des gens un peu moins sectaires et, sans doute, un peu plus compétents : quelque chose de comparable au Conseil de la concurrence. L'oracle Stoleru est d'accord. Il faudrait être naïf pour confier à un lieu de haute pantoufle, autant que le Conseil d'Etat qui a d'ailleurs un peu les mêmes fonctions, les jugements de l'efficacité et de l'inefficacité. Apprenant cela, la Cour a poussé des cris d'orfraie[21]. Elle a rappelé qu'elle était composée de « personnel qualifié » par son « recrutement », mais aussi de gens qui, ayant longtemps navigué dans l'administration, en ont « une longue expérience des mœurs et coutumes ». Une expérience anthropologique en sorte. Elle reconnaît, un peu tristement, qu'elle ne publie pas tout ce qu'elle voudrait. Mais, si la susdite administration lui donne sa bénédiction, elle se déclare prête à un peu plus de courage. Et elle lui demande, à tout hasard, « un peu plus de moyens ». Quelques deniers publics : allons, elle garde le réflexe fonction publique.

10.

Perdre sa vie à la gagner

> « Le travail exorbitant et accablant de l'ouvrier anglais nous venge de Waterloo » Stendhal.

L'UNE des plus insidieuses campagnes de dénigrement de ces dernières années fut celle menée contre le travail. Non tellement contre la *quantité* de travail, car de temps immémorial le salarié et le domestique furent paresseux. Mais bien contre le travailleur en lui-même, l'être qui offre sa force et « franchit le seuil de l'entreprise en laissant toute espérance » (Marx). Jamais le travail ne fut tant calomnié au nom du peu de travail, du privilège d'avoir un travail, de la stabilité du travail, de la sécurité du travail, et divers défauts comme le manque de productivité, de mobilité, de flexibilité, de mérite, d'initiative, et même d'*humilité :* l' « orgueil mégalomaniaque des mutuelles de salariés », oracle-P-DG Alain Minc dixit très justement, car quiconque a croisé des frénétiques du marteau piqueur n'a pu qu'être frappé par la *suffisance* de ces gens-là.

Pas assez de travail, du mauvais travail : jamais campagne ne fut mieux couronnée de succès. De retour le chef d'entreprise, le gagneur, et dans ses valises le cadre, que l'on croyait étouffé sous le ridicule mais qui resurgit pour se jeter du haut de passerelles dans le vide, vivre la vie du camp de marines, quand il ne s'agit pas simplement de faire du sport comme un malade.

Plus bas que le travailleur, le chômeur. Il ne parle pas de

chômage. Qu'il se rassure, on en parle pour lui. On en parle, par exemple, au colloque.

Le colloque, c'est le lieu de rencontre des oracles, des experts et des savants. De jeunes vieux y croisent de vrais vieux et leur font des communications « stimulantes », « toniques », ou « excitantes » (tu parles !). Celles-ci sont publiées dans les Actes du Colloque, quelques centimètres de plus à la Bibliothèque de Babel. Un colloque international est l'occasion de voir du pays et de tromper son conjoint. Certains couples n'ont existence que par les colloques. L'oracle est heureux dans le colloque. Surtout s'il est invité comme personnalité : il n'appartient plus à la piétaille dévitalisée des jeunes chercheurs qui suintent encore leurs journées d'ennui à écrire de pâles communications. Dans la hiérarchie oraculaire, le colloque du travail est sans doute le moins noble, loin derrière la monnaie, les prix ou la consommation.

Mais l'oracle de l'économie du travail ne pouvait manquer le colloque de l'UNESCO, Paris, octobre 1988, où furent pulvérisés les records du cliché déjà établi dans ces lieux. Il est même curieux qu'après une telle manifestation, ouverte par « L'économie n'est rien sans le social » (Michel Rocard), continuée par « Il faut dénouer les faux obstacles des vrais problèmes » (Michel Crozier), « Il faut faire évoluer les mentalités » (Bidegain, un patron ; le plancher du colloque), « C'est structurel et culturel » (Alain Touraine), « Les mentalités françaises sont hexagonales » (Lionel Stoleru) et on en passe, les participants n'aient pas désespérément réclamé une marmite collective de cyanure. A la fin de cette prestation, à faire honte à un universitaire, alors qu'on s'attendait à la fermeture rocardienne, « Le social n'est rien sans l'économie », ou peut-être à voir surgir Laignel, ou qui sait Séguy, on eut droit au ministre Fauroux qui conclut sur « l'abandon de la langue de bois [1] », preuve qu'un oracle sait encore tenir son fou rire.

Le chômage incompressible

On découvrit assez vite que le chômage avait plus d'avantages que d'inconvénients : moins de grèves, de hausses de salaires, plus de mobilité du travail. Une excellente raison d'être satisfait pour les titulaires d'emploi et de leur faire remarquer qu'ils devaient l'être. Des emplois pour l'ANPE. Mille occasions de querelles d'experts sur les chiffres du chômage, car le chômage, c'est d'abord des chiffres. Et pour finir, petit cadeau des dieux, le chômage devint une authentique menace pour les permanents syndicaux, qui commencèrent à se recroqueviller sur leur poste.

Avant de revenir, pour mémoire, sur les barrissements ayant précédé les génuflexions de l'ingénieur Stoleru, à propos des indices trafiqués par la gauche et rectifiés par lui à la hausse, il est bon de rappeler comment un concept inadmissible il y a moins d'une génération fut intériorisé par un pays puis hissé au rang de fatalité par un ministre chargé, *au fond*, de combattre la chose (M. Séguin). Sorte de volupté de l'incompétence, lâche soulagement de la classe politique : enfin on n'en parlerait plus. Et on n'en parla point *. En 1965, lors d'un débat célèbre Debré-Mendès, le futur académicien évoqua un « volant de chômage » d'un demi-million de chômeurs, ce qui fit hoqueter l'incorruptible. En 1971, plus raisonnable, Georges Pompidou parla d'un objectif de croissance du plan de 6 %, avec un clignotant du chômage qui s'allumerait à 300 000 chômeurs. C'était le temps du plan à objectifs, avec trajectoire moyenne et clignotants. C'était le temps où les syndicats hurlaient sans trêve aux chômeurs agonisant au coin des rues. C'était un temps sans chômeurs.

Vingt ans plus tard, la chose est réglée : il y a 10 % de sans-emploi, comme il naît 105 garçons pour 100 filles. Pourquoi ? C'est compliqué, disent les experts. D'abord, « un chômage élevé tend à se perpétuer de lui-même », commente le grand Phelps, ex-conseiller inutile de Nixon puis gourou

* Quelques secondes dans le débat présidentiel de 1988.

vague de la coulisse, autoproclamé nobélisable. Phelps exprime la pensée profonde qu'au fond, plus le chômage reste fort, plus il demeure élevé. Phelps évoque ensuite les « obstacles psychologiques » à sa résorption. Un envoi à la « construction européenne », comme tout article d'économie depuis deux ans, puis il signe. Un compère cosigne[2].

Pourtant, tout avait bien commencé. Après avoir constaté avec quelques années de retard (fin des années soixante-dix) que ce n'était plus l'expansion indéfinie, les économistes entraînés par Edmond Malinvaud, ex-directeur de la prévision, professeur au Collège de France, commencèrent à parler de *déséquilibre*. Dans un exposé très clair et très pédagogique, qui fit néanmoins forte impression sur les chercheurs, Edmond Malinvaud expliqua qu'il pouvait y avoir des chômeurs parce que la demande et la production étaient trop faibles, ce que disait Keynes. Mais aussi parce que le coût du travail était trop élevé. Stupéfaction générale. Edmond Malinvaud prit la peine d'ajouter qu'il racontait des choses connues depuis la préhistoire. Mais les chercheurs se lancèrent avec délice dans la comptabilité du vieux chômage, le chômage « keynésien », et du nouveau chômage, le chômage à la Malinvaud ou « classique » (référence au fait qu'Adam Smith et le café du commerce savaient, depuis deux siècles, que ce qui est cher est moins demandé que ce qui est bon marché).

Ayant *dédoublé* leur ignorance du phénomène, certains s'avisèrent de la démultiplier encore, en créant toutes sortes de sous-catégories, du métissage de chômeurs classiques et keynésiens. Le Pr Taddei par exemple, socialiste, modélisateur et rapporteur, créa le subtil concept de « chômage mixte[3] ». Et chaque mois que Dieu fit vit des dizaines d'articles contant les aventures du chômeur classique ou non classique, ainsi que les mille et un moyens d'en terminer radicalement avec le chômage.

Intrigués, certains regardèrent du côté des pays sans chômage. Le fraîchement promu oracle Maurice Allais déclara : « Il serait urgent de nommer une commission pour examiner sur place comment la Suisse, pays hautement capitaliste et de technologie avancée, et où vit une importante population immigrée, s'y prend pour assurer le plein emploi. » Quand les économistes, et le premier d'entre eux, en sont à nommer des commissions pour voir ce qu'il en est du point de vue économique, c'est que ça va mal, très mal.

La Suède intrigua les autres. Après avoir gouroutisé pour la gauche, le pontife Bernard Brunhes fait des ponts pour l'OCDE. Il note ses impressions et prévisions dans d'étranges *Lettres persanes*[4]. Curieusement, les rigidités feraient la force de l'exotique Suède. Les contraintes l'obligent à s'adapter. En revanche, la souplesse crée le laxisme. L'imprévoyante France, s'orientant vers un modèle de précarisation du travail (contrairement à la Suède et à l'Allemagne), vérifierait encore la vieille théorie des climats de Montesquieu : les hommes du Nord sont vraiment « actifs, virils, tendus, bandés comme des ressorts », contrairement aux Latins voluptueux. Les Suédois sont « ardents », note le pontife Brunhes. Même les syndicalistes ont l'air compétents dans ce pays : « Il arrive que le syndicat vienne dire qu'on ne peut pas continuer comme ça et qu'il propose des compressions d'effectifs. » Voilà en effet qui fait rêver.

Indice

Comme l'inflation, le chômage est d'abord un indice. Une sombre querelle opposa les gouvernements Giscard puis socialistes à la CGT, puis à Lionel Stoleru et divers. Les opposants rajoutaient entre 500 000 et un million de chômeurs, parfois plus. Insatisfaits de la définition officielle du Bureau international du travail — chômeur : « personne n'ayant pas d'emploi et déclarant en chercher » — ils rajoutent les *pseudo-chômeurs :* stagiaires, apprentis, conventionnés, formés, militaires, plus les divers découragés de se déclarer chômeurs. Après l'arrivée de M. Chirac, une mission de confiance fut chargée de rétablir les chiffres et la vérité, présidée par Edmond Malinvaud de l'INSEE. Elle confirma les chiffres de l'INSEE.

En juin 1988, l'ANPE, l'OFCE (Office français de conjoncture économique), d'autres, firent état de prévisions assez lugubres : redémarrage du chômage et 15 % de chômeurs à l'horizon européen. La chose déprima Michel Rocard, qui se couvrit rapidement en anticipant 250 000 chômeurs de plus avant la fin de l'année. Même morosité chez les ministres du Travail, de la Reconversion et de la Formation professionnelle, Soisson, Chérèque, Laignel. On leur signala en passant un déficit de la Sécu de 40 milliards. Deux mois plus tard, croissance imprévue, déficit inexistant de la Sécu, et *baisse du chômage*. Personne n'y crut. Surtout pas Jean-Pierre Soisson, qui réclama 85 000 stages à ajouter aux 150 000 prévus par un de ses prédécesseurs, Michel Delebarre. 85 000 plus 150 000 égale presque 250 000, se dit-il : couvert.

Fin 1988 il fallut se rendre à l'évidence : le chômage baissait, et, chose plus étonnante, du fait non des traditionnels traficotages, mises en formation ou en stages, mais de créations d'emplois. Du jamais vu depuis douze ans. Personne ne se hasarda à donner une explication puisque, contrairement aux hypothèses, croissance et emploi repartaient de concert, alors que les experts avaient toujours prétendu qu'il faudrait un bon décalage de dix-huit mois, au moins, avant que la croissance ne tire l'emploi. Les spécialistes s'en tirèrent par une pirouette et quelques petits concepts tirés du chapeau : « Bulle des sureffectifs », « seuil de déclenchement à l'embauche. » Quelqu'un souffla l'inévitable « nouvelle forme d'emploi ». Le ministre du Travail conserva son scepticisme, fit quelques prévisions mi-figue mi-raisin, et avoua bien honnêtement qu'il s'agissait de « prophéties au sens de l'Ancien Testament[5] », et qu'il voyait pointer à l'horizon « un effet boomerang » (?), probablement doublé d'un « effet statistique ». Ce dernier, bien connu, était le plus accommodant de tous les nombreux effets connus des économistes.

Six mois plus tard, alors que l'INSEE, décidément, confirmait la baisse, le ministre imprégné du chômage incompressible répéta qu'il ne croyait pas aux statistiques et que le bon chiffre venait d'une manipulation annuelle consistant à modifier le mode de calcul des variations saisonnières, devenues totalement imprévisibles en raison du maintien des jeunes dans le système scolaire[6]. Bref, le « chômeur CVS » (corrigé des variations saisonnières) n'étant plus ce qu'il était, l'INSEE bricolait et il ne fallait pas s'y fier.

Mais le meilleur exemple de mépris du chiffre du chômage accompagné de manipulations vient de la Grande-Bretagne, dont on a pu mesurer le sérieux en matière budgétaire avec le chancelier Lawson. En matière d'emploi, comme en France, les statistiques sont connues à quelques centaines de milliers près. En Angleterre, le mode de calcul a été modifié *vingt-deux fois* depuis que les conservateurs sont arrivés au pouvoir en 1979[7], et, chose curieuse, *le chômage a fini par baisser.* La méthode anglaise de calcul repose sur le nombre de personnes demandant l'allocation chômage, ce qui représente un indéniable avantage : plus le nombre d'allocations distribuées diminue (ce qui se produit depuis 1979), plus la probabilité d'en obtenir une diminue, plus le nombre de demandeurs diminue, et plus le nombre de chômeurs comptabilisés diminue. Les Stoleru anglais refont les comptes : qui ajoute 100 000, qui 500 000, tenant compte du travail au noir, des retours au foyer, des désespérés, etc. Le ministre aussi refait les siens : 500 000 jeunes stagiaires sortant de l'école qu'on ne répertorie plus, 100 000 chômeurs de moins de dix-huit ans qui, en raison de leur jeunesse, n'ont plus droit à l'appellation, et on repasse au-dessous de la « barre » des 2 millions : ouf ! Economie et symbolisme.

TUC-TIG-SIVP-CA-CRE

Travaux d'utilité collective, travaux d'intérêt général, stages d'initiation à la vie professionnelle, contrats d'adaptation, contrats d'apprentissage, contrats à durée déterminée 16-25, contrats de retour à l'emploi... Multiples formules permettant le traitement social des 16-25 ans, les plus populaires étant les TUC et les SIVP. Les TUC permettent à l'administration d'avoir des salariés payés à la moitié du SMIC, les SIVP le permettent au privé. Le traitement social du chômage tourne la législation sur le salaire minimum et organise la précarité du travail. Précarité se dit « aménagement », terme introduit par le ministre Delebarre. Repris par le ministre Séguin, qui lui accola le sympathique « petits boulots ».

Certes, il y eut toujours de petits maltraités (les apprentis, 15 % du SMIC moins les frais d'hébergement...), mais le SIVP est le petit nouveau, « destiné à découvrir la vie des entreprises ». Le SIVP bas de gamme gagne 1 400 francs par mois * (mille quatre cents, somme en lettres) **, celui en haut de la hiérarchie des SIVP gagne 2 500 francs. L'employeur est totalement exonéré de charges sociales. Le SIVP est une manne.

Le SIVP travaille surtout dans le commerce de détail, les hôtels-cafés-restaurants, les restaus-pouce, les garages. Les horaires sont lourds. L'idéal, pour une entreprise, c'est de débusquer un vieux, le saquer, et embaucher un SIVP. En 1986, les Nouvelles Galeries licencièrent 700 salariés pour raisons économiques et embauchèrent 700 SIVP. A l'évidence, le SIVP et ses compères en alternance, adaptation ou qualification ou tout autre moyen pour ne pas verser de cotisations sociales, furent tellement exploités que ça en devint gênant. Syndicats et patrons passèrent un accord pour *moraliser* les SIVP. Même le chef Perigot, pour sa « rentrée », estima qu'on était allé un peu trop loin, rappela qu'il ne fallait pas relâcher la rigueur tout de même, et, puisqu'il passait par là avec son petit panier, en profita pour demander une aide à l'investissement.

Experts et patrons réussirent à comprimer les coûts et introduire la précarité en France. Depuis dix ans l'industrie perd des emplois stables, les services créent des

* 17 à 27 % du SMIC plus 535 à 1 580 francs de l'Etat selon l'âge.

** On estime à 27 000 créations nettes d'emplois de jeunes le résultat du dispositif emploi-jeunes depuis 1986, autrement dit rien. Par contre, le coût de ces multiples exonérations (25, 50 ou 100 % des charges) est énorme : 9 milliards par an. Echec total du « plan Séguin ». Le « plan Soisson » lui, prévoit des SIVP à mi-temps. Du 600 francs par mois. A ce prix-là, on ne voit pas qui ne pourrait s'offrir son SIVP.

emplois instables. L'avenir c'est l'intérim, le travail à temps partiel, les contrats à durée déterminée, le travail saisonnier, les *quasi-emplois* (stages ou autres), notion fraîchement apparue chez les experts. L'emploi précaire représente deux embauches sur trois. Les experts observent avec gourmandise la naissance de ces métiers atypiques qui oscillent entre le chômage et l'activité et fonctionnent selon la logique du contrat commercial et non celle du contrat de travail, réservés aux jeunes et aux femmes, misérablement couverts pour la maladie ou la retraite.

Les entreprises découvrent, ravies, la gestion périphérique de la main-d'œuvre, la sous-traitance, les contrats temporaires. La moitié des créations nettes d'emploi en 1988 sont fournies par l'intérim[8]. L'intérim et le précaire permettent de gérer sa main-d'œuvre en « flux tendus », à la japonaise. Sans délais, sans stocks. Mieux : l'intérim casse le monopole de l'ANPE, lequel est la *garantie de l'égalité des travailleurs devant l'emploi*. Il pré-sélectionne. Il réalise un pré-marchandage. Les entreprises découvrent surtout la manne publique. En 1988, la Direction de la prévision estime l'économie réalisée par les entreprises, au plus bas, à 44 milliards pour 720 000 jeunes « traités ». Même si ces chiffres sont minorés, cela fait tout de même un cadeau de 5 000 francs par tête de SIVP. Un cadeau royal. Pour chaque SIVP taillable et corvéable, l'entreprise reçoit un cadeau correspondant au SMIC.

La Grande-Bretagne est très vite tombée sous les charmes du travail précaire, mal payé, l'équivalent de quelques canettes de bière. Un salarié sur quatre est un précaire, une salariée sur deux. C'est aussi le modèle américain, que connaîtra bientôt la France : gardiens de parking, policiers privés, concierges, et prolifération de serveurs de restaus-pouce. A propos de l'emploi précaire, le gourou Lester Thurow, professeur au Massachusetts Institute of Technology, ex-conseiller de la Maison Blanche, remarque qu'aux Etats-Unis, « d'ici à l'an 2000, moins de la moitié des salariés des firmes américaines seront *des hommes blancs comme moi*[9] ». Il veut dire que l'essentiel sera composé de femmes, de Noirs et d'hispanophones.

Paresse

> « Nous travaillons avec ardeur » 4e commandement des compagnons du Minorange.

Après la rengaine des cotisations patronales écrasantes et la complainte de l'égalité qui tue l'initiative, les patrons ont saturé les ondes d'une troisième chanson (par la bouche d'un marchand de biscuits) *, celle du travailleur paresseux. L'indolent Français. « C'est extraordinaire les *gisements de productivité* qui existent en France ! » glapit le fabricant d'obèses. « Gisement de productivité » est aussi une expression affectionnée de la gauche, saint Jacques Delors l'utilise sans cesse, sans oublier Jack Lang avec ses « gisements de productivité culturels ». C'est une expression qui parle : à gisement, exploitation minière. Du travail taillé dans la veine.

Donc la France est paresseuse. Ayant judicieusement noté que les chiffres ne voulaient rien dire et que son échantillon n'était pas représentatif, le roi du biscuit déverse quelques tombereaux statistiques pour conforter tous les clichés accumulés sur le travail par des générations de biscuitiers. Allons-y. Le privilégié du tri postal, le conducteur de loco qui ne conduit que sept cents heures par an, le fonctionnaire parasite, Renault véritable gabegie, EDF-SNCF les superplanques et les bastions du parti communiste... Ah ! le paradis de l'Education nationale, ce Club Méditerranée où se prélassent des millions de fonctionnaires (et encore le faiseur de cholestérol omet-il cet Eden sexuel qu'est l'enseignement supérieur). Les PTT : qui sait pourquoi les PTT ont toujours fait l'objet d'une haine particulière. Ainsi, au tri,

* Victor Scherrer, *La France paresseuse*, Seuil, 1987.

« on prend son service avec dix minutes de retard, on discute un peu, on s'installe[10] ». Abominable. Peut-être même échange-t-on des sourires. L'ANPE : incapable de placer des chômeurs, ce qui est pourtant à la portée de tout le monde. « A quoi sert l'ANPE si le nombre de chômeurs augmente !? » C'est ce que bramait aussi en son temps l'oracle Stoleru : « Qu'attend-on pour fermer l'ANPE[11] ? » Un froncement de sourcils pour l'intouchable lundi de Pentecôte, sacré pour les « Italiens, *Belges* et autres Latins » *(sic)*, un petit macaronisme, *panem et circenses*, et on conclut sur le Français qui travaille beaucoup moins que l'Allemand. Or l'Allemand, c'est le livre qui le dit ailleurs, *travaille moins que le Français* (1 708 heures par an contre 1 763), *prend chaque année plus de jours de congés que le Français* (44 contre 36), *a un taux d'absentéisme équivalent* (7 %). Et pourtant, il a le plus gros commerce extérieur du monde. Plus gros que celui du Japon. On en conclura que l'Allemand, qui fait mieux que le Japonais en travaillant deux fois moins, est deux fois plus malin. Ou tout au moins, c'est la définition même, deux fois plus productif.

La paresse, qui n'est pas fatalement une « pente naturelle pour le Français », fut hélas encouragée par la funeste réduction de la durée du travail du gouvernement Mauroy, funestement coupable surtout de croire en des experts annonçant la croissance et une compensation mécanique entre heures supprimées et emplois créés. L'éminentissime spécialiste du travail Dominique Taddei, auteur d'un rapport qui est un sommet de contorsionnisme cérébral[12], reconnut — un peu tard — que la réduction du temps de travail, isolée, n'améliorait pas l'emploi. En revanche, elle le pouvait si elle était accompagnée d'un allongement de la durée d'utilisation des équipements.

Apparente aporie : il suffit que tout le monde se succède à la machine, d'organiser une sorte de mouvement perpétuel, un vibrionnisme infernal, 24 heures sur 24, et d'exploiter enfin ces « immenses gisements de productivité qui dorment au cœur du travail ». Pierre Dac en son temps proposa de récupérer la « houille dormante », l'énergie diffusée par les Français durant leur sommeil. Ici c'est moins drôle : c'est, tout simplement Taylor, rebaptisé « aménagement du temps du travail ». C'est la 151ᵉ et ultime loi du gouvernement Fabius, la loi Delebarre.

Comment faire pour que les machines soient utilisées en continu ? Comment lutter contre les creux, les trous, les porosités ? Comment rendre le travail plus malléable, plus flexible ? Aménager et individualiser le temps de travail. Horaires variables, flexibles, souples, flottants, à la carte. Temps mobile, jours variables, horaires décalés. Autorégulation des caisses des supermarchés par les caissières elles-mêmes, petit miracle de l'auto-exploitation. *Job-sharing, job-splitting*. Travail à domicile, travail à temps partiel. Et enfin, retraite à la carte.

Perdre sa vie à la gagner.

Juste-à-temps !

Outre la malléabilité et la mobilité, en net progrès depuis une demi-décennie, on découvrit un second moyen d'économiser du temps, le juste-à-temps, le JAT, l'organisation du travail à la japonaise.

Le JAT est présenté comme une conséquence de l'introduction des nouvelles techniques fondées sur la diffusion des semi-conducteurs, et plus généralement des procédés informatiques, qui autorisent une division du capital technique, une délocalisation des tâches, et une très grande mobilité du capital. Au laminoir et à la chaîne de montage, succède le petit atelier flexible et informatisé.

Le JAT est une vieille lune. C'est la flexibilité parfaite du travail adaptée à celle du capital, c'est-à-dire, exactement, le *néo-taylorisme*. A chacun son Taylor : à la chaîne de montage le travail en miettes, la séparation de la conception et de l'exécution, les méthodes, le chronomètre, l'agent de maîtrise. A l'atelier automatisé ou semi-automatisé, le JAT.

Le JAT fut inventé par Toyota. En réalité il fut recopié et

réaménagé à partir du système inventé par Henry Ford pendant l'entre-deux-guerres. Contrairement à une idée reçue, la caractéristique essentielle de Ford n'est pas le fordisme mais le taylorisme. Ford fut le grand applicateur de la chaîne de montage qui, déjà, répondait à une recherche d'économie de temps. Mais la chaîne de Ford est à l'atelier de Toyota ce que le chevalier de Marignan est au soldat moderne : un monstre de pesanteur. Lorsque le patron et les cadres de Toyota partirent étudier le système Ford après-guerre, la productivité japonaise était environ dix fois intérieure à la productivité américaine. Au milieu des années soixante elle était encore deux fois moindre. C'était un temps de grèves d'une durée et d'une violence inconnues en Europe. Les Japonais réussirent à mettre leur main-d'œuvre au pli. Sans shintoïsme, féodalisme ou autres japoniaiseries.

Ils remarquèrent que le système Ford reposait sur des stocks énormes, en amont et en aval, matières premières et produits finis. C'était la condition de la fiabilité de la chaîne : si un des maillons, ultra-spécialisés, sautait, on avait le temps de réparer. Le système fonctionnait pour l'offre, toujours sûre d'être écoulée. D'immenses stocks de voitures attendaient la promotion commerciale et la vente. Tant bien que mal, la demande absorbait. Les Français avaient adopté le système Ford, à une restriction près : ils montrèrent encore plus de mépris pour leur main-d'œuvre que les Américains, et allèrent démarcher avec fifres et tambourins des Marocains qu'ils installèrent sur les chaînes de montage. Comme cette main-d'œuvre était désemparée et rurale, on la corseta à qui mieux mieux dans des cadences ultra-précises, surveillée par une maîtrise hargneuse et pléthorique. Ce fut le style automobile à la française. Citroën s'y fit une réputation.

Découverte du JAT. On inverse les choses. On ajuste au plus serré la production à la demande. Vingt ans de tâtonnements, et les Japonais en arrivèrent aux « zéros olympiques » : *zéro stock, zéro délai, zéro panne, zéro défaut,* et surtout, surtout, importantissime, sans quoi le système ne marche pas, *zéro grève.* S'adapter à la demande exige une flexibilité et une mobilité que ne permettent pas la grosse chaîne, ni la séparation rigoureuse entre métiers. Souplesse et polyvalence des actes, recherche de la qualité et autocontrôle. Fini le geste machinal, défini par des experts et contrôlé par des vigiles. Vive le cercle de qualité. Le zéro défaut exige la prise en charge de la production par l'ouvrier à tous les stades. *C'est la plus fantastique auto-exploitation que jamais n'osa rêver capitaliste,* à laquelle on ne pouvait penser il y a seulement dix ans. En vérité, c'est le stade ultime de l'exploitation. C'est l'autocensure obsessionnelle, la surveillance de ses propres gestes, de ses mouvements, de son corps. Se presser, se comprimer, se presser encore, se fouetter, s'aiguillonner. Grappiller quelques secondes de plus. Le stakhanovisme, le vrai. Pas les records staliniens truqués, mais le surtravail offert en prime du travail, donné, là, enfin sous nos yeux. Il y eut le travail forcé, l'esclavage, très peu productif, puis « le grand progrès du travail libre » (Marx), duquel on extrayait la bonne épaisse plus-value qui cimenta l'accumulation. Enfin vint le temps de l'exploité qui s'exploite, d'une manière assez indécente, et qui eût peut-être choqué Taylor. C'est véritablement la dernière étape. Non pas le travailleur libre, mais l'enchaîné libre, qui fabrique ses chaînes et les agite en riant.

Stakhanov existe. Il est Japonais et travaille chez Toyota. « Toyota évoque le *Metropolis* de Fritz Lang. Il faut imaginer les usines Renault, aujourd'hui dispersées aux quatre coins de France et d'Europe, soudain rassemblées à Flins, et entourées par les usines des équipementiers et des sous-traitants[13]. » La suite : les ouvriers qui se précipitent pour aller sur les chaînes, se retrouvent le soir en dortoir, première étape d'une vie qui sera réglée par la firme, loisirs et obsèques compris. Autodiscipline de fer, chacun veillant à l'entretien des machines. Pas une minute de gaspillée, production en « flux tendus », chacun pouvant tout arrêter à tout moment, à la moindre anomalie décelée, l'atelier formant aussitôt un cercle de qualité spontané qui décortique le problème. On touche du doigt la nature du cercle de qualité : se contrôler et contrôler les autres. Autodénonciation, autocritique, délation. Quel maître, quel policier ne rêve de déléguer son pouvoir à la victime ? Peut-on imaginer chose plus inouïe ? L'auto-torture peut-être ? La victime pédalant sur la gégène ?

Enfin l'ouvrier déborde de bonne volonté, d'auto-exploitation et de plus-value. *Les ouvriers qui se déplacent le plus souvent en courant...* Taylor pouvait-il le concevoir ? Taylorisme volontaire, personne n'est rivé à la chaîne. Comme au temps des soixante heures des enfants dans la mine, la limite c'est l'épuisement du corps : consacrer assez de temps à la récupération et à la formation pour faire de la « qualité » le lendemain. On ne pourra aller plus loin. C'est la limite entrevue par Marx, le travail purement abstrait, « l'homme qui n'est plus rien, seulement l'enveloppe du Temps ». Enfin des androïdes au travail.

Pour la seconde fois, l'automobile étrangère impressionna fortement les experts et les patrons français, auteurs de rapports qui firent la doctrine de la gauche après 1981 : François Dalle, P-DG de l'Oréal ; Georges Besse, P-DG de Renault ; Antoine Riboud, P-DG de BSN. Même Jacques Calvet, peugeotiste musclé, comprit qu'il obtiendrait plus de ses prolétaires en leur laissant faire de la qualité. Approbation syndicale. Seule la CGT renâcle. Combat d'arrière-garde. Au Japon aussi, le travail fut exploité malgré lui avant de s'exploiter. Au Japon aussi il y avait des grèves. En France, la diminution des conflits laisse augurer que l'*autogestion* est en bonne voie. C'est ce qu'annonce le rapport Riboud[14], commandé par le RPR et bible socialiste, qui après un éloge de l'*économie cannibale* (« les nouveaux produits qui sans cesse cannibalisent les anciens ») et du *charisme entrepreneurial,* en appelle à la responsabilité syndicale, celle qui consiste à savoir ce que c'est que la rentabilité. En particulier, les salariés devraient mieux être formés à la statistique pour qu'ils puissent calculer leurs propres moyennes. Et sans doute les épingler à côté des fabuleuses courbes de croissance de leur nouveau lieu de culte.

Dans les années soixante-dix, les patrons caressèrent le rêve inouï de travailler, enfin, sans ouvriers. Tous les investissements de cette période furent de substitution : destinés à économiser du travail. Ils découvrent aujourd'hui qu'un ouvrier en cercle de qualité c'est mieux qu'une machine, et qu'en plus ça consomme. Yvon Gattaz n'en revient pas, qui songe au bon temps où la troupe gardait les puits. Les salariés font du supplément pour leur collectivité, leur entreprise. Indiscutablement *la nouvelle entreprise est socialiste.* On s'extraie tout seul sa bonne plus-value, on la porte en chantant, ou plutôt en courant. Vite, JAT !

Les yeux mouillés, les adorateurs du JAT parlent d'esprit de groupe, de retour du travail authentique, du métier, de l'artisan, et, allez, disons-le, de l'artiste. Revoilà la corporation, le compagnonnage. Le constructeur de routes Jean Lefebvre intronise des « maîtres ouvriers », pour que « les bons deviennent meilleurs ». Chez le constructeur de routes Bouygues, c'est l'ordre du Minorange. Les maîtres ouvriers sont recrutés parmi des volontaires. Rituel, remise de diplômes, obéissance, discipline, transmission du savoir et chef-d'œuvre : un mètre cube de béton. Après ça, les compagnons partent bâtir des cathédrales : la monstruosité d'Houphouët-Boigny à Yamoussoukro, et celle d'Hassan II dans la banlieue de Casablanca.

A part celui — immédiat — de liquider la contestation syndicale, ces fariboles ont l'avantage de montrer les limites et l'absurde du JAT et du cercle de qualité : on peint un arbre sur un mur pour faire chanter les oiseaux. A Saint-Just-Chaleyssin, près de Lyon, on a construit l'usine de yogourts la plus moderne du monde. Qu'y voit-on ? *Rien* justement. « Toute la préparation du produit a été automatisée. Les savoirs nécessaires portent sur la conduite d'automates. On ne touche pas et on ne voit jamais le lait. Le lait, qui ne rencontre jamais l'air libre, depuis la traite électrique jusqu'à l'ouverture d'un yogourt par un consommateur, ne rencontre jamais, non plus, l'homme[15]. » Dépossession totale de la matière du travail. Dématérialisation de l'acte de travailler en tout point semblable à la dématérialisation monétaire, où l'on ne sait plus quel argent paie quoi.

Cette aliénation sublime où l'homme est non seulement dépossédé de son travail, comme le voulait le vieux père

Marx, qui décidément, apparaît bien timide et rêveur avec le recul, mais où *l'homme n'a même plus le droit de toucher ce qu'il produit,* a fini par déprimer les ouvriers et inquiéter les dirigeants. De sorte qu'à Saint-Just-Chaleyssin, on a décidé de *compliquer* les tâches rendues trop simples par l'automation, pour permettre aux ouvriers de jouer à travailler, de faire semblant de s'activer. A Saint-Just, personne ne sait s'il fabrique de la bière, des yogourts ou autre chose. Transformer le lait fut pourtant une vieille activité humaine, maintenant réservée aux machines, lesquelles, note le rapport, « aboutissent à un produit d'un goût différent du produit traditionnel ». Il est à craindre que le futur vin automatisé possède aussi un goût différent. Mais il faut espérer que, d'ici là, des robots sauront le goûter.

Les oracles rêvent de généraliser le JAT et le cercle de qualité. Tout système perméable au concept de marché l'est au JAT : l'atelier est client d'autres ateliers et offreur pour d'autres ateliers. L'efficience de chacun réalisera l'efficience de la collectivité. Surtout, le JAT et le cercle de qualité devraient pénétrer l'administration. « Il faut que les usagers des services publics soient considérés comme des clients », déclare Michel Rocard, qui ajoute : « Je précise : client, au sens où c'est le client qui a toujours raison. » On avait compris.

Le JAT et le cercle de qualité, c'est Sade. Avec une imperceptible différence : le marquis raconte déjà le taylorisme, mais jamais n'envisage la soumission des victimes. Lorsque Juliette est chez Francaville, elle est fascinée par l'extrême division du travail : on sodomise trois cents fois en deux heures, les petites mains d'OS étant celles d'enfants qui préparent les bielles et les tubes de l'infernal jeu de pistons, « le tout avec une légèreté et une promptitude dont il est impossible de se faire une idée ». Les victimes sont toutes du Lumpen. Ce sous-prolétariat est sodomisé réellement et métaphoriquement, selon une technologie taylorienne. Productivité sadique : « On établit sur le petit peuple toute la vexation... sûrs de retirer des sommes de plaisir d'autant plus fortes que la tyrannie aura été mieux exercée. » C'est le JAT du libertin. Mais les victimes refusent, gémissent, souffrent et meurent. « Que sont-elles quand nous sommes là ? » exulte le libertin Francaville.

Certes, elles ne valaient rien. Comme le travail exploité chez Marx. Mais au moins, celui-ci avait-il un avenir.

Le culte de l'entreprise

Tout ce que les sciences sociales et économiques comptent de laudateurs chante et prie pour l'entreprise. Surgissent des anthropologues d'entreprise, des philosophes d'entreprise, des prêtres économistes d'entreprise*. Des mythologues d'entreprise. Des historiens d'entreprises. Lieux d'entreprises, images, rites, récits, attitudes, sagas d'entreprises. Depuis celui qui fondit sur le couple il y a une vingtaine d'années, jamais un tel déluge n'était tombé. Concepts, articles, notes, livres. Les vieux gourous reprennent du collier. Les utopistes découvrent des « lieux » pour ce qui n'est nulle part. La génération socio-cul, vague mélange de CAMIF-consumérisme-macluhâneries, y trouve ses marques. Les derniers résidus de 68 réalisent enfin leur conversion. Nouvelle culture d'entreprise, nouvelle citoyenneté. « Rêve de flexible », pour parler comme M. Auroux, qui songe à un « honnête homme, maîtrisant quelques rudiments d'économie, de droit social et de communication ». Bref, le superficiel parfait, l'anti-honnête homme[17]. La culture d'entreprise, en l'espèce, sera celle de « soldats économiques », pour lesquels le but principal sera la « conquête de marchés », « la médaille de l'exportation sera comparable à la croix de guerre », et tout du même sel.

On regrette presque le bon vieux paternalisme, l'entreprise qui est une famille, le syndicat maison, l'économat, l'arbre de Noël, le cadeau de mariage et le harcèlement sexuel. Heureusement, sorti par la porte, il rentre par la

* Authentique. Les jésuites, évidemment. Voir, par le père Philippe Laurent « l'entreprise éthiquée[16] ». Ah ! La tradition des économistes-curés ! Le père Mariana, l'abbé Baudeau, salonnard émoustillé... L'abbé de Condillac... L'abbé de Saint-Pierre...

fenêtre, au nez et à la barbe des oracles, qui n'ont même pas remarqué que Toyota c'était pire que Michelin et son centenaire « esprit maison ». Le paternalisme japonais offre des possibilités de productivité inouïes, ce que n'avait jamais su réaliser le paternalisme européen. « Toyota ne manque jamais de réaffirmer son attachement à l'harmonie entre les hommes », gémit amoureusement le professeur de management Galambaud. « Ses voitures sont avant tout des actes d'amour à l'intention du monde entier... » Il n'y a pas de famille sans chef de famille. Et le chef de la famille « entreprise », c'est le président. Relations personnalisées, visites fréquentes dans les ateliers, petits cadeaux, mots aimables, « et tout ça *sur un ton modeste*. Le discours du chef, c'est d'abord le discours d'un sage, qui félicite, qui fait la morale, qui indique le sens à prendre[18]... ».

L'entreprise citoyenne et membre de la société civile est la dernière calembredaine de la philosophie patronale, à côté de la chimie maternant l'environnement, du nucléaire mécène, des cigarettes défenseurs du sport et des poumons et des voitures tout terrain protectrices des vingt derniers Touaregs. Le secteur qui a le mieux ingéré le néo-paternalisme, la société civile, la nouvelle citoyenneté, le néo-taylorisme et certainement le nouveau droit de cuissage, indiscutablement le secteur en pointe, ce sont les services. Et dans les services, l'hôtellerie. Ainsi Novotel, adepte du « zéro souci » pour le client. Comment garantir, à tout moment, le sourire de l'employée ? Novotel, pour chaque tâche, définit des « boulons ». La tâche enregistrement des clients comporte huit de ces « boulons » : de l'obligation d'être debout pour recevoir le visiteur jusqu'au sourire. Le parcours du client est jalonné de soixante-dix boulons. Une brigade d'inspecteurs rôde dans le Novotel et vérifie le serrage des boulons[19]. Les experts espèrent bien codifier un peu plus précisément la parole et la gestuelle des OS du sourire. Hippopotamus, McDo, le Club Méd, Aqualand, Mirapolis et autres bagnes à loisirs, excellent dans ce genre de formation pour un personnel dont le *turn-over* est effrayant. Les dirigeants de Novotel pleurnichent que « l'esprit de service se délabre en France ». La servilité n'est plus ce qu'elle était. Mais la vieille haine du travail, elle, est bien là, dès qu'on gratte un peu les « citoyenneté », « cité », « modernité », « nouvelles règles relationnelles » et *success-stories* d'entreprises. Le culte de l'entreprise, ce sont les entrepreneurs exaspérés par leur propre incompétence et qui parlent jusqu'à la nausée de culture pour faire oublier leur nature. La seule liberté fondamentale de l'entreprise, « c'est la liberté fondamentale de gérer *nos* effectifs comme *nous* l'entendons », clame haut le propriétaire Perigot. *Et il a raison.* C'est ça.

A vrai dire, ils ont tout : ils voulaient le droit de licencier, ils l'ont ; ils voulaient une main-d'œuvre au rabais, ils l'ont ; ils voulaient « un fort volant de chômage », ils l'ont ; ils voulaient un vrai marché financier, ils ont le Matif le plus performant du monde ; ils voulaient la flexibilité, ils l'ont ; ils voulurent des subventions, ils en eurent des montagnes ; ils ne voulurent plus du plan, on le leur supprima. Avec les meilleurs ingénieurs du monde, ils sont allés partout. Au Japon, en Allemagne, aux Etats-Unis. Ils ont fait venir des consultants de partout. Ils ont pleurniché pour qu'on les laisse pratiquer des OPA, maintenant ils pleurnichent pour qu'on les protège des OPA. Demanderaient-ils une deuxième révocation de l'Edit de Nantes, qu'on hésiterait avant de la leur refuser. Ils sont nus. Ils sont seuls. Ils n'ont rien qui puisse leur être opposé. Le seul reproche qu'ils peuvent faire aux salariés, c'est de leur demander du travail. On attend. Ils préfèrent bavarder sur la culture d'entreprise. Ils ne peuvent plus cacher leur incurie derrière la chape de plomb syndicale : même Krasucki leur rirait au nez.

Paléontologie syndicale

A culture d'entreprise, syndicat *made in Japan*. Le nouveau syndicat approche, le vieux s'efface. On regrettera ces pachydermes.

Le syndicat est vraiment une espèce menacée : moins de 10 % d'actifs adhérents en France, le plus faible taux de syndicalisation en Europe, de très loin*. Dans le privé, en l'espace de six ans, de 1980 à 1986, le taux a chuté de moitié, de 10,9 à 5,6 %. Et lorsqu'on sait que dans ces 10 % il faut compter avec les agriculteurs qui sont sursyndiqués (22 %), les professions libérales, cadres supérieurs et cadres moyens (14 %), on voit ce qui reste pour les ouvriers : moins de 8 %. Une misère. Comme le football, la prêtrise et l'alcoolisme, le syndicat est réservé aux mâles. Pratiquement pas de syndiquées.

Dans ces miettes, la CGT tient le paquet : le tiers environ. Elle est en très forte régression, mais conteste les chiffres du CREDOC (Centre de recherches pour l'observation et l'étude des conditions de vie). Elle leur préfère ceux de l'INSEE, et surtout ceux de la CGT. D'ailleurs, elle ne publie plus aucun chiffre, estimant que la réalité est beaucoup plus réaliste. La foi militante connaît un net regain. C'est aussi ce que dit Mgr Decourtray. En vérité, la baisse des effectifs et des cotisations est tellement grave que le chômage frappe la CGT. Par vagues successives, elle réduit le nombre de ses permanents. Quant aux ouvriers, déjà dépassés par les cadres, ils sont sur le point de l'être par les employés ; ce qui ne tempère pas la pureté de la ligne et l'analyse de classe de la Confédération. La pureté est d'ailleurs garantie par M. Krasucki qui se succède à lui-même, après que M. Viannet eut été écarté parce que trop proche de M. Krasucki.

La situation de la CFDT est encore plus désiroire. Le dernier congrès, fertile en batailles exacerbées de courants, typiques de celles des groupuscules, comme s'il s'agissait d'autre chose que de partager des rogatons, vit le triomphe de la ligne Kaspar. La ligne est paraît-il moins précise que celle d'Edmond Maire, dont personne n'a jamais vraiment pu suivre les circonvolutions. Après avoir barboté dans la soupe autogestionnaire, la centrale remonta au front de classe, puis décréta son propre ringardisme, et s'apprête enfin à succomber au terme d'une autoflagellation forcenée.

* 80 % au Danemark, 70 % en Belgique, 45 % en Italie, 43 % en RFA, 35 % en Grèce, 28 % en Grande-Bretagne, 28 % en Espagne.

C'est la doctrine dite de l'hyperréalisme : le syndicat voit trop bien ses propres défauts, ne cesse de dénoncer les syndicats et de crier à sa disparition prochaine. Bonne théorie, puisqu'en pratique la CFDT est en voie d'extinction.

En dix-sept ans, M. Maire a pu être soixante-huitard, autogestionnaire, unitaire, révolutionnaire, anti-unitaire, moderniste, collaborationniste, front de classe puis « ouverture sociale ». Il a flirté avec les trotskistes, le PC, le PS, VGE, M. Barre, puis le CNPF. Il fut pour l'échelle mobile, pour la relance, pour la rigueur, pour la deuxième rigueur ; pour la flexibilité de l'emploi ; bien entendu pour une nouvelle conception de l'entreprise, « nouvelle culture de l'entreprise », etc. Et il termine en beauté en décrétant : « La vieille mythologie syndicale selon laquelle l'action syndicale c'est la grève, cette mythologie a vécu. » C'est sûr. Un capitalisme sans grèves, c'est encore mieux qu'un capitalisme sans travailleurs. Et le bonjour des mineurs de Sibérie et de la forge de Peugeot.

C'est l'homme des petites phrases, des remarques assassines, surtout pour la CFDT. Des demi-mots et des demi-teintes. Il fréquente peu la base, n'aime pas les rivaux, notamment le conversionniste Chérèque. Comme tout contestataire, il déteste la contestation. Il fut heureux à la tête de la CFDT, ce que le syndicaliste Pernot traduisit ainsi au congrès qui désigna son successeur : « Le capitalisme ? Pas si mal que ça à vivre entre gens de bonne compagnie ! »

Côté FO, on ne peut pas dire que l'on péche par excès de doctrine, ni que l'on prenne les vessies pour des lanternes ou les gardiens de prison pour la classe ouvrière. (Il est vrai que dans la pénurie grandissante d'ouvriers, il faut bien racler les fonds de tiroir : la CGT ne se priva pas d'appuyer la grève des pilotes, qui gagnent en moyenne une fois et demie le salaire d'un ministre.)

Tandis que M. Bergeron regrette que M. Rocard « ne le reçoive qu'une heure, alors que M. Pompidou le recevait quatre heures » — toute la philosophie sociale de FO — M. Maire évoque le vague danger d'une vague Europe sociale — comme si les syndicats hollandais, allemands ou anglais, attendaient l'adoubement de la corpusculaire CFDT. Et M.

Krasucki annonce un développement des luttes de masse « tous azimuts ». Précisément, côté patrons, le vice-président du CNPF, M. Guillen, s'inquiète de ce qu'à force de vivre avec le chômage, les salariés ne le redoutent plus et deviennent, formule infiniment délicate, « grévo-positifs ».

Le syndicat nouveau est arrivé

L'un des conflits marquants de 1988 fut celui de l'imprimerie Didier, mené par le sinistre Syndicat du livre, le fossoyeur de la presse de la Résistance, qui traîne à ses basques les fantômes des petits (et plus gros) journaux qu'il a successivement assassinés. Au nombre de coups de couteau dans le dos, ce syndicat méritait bien de finir poignardé par un ancien syndicaliste du livre, Didier, devenu patron des imprimeries du même nom. Malgré les hurlements du cégétiste Lancry : « Ça va continuer ! Ça va finir comme le Viêt-nam ! Ce type doit tout à la classe ouvrière... » Didier sait comment traiter les bureaucrates : un chèque. Tous le prennent. Et pour les gros bras, les nervis, les matraques et les balles de caoutchouc. Le Syndicat du livre a joué le clip du vieux conflit ouvrier, le simulacre de la lutte finale. Après un chemin semé de cadavres de plumitifs, il crève dans le théâtre, tué par l'un des siens.

Même ambiance de fin de combats à la mine de Gardanne, puis à la RATP en automne 1988. Les derniers feux du syndicat. Place aux indéfinissables coordinations. Très symptomatique la « grève » Gillette de septembre, où réapparaît la sympathique CFDT, acoquinée à la guillerette CGC. En fait, pour la première fois dans l'histoire syndicale, il s'agit d'une *anti-grève*, une grève pour obtenir un accord de non-grève, une réduction des avantages sociaux et une réduction de salaires. Les salariés offrent une plus grande flexibilité de leur travail et envisagent une opération immobilière pour acquérir le capital fixe de leur employeur. Dans une réclame peu banale parue dans les quotidiens, on lit : « Que doit faire le gouvernement de la France lorsqu'une firme étrangère choisit la stratégie du pillage sur son territoire ? » Suivent une trentaine de lignes où revient onze fois le mot « France » avec celui de « rentabilité ». Finances et Marseillaise. Quatre jours plus tard (le 20 septembre 1988), la CFDT récidive sur le thème « Vive la rentabilité des PTT ! ». Elle rappelle que les PTT c'est du commerce et du chiffre d'affaires, donc qu'il faut couper le cordon ombilical avec les Finances et que le ministre des PTT doit maîtriser son budget. On a compris : appel haletant à la privatisation.

De l'autre côté du Channel, même évolution, avec un petit coup de pouce du gant de fer. Le congrès annuel des trade-unions consacre la rupture entre syndicalistes à l'ancienne et pop-managers-syndicalistes. Défaite des mineurs et de leur roi Scargyll, exclu de la direction ; 180 000 adhérents en 1984, la moitié aujourd'hui. Mais surtout, exclusion des électriciens, coupables d'avoir passé des accords anti-grèves avec les employeurs. Leur patron, Erik Hammond, très new-look, explique qu'un syndicat, c'est comme une entreprise : la rentabilité, la compétitivité. Les électriciens sont propriétaires de leur maison, épargnent, achètent des actions des privatisées, et « font preuve d'un grand enthousiasme pour le système du marché ». Hammond lutte contre le monopole de la représentativité syndicale : on n'est jamais si bien servi que par soi-même. Il souhaite un syndicat plus tourné vers le « service aux adhérents », services de gestion financière notamment. Le Syndicat des électriciens réussit un joli coup en Bourse, revend juste avant le krach, achète un château pour les syndiqués.

De son côté, le syndicat américain délaisse le racket et s'oriente aussi vers le service. Il crée la bien nommée Compagnie des privilèges syndicaux. « Nos adhérents profitent d'une carte de crédit offrant des avantages considérables, dit Lane Kirkland, président. Moins d'intérêts sur les débits. Nous offrons aussi une agence de voyages à prix réduits, des services d'assistance en cas de divorce, de rédaction d'un testament ou d'acquisition d'un appartement. Enfin, nous produisons nos propres programmes pour les chaînes de télévision[20]. » Sans doute possèdent-ils leur réseau de supermarchés. Peut-être même affrontent-ils des syndiqués au sein de leur syndicat. Au Canada, la Fédération des travailleurs du Québec, devant l'incapacité des banquiers, a eu l'ingénieuse idée de constituer un fonds pour sauver les PME en difficultés. Désormais, les syndicats prêtent aux patrons pour les aider à exploiter. En France, les choses sont en bonne voie. Toujours en pointe, la sympathique CFDT, à la recherche des sempiternels gisements de productivité. « Le seul gisement de productivité qui subsiste, c'est la motivation du personnel », dit le secrétaire confédéral Charpin. Quant au secrétaire général Kaspar, il avoue qu'il ne peut pas soutenir n'importe quelle revendication « sans s'interroger sur les conditions économiques de sa *faisabilité* », barbarisme anglo-saxon qui montre sa bonne volonté et sa compréhension de la contrainte économique. Service minimum dans le secteur public envisageable ? Le gouvernement aurait tort de s'en priver, puisque selon un sondage, les salariés du secteur public, à 70 %, y sont favorables.

Et si la nouvelle race des condottieres se trouvait dans les syndicats ? Si le nouveau ferment entrepreneurial germait dans la tête du secrétaire général Kaspar ? « Nouvelle culture économique », « culture d'entreprise »... Toutes les raisons de sortir son revolver sont dans les clichés alignés par le secrétaire général Kaspar 'A côté, le patronat paraît un peu obsolète. Lors de leur dernier forum, les comités d'entreprise firent un tabac en matière de communication. Les CE espèrent bien tirer les syndicats vers les nouvelles techniques de pointe. L'entreprise fonçant dans l'exhibition médiatique, il n'y a aucune raison que le syndicat se laisse distancer. Des séminaires « d'action, d'immersion et de risque » sont organisés pour des apparatchiks. Entre la compagnie d'assurances et le Club Méditerranée, le syndicat nouveau est arrivé.

Curieux que certains s'inquiètent encore du syndicat (le chef Perigot par exemple, qui, décidément *dépassé*, fait un peu SFIO sur le tard) ou piétinent encore un cadavre dont il ne reste que le squelette, l'appareil, le plus simple appareil. Croire au « lobby syndical », au « toujours plus », c'est un peu croire à la lutte des classes : seuls quelques patrons y croient encore. L'instinct ? Le danger est ailleurs — certainement pas dans le syndicat, dont un auteur notait déjà il y a vingt-cinq ans, à la veille d'un fantastique mouvement social, « l'ardeur pour participer à la solution des problèmes de production[21] ». Le danger est dans les banlieues du globe.

11.

Un pauvre vient de naître

> « — Des malheureux mangeraient ces restes ! dit Olympe.
> « — Il n'y a pas de malheureux sur la terre quand nous existons, répondit Francaville » Sade, *Histoire de Juliette.*

> « Y a-t-il une satisfaction à être le peuple le plus gras ? » George Bush.

VERS 500 avant J.-C., Cléomène de Sparte combattit violemment à coups d'oracles Clisthène, fondateur de la démocratie athénienne. Chacun s'efforça de suborner les devins, puis de justifier les prévisions *a posteriori,* puis conseilla provisoirement de ne plus leur faire confiance.

Quinze ans après la conférence de Bandoeng (1955) qui marqua l'acte de naissance du tiers monde, l'*American Economic Review* s'amusa à compiler les productions économiques par thème. Celui du sous-développement apparaissait encore très « porteur », recueillant les meilleures signatures. Revirement : la tendance récente est à la défiance des experts. C'est probablement le seul domaine — *par force,* parce que les faiseurs de miracles ont trop évidemment échoué — où les oracles critiquent aujourd'hui les oracles. Mais la reconversion fut rapide. Après s'être fait embaucher comme conseillers en théorie et modèles de développement, les voilà de retour comme conseillers en pragmatisme et laisser-faire.

Il est difficile d'imaginer la quantité de modèles et de concepts qui furent produits, enveloppés et livrés à destination de pays trop avides d'apprendre les lois de l'enrichissement. Là-bas, pas de censure pour la langue conseillère teintée de picotements exotiques. A l'image des paquebots de béton abandonnés çà et là, des caisses de matériel rouillé pour technopoles sans techniciens, instituts sans étudiants, aéroports sans avions pour avions sans pilotes, les innombrables rapports savants émerveillèrent puis accablèrent de leurs poids des élites intellectuelles mort-nées, à peine respirées les pages grises de la science blanche.

Le colloque à Mexico, Manille ou Nouakchott attire encore le chaland. Mais le ton a changé. L'expert plaide la discrétion. Ayant traversé la ceinture des bidonvilles pour atteindre le centre, il sait que la pauvreté existe, et que la moitié sinon plus de la vie économique du pays qu'il visite lui échappe, complètement.

Les Yahoos

Le bidonville est au tiers monde ce que la Bourse est aux pays riches. Il est le reflet pouilleux du pays pauvre, le lieu du marché parfait, la jungle des humbles comme la finance est celle des riches. C'est la férocité et l'absence de lois qui caractérisent la Bourse, sauf celles, dérisoires, de la profession. C'est l'absence de lois et la férocité qui caractérisent le bidonville. Le bidonville exprime de façon criante ce que les experts nomment l' « économie informelle », non contrôlée, mal recensée. Combien représente-t-elle au Pérou ? 40 %, 50 % de l'économie, 60 % peut-être ? Au Burkina ? 70 %, 80 % ? L'économie informelle est une économie sauvage et sauvage est le bidonville. Sauvagerie dans l'appropriation du sol : ce sont les invasions qui font le bidonville ; on envahit le domaine public ou les propriétés privées mal défendues. A Lima les *serranos*, les miséreux de la montagne, occupent soudain à mille, deux mille ou plus, un morceau de désert.

Huttes de roseau. Quadrillage sommaire. Problème de l'eau, achetée à prix d'or aux camions-transporteurs, cette eau des tourniquets des pelouses des beaux quartiers. Problème du travail : sous-traitance des marchandises informelles (en clair : contrebande). Ateliers non déclarés pour ceux qui ont la chance de se faire exploiter, mendicité et assistance pour certains, disparition à brève échéance pour les autres. Ceux qui travaillent disparaissent moins vite, mais vite tout de même.

L'effort du secteur informel est extraordinaire. Travail énorme et salaires dérisoires. Les informels constituent la quasi-totalité du commerce de détail, l'essentiel des transports, bus et taxis. Ils créent des ateliers, des services, des écoles informelles, des banques informelles, des assurances informelles, et des pompes funèbres informelles. Dans les bidonvilles, le dur remplace peu à peu les bambous et la tôle. Les maisons sont construites avec tant de passion qu'elles sont à l'épreuve de n'importe quelle secousse sismique. C'est la « belle histoire » du bidonville, l' « enrichissement ». C'est l'exception. La règle, c'est le lynchage : dans la périphérie de certaines mégapolis sud-américaines, on enterre vivants dans le sable les voleurs de poules.

Ce sont aussi les « crocheteurs » de São Paulo ou de Manille. Le crocheteur, du nom de crochet utilisé pour fouiller les immondices, survit sur les dépôts d'ordures. Son espérance de vie est faible, du simple fait de la toxicité du lieu. Le crocheteur vient du *cortiço*, le taudis, qui est à la *favela* ce que la *favela* est au Hilton. *Favelas* (Brésil) et *pueblos jovenes* (Mexico, Lima) regroupent près de la moitié des populations urbaines. Swift a déjà décrit les bidonvilles et leurs habitants, dans l'Angleterre du début de l'ère industrielle, et les crocheteurs, les *Yahoos*, l'image la plus dégradée de l'homme : « C'était des bêtes très bizarres et difformes... Je n'avais jamais vu animaux plus répugnants... » Les femelles sont prostituées et contaminées. Hideux et misérables, les *Yahoos* sont méchants, cupides, haineux, malades, dégénérés. Ils se querellent sans cesse. Perpétuellement affamés, ils engloutissent des immondices. Ils ont « un étrange goût pour la saleté et pour l'ordure ». Déjà l'image d'Epinal du bidonville. Celle des Européens, et surtout celle des « élites » locales, petits-bourgeois, enseignants, fonctionnaires qui ont parcouru le Nord où ils ont acquis leurs diplômes, mais n'ont jamais visité un bidonville. Ils ont peur et haïssent les *Yahoos*.

Les *Yahoos* viennent de la campagne. Les Français extirpèrent la malaria de l'Algérie, et du même coup les colons. L'émancipation politique du tiers monde eût été impossible sans sa fantastique explosion démographique. En soignant les paysans mexicains, les Américains ne dépeuplèrent pas les campagnes : contrairement à une idée reçue, les campagnes mexicaines sont peuplées et actives. Ils créèrent un énorme surplus humain qui s'installa dans le septième cercle entourant le centre financier de Mexico. Juste retour des choses, vingt millions de Mexicains ont franchi la frontière américaine depuis cinq ans. La deuxième émancipation politico-économique du tiers monde est en route. Seuls quelques rêveurs croient qu'un quart de milliard de Mexicains et autant de Nord-Africains vont contempler, avec leur apathie légendaire, des pays gavés et vieillis. Les bidonvilles attendent leur heure. « De toute façon, le tiers monde ne pourra réaliser de progrès qu'en détruisant d'une manière ou d'une autre l'ordre actuel du monde [1] » (Braudel).

Experts du Nord, élèves du Sud

« Cent fleurs s'épanouissent, cent écoles rivalisent » Mao.

Il est délicat de crocheter dans le fatras conseiller du Nord. On tire des chapelets de théories et théories dans la théorie comme poupées dans les poupées ; on tire l'un après l'autre ces étranges jouets cassés, les « pays modèles ». Les pays modèles... Personne aujourd'hui qui ne ricane en évoquant le « modèle cubain »... Ou le « modèle algérien »... Les Black-Panthers, le pays phare... Il y eut un modèle yougoslave, un modèle péruvien, une expérience ivoirienne ; il y eut le cas de l'Allemagne de l'Est et celui de la Hongrie ; il y eut même un modèle roumain, un temps... Tous les socialistes français effectuèrent un pèlerinage à Cuba et à Belgrade, ceux-là mêmes qui rient plus fort et préfèrent parler de *miracles*, les quatre dragons, la Thaïlande, le miracle chilien qui se dessine, le miracle brésilien, sinon de la croissance, de la dévastation. Le miracle, par les temps qui courent, est un concept plus sûr que le modèle.

A tout seigneur tout honneur : l'expert de la Banque internationale pour la reconstruction et le développement dite Banque mondiale... « Ce n'est pas un homme, c'est une race, comme l'énarque ou le *civil servant* britannique. Sa nationalité est indéterminée. S'il parle anglais, c'est avec l'accent français et vice versa[2]. » Infinie patience, léger abus de dentales, politesse imperceptiblement excédée.

Il épouse avec souplesse la doctrine sinueuse de la Banque : industrialisation dans les années cinquante, agro-alimentaire dans les sixties, petites exploitations, tiers-mondisme et vague autogestion dans les années soixante-dix, bref retour aux industries industrialisantes, vite abandonné, puis libéralisme orthodoxe en 1980, que l'on feint de n'avoir cessé de prêcher. A partir de 1985, suivant le FMI, elle prône l'*ajustement structurel*, ce qui veut dire, mais c'est évident mon vieux, « ajuster la structure »... Aux dernières nouvelles, elle soufflerait le tiède : le retour à l'économie mixte, après le tout-Etat et le tout-marché. Doctrine héroïque. Dans tous les cas, elle reste alarmiste. L'un de ses plus célèbres tireurs de sonnettes fut Robert McNamara, fameux pour avoir gagné la guerre du Viêt-nam sur ordinateur une demi-douzaine de fois.

Tout de même, dans son dernier rapport, en juillet 1988, la Banque exagère un petit peu. Elle rappelle qu'il faut se méfier des doctrines et des modèles et qu'il convient d'être prudent, modeste et réaliste : « Rien n'est simple, surtout dans le tiers monde. » Se méfier des administrations. Quoique, parfois, l'Etat puisse intervenir comme catalyseur. On daube sur ces naïfs, comme le Nigeria et le Venezuela, coupables d'avoir cru en une croissance indéfinie du prix du baril, sur laquelle on mit soi-même ses oreilles à couper dans les années quatre-vingt. Quelques sempiternelles prévisions de croissance sempiternellement fausses, contestées avant que d'être publiées. On clôt sur le montant des dons de la Banque : un dollar par habitant pour 1988. En plus, en légère baisse paraît-il. Et pour la première fois de sa vie, la Banque a reçu plus qu'elle n'a prêté. C'est bien, la Banque.

Compère FMI, né également en 1944 sur les fonts baptismaux de Bretton Woods, destiné à l'origine à aider les riches, apparaît moins incohérent. La raison tient à l'homogénéité de l'institution (aux trois quarts américaine, contre 18 % pour la BIRD), à celle des experts, issus des banques centrales et grandes banques. Et au fait qu'il ne prête pas ou peu d'argent.

Première préoccupation, lorsqu'il « intervient » dans un pays : vérifier et apurer les comptes. En 1980, lorsque la question de la négociation de la dette, menée sous son égide, devint essentielle, l'état des créances apparut tellement compliqué que chaque pays pouvait espérer gagner quelques milliards de dollars en faisant nettoyer ses comptes par des conseillers financiers. Quelques banques (banques d'affaires françaises notamment) se spécialisèrent dans ce genre d'activités payées en somptueuses ristournes sur les fonds évanouis. Le FMI contre-attaqua au profit des banques prêteuses, et les premières négociations portèrent non sur l'échelonnement mais sur l'*évaluation de la dette,* à 10, parfois 20 % près (ce qui sur un total estimé à plus de 1 000 milliards de dollars conduit à des sommes raisonnables).

La doctrine du FMI ne varie pas : orthodoxie financière et, depuis 1980, super-orthodoxie. Equilibrer les recettes et les dépenses, l'épargne et les emprunts. Les deux derniers directeurs du FMI furent MM. de La Rosière et Camdessus. Le premier se fit remarquer par une extraordinaire transparence, le second se plut, tout en continuant à saigner les endettés et peu après avoir renégocié la dette du Cameroun (100 % du PIB), à dénoncer la « responsabilité effroyable des élites du tiers monde ». Il satisfit ainsi doublement à sa réputation de tiers-mondiste rigoureux, par opposition au dolorisme tiers-mondiste à la Dumont. « Les pauvres, dit-il à Berlin à l'automne 1988, lors d'une grande fête du FMI, souffrent pendant l'ajustement ; mais ils souffrent plus encore quand il n'y a pas ajustement. » Il connaît la souffrance. Les créanciers du Nord hochent la tête aux propos de l'ex-patron de leur club, le Club de Paris, association informelle qui réunit les prêteurs. Comme on lui fait remarquer que pour la première fois depuis vingt-sept ans l'aide publique au tiers monde régresse, le grand ajusteur ajoute : « Rien n'est plus mauvais qu'un mauvais usage de l'aide publique. » Nouveaux hochements de tête. « Mais il ne faut pas non plus que l'ajustement ait pour résultat de tuer le malade. » Bien que les ordinateurs du Fonds ne donnent aucune indication précise sur le dosage de la saignée — fallait-il le préciser — et qu'il n'ait aucune lueur sur l'avenir, il anticipe « quelques frémissements négatifs ». Un zéphyr sur le doigt mouillé.

A l'opposé du FMI, René Dumont par exemple, dont *Un Monde intolérable* est un catalogue tellement épouvantable des calamités terrestres qu'on ne doute pas que la fin de l'humanité survienne avant d'avoir achevé de lire, ce qui produit une sorte de jubilation. Le prophète Jérémie en son temps, lassé et honteux de l'opprobre suscité par ses jérémiades, finit par se taire. Ainsi se taisent les tiers-mondistes du courant apocalyptique, qui psalmodiaient les yeux au ciel leurs versets, après avoir été des maniaques de la productivité et des idolâtres de Borlaug, l'inventeur des blés à haut rendement. Tristement ils découvrent que les vétérinaires ont perturbé les équilibres : « Certaines épizooties sont enrayées, qui régulaient la quantité de bétail... Troupeaux pléthoriques, piétinement excessif, surpâturage, désertification, végétation broutée et désert[3]... » L'agronome, le vétérinaire et le médecin, les trois mousquetaires du tiers monde qui battirent les campagnes sous-développées pendant trois générations, gémissent maintenant à la désertification, à la surpopulation et aux catastrophes organisées par leurs homologues, experts en sols, cultures ou bétail. Celle du barrage d'Assouan par exemple, où la sur-irrigation détruisit la fertilité des terres, laquelle n'est plus qu'une légende comme la couleur rouge du fleuve — et bientôt légende la forêt tropicale, et légende dans la légende celles des gorilles et des Pygmées. Si grand est le désespoir qu'on en appelle même à la « vérité des prix », c'est-à-dire au libéralisme...

On découvre que si l'eau n'avait pas été gratuite, et les prix à la production artificiellement soutenus, la plaine du Nil n'aurait pas été détruite... C'est l'agonie du tiers-mondisme baba. Morale et physique.

A côté de cette pensée désertique, on trouve les multiples socialismes dont les modèles jonchent la planète de l'Algérie à la Tanzanie en passant par le Surinam. Et puis on trouve la variante « sous-développement » de la dérégulation et du monétarisme. Un friedmanisme vivant et coloré, *bananier* en quelque sorte. Mis en pratique par les *Chicago boys* au Chili et en Argentine. Après le coup d'Etat de 1973, la terreur militaire permit aux élèves des universités américaines de retour au pays d'expérimenter *in vivo* les lois de l'offre et de la demande exposées dans les manuels de Samuelson et de Hirshleifer. Connaissant la sérénité d'un expert du Nord visitant le Sud, on peut imaginer celle d'un *señorito* du Sud étudiant au Nord et revenant au pays. Comme beaucoup de naïfs qui crurent que libérer les prix suffit à créer une économie compétitive, les *boys* découvrirent que la liberté des prix engendrait l'inflation, sans entamer les positions de monopole, tout en ruinant certaines catégories sociales. Mais, forts de l'appui de l'armée, ils purent contenir la pression syndicale, et le salaire réel s'effondra, « revitalisant » le marché du travail. En 1988, le pouvoir d'achat chilien est plus faible qu'en 1970. Un tiers des Chiliens occupent des petits boulots. Quatre Chiliens sur dix sont privés de Sécu. Mais l'un des rares succès des *boys,* justement, c'est la privatisation de la Sécu : depuis 1985 les Chiliens sont libres de choisir entre organismes concurrents sur les cotisations et les prestations. Seul un gogo de Chicago peut croire que privatiser un système de Sécurité sociale qui, privé ou public, n'est autre chose qu'un instrument de socialisation du risque, est un progrès.

Les *boys* réussirent-ils à diminuer le poids de l'Etat ? Même pas. L'État pèse autant que sous Allende. Seul un *boy* de Chicago peut croire qu'une dictature aime maigrir. Les Chiliens sont plus pauvres, mais moins endettés et régulièrement félicités par le FMI, qui bénit Büchi, ex-chef des *boys,* s'apprêtant à succéder à Pinochet.

Les *Chicago boys* argentins, eux, crurent au *trickle down effect*, l'effet percolateur, la diffusion vers le bas. Les riches qui s'enrichissent et finissent par enrichir les pauvres. Le profit qui profite à tout le monde. L'argent qui ruisselle jusqu'au sol. Ils commencèrent par s'enrichir puis, après un sordide feuilleton politico-dollaresque, sombrèrent dans le grotesque et le tango, accompagnés de la clique militaire. Aux dernières nouvelles, 70 % des fonds gagnés par les enrichis repartent à Genève ou à Miami.

L'Argentine offre le premier exemple d'un pays blanc et riche (niveau de vie européen en 1945) en voie de tiers-mondisation. Des ex-voto économiques apparaissent à la cathédrale de Buenos Aires, implorant la fin de l'inflation. L'une des dernières homélies épiscopales appela à la « sagesse des indices économiques ». Des économistes avouèrent prier saint Antoine de Padoue, as de l'équilibre budgétaire. Peu après l'homélie en question, un torrent de pauvres descendit des bidonvilles piller les supermarchés. C'était le fameux effet de ruissellement.

Substitution d'importation

Inventé par les Russes, le slogan « Pour faire d'un pays un pays industriel, il suffit de supprimer l'agriculture » fut redécouvert par les savants du tiers monde dans les années cinquante-soixante, sous le nom de doctrine de la *substitution d'importation* (I-S).

Le chef de file I-S fut encore un Argentin, Raùl Prebish. Son influence fut comparable à celle de Keynes en Europe. La substitution d'importation consiste à fermer la frontière aux biens manufacturés et à leur substituer ceux produits par les industries nationales. Elémentaire. Ainsi Nasser envisagea un jour de produire des voitures. Comme les entreprises locales, petites, ne peuvent produire ces biens manufacturés, c'est l'Etat qui va le faire. I-S est indissociable d'un fort secteur public nationalisé. Mais comme l'effort industriel impose des coûts de main-d'œuvre élevés, il devient très rapidement impératif d'importer des excédents agricoles à bas prix des greniers pleins à craquer du Canada, du *corn-belt*, de la CEE ou, maintenant, de l'Inde. Ces excédents sont déjà subventionnés par les exportateurs, mais les subventionne aussi l'importateur. Ainsi on réussit à détruire l'agriculture nationale. La substitution d'importation joue dans les deux sens : on importe des biens agricoles que l'on produisait, et les multinationales de l'agro-alimentaire peuvent enfin écouler leurs surplus. On transforme l'agriculture locale en agriculture d'exportation, car il faut à tout prix des devises pour cette fameuse industrie qu'on est en train de constituer. Autrement dit on détruit la culture vivrière. Pour peu que de la poudre aux yeux financière surgisse avec quelques pétrodollars en mal de recyclage, et le tour est joué : on se retrouve sans agriculture, et bien entendu sans industrie.

Dans les années soixante-dix, la substitution d'importation s'accompagna de la tarte à la crème des *industries industrialisantes :* en implantant à tel endroit tel type d'industrie, fournie clés en main par un pays du Nord, miraculeusement surgissent de petites industries sous-traitantes et fourmicolantes.

Le modèle I-S fut une catastrophe pour l'Amérique latine, l'Algérie, et d'autres encore. C'est la doctrine la plus criminelle de l'histoire criminelle des doctrines. Les économistes I-S ont encore pignon sur rue, tiennent colloque où l'on explique que tout est la faute de ces maudits *termes de l'échange :* on payait un tracteur 4 tonnes de café en 1965, et 20 tonnes en 1985. Emoi. Trémolos. Le vampire du Nord n'est pas loin. Ça veut dire qu'à coût de production constant du café, celui du tracteur a été multiplié par cinq, et sans doute son rendement aussi. Des ratiocineurs astucieux proposent des « dynamiques collectives » et des « ouvertures structurelles », des « transformations modulées ». C'est la langue de bois tropical, dure comme du fer, noire comme l'ébène.

Derrière la doctrine I-S, le loup-garou, le vilain Américain. Là est l'explication de la pérennité d'un modèle universellement accepté autant qu'universellement catastrophique. L'étranger, l'extérieur, les autres, responsables de tous les maux nationaux. La faute à la CEE qui subventionne son lait. Aux Américains agenouillés devant leur lobby du blé et du maïs. Mieux : *la faute aux « marchés »*. Les matières premières, le blé qui s'effondre, le café qui coule. Le moindre tyranneau qui a son compte à Miami ou aux Bahamas accuse. L'économiste I-S parle comme un Noriega qui sermonne les Américains, ou comme un Chadli qui évoque les « séquelles de la colonisation ». Sacrés stigmates en effet sur son armée, à moins qu'il ne veuille parler du temps où l'Algérie était non seulement autosuffisante mais largement excédentaire.

L'Algérie fut un merveilleux exemple de suffisance modélisatrice inspirée par quelques experts du Nord dont ou oubliera les noms. Après son indépendance, elle se proposa de construire l'industrie la plus lourde possible, quelque chose de vraiment, vraiment pesant. Entre 1965 et 1978, ère Boumediene, elle y consacra 30 % de son PIB. Résultat : un appareil productif tronqué, sous-utilisé — ainsi le complexe sidérurgique d'El-Hadjar, à côté d'Annaba, surfacturé, utilisé à moitié —, incapable d'écouler sa production à l'intérieur et plus encore à l'étranger, porté à bout de bras par les subventions et fournissant des produits de mauvaise qualité. L'un des oublis des modélisateurs dans les données, c'est qu'il n'y avait pas de demande interne pour absorber toutes ces demi-scories produites ; et qu'en plus, pendant la période d'industrialisation, il faudrait importer, et en particulier des machines ; et qu'en plus du plus, en faisant tout pour l'industrie et rien pour l'agriculture, on finirait par détruire celle-ci, et par importer du blé dans ce grenier à blé de quelques millénaires (idem pour le maïs au Mexique ou au Pérou). Malheureusement pour l'Algérie, elle disposa du pactole pétrolier qui lui permit de mener à bien ses projets démentiels. En un sens, la perte de Hassi-Messaoud fut une chance pour la France : nul doute qu'avec l'or noir et l'imagination de nos ingénieurs-économistes, on eût créé non pas un Fos-sur-Mer mais cinquante.

Ayant enfin constaté la pénurie alimentaire, nos experts franco-algériens eurent, dit-on, une dernière idée de génie :

élever dans les environs d'Alger le plus fantastique complexe de stockage céréalier de la planète, de façon à ensiler l'équivalent des productions cumulées de l'Iowa et du Nebraska. Heureusement, les *militaires* s'opposèrent à la monstruosité, cible par trop évidente en cas de conflit. Le modèle algérien s'achève dans les massacres d'enfants et de jeunes gens d'octobre 1988. Paix aux âmes conseilleuses qui expliquèrent alors la *logique économique* de l'échec algérien.

Le deuxième exemple de modèle I-S est le Venezuela. A vrai dire, le Venezuela est un condensé de l'échec de tous les modèles. Avec (peut-être) l'Argentine, c'est le seul cas où les modélisateurs, planificateurs et experts ont réussi à venir à bout d'une économie robuste, saine, pleine de capacités, disposant d'une main-d'œuvre qualifiée, sans tensions sociales, avec des conditions climatiques et géographiques remarquables, dotée de richesses naturelles exceptionnelles, à commencer par le pétrole.

Les experts, autour du président Lusinchi, entreprirent d'affaiblir la bête à la fin des années soixante-dix. Ils revinrent en 1986, avec Lusinchi, qui dénonça d'abord l'incapacité des prédécesseurs : « Entre 1979 et 1983, est partie en fumée, en cinq ans seulement, l'immense quantité des 73 milliards de dollars qui représente la moitié de toutes les recettes en pétrodollars de notre histoire depuis l'année 1940... Pour 1987 nous importerons pour plus de 60 % de notre nourriture... Notre capacité industrielle se consume totalement dans l'inactivité[4]. » A quoi on peut ajouter les 30 milliards de dollars évaporés de 1986 à 1989, ce qui évalue à 100 milliards de dollars tout ronds l'impéritie des experts qui conduisirent le Venezuela ces dix dernières années.

En dix ans, ils ont tout essayé : politique inflationniste, politique déflationniste, dévaluation du bolivar, réévaluation du bolivar, libération des prix, contrôle des prix, freinage de la masse monétaire et expansion de la masse monétaire, freinage et expansion de la dépense publique. Ils ont joué sur les taux d'intérêt nominaux et réels de façon à favoriser l'investissement et ont provoqué une récession et une hémorragie de capitaux sans précédent. Ils ont utilisé l'arme fiscale, puis l'arme monétaire. Ils ont manipulé à peu près toutes les variables macro-économiques, dans tous les sens. Ils ont réussi à provoquer une régression du pouvoir d'achat d'une trentaine d'années, à faire apparaître le chômage et son cortège de délinquances dans un pays jusqu'ici préservé. Ils ont provoqué une explosion du marché noir. D'un pays largement excédentaire, ils ont fait un pays qui mendie les surplus de la Communauté européenne et du Canada. Ils ont même réussi cette chose extraordinaire : rembourser la dette extérieure, avant les autres, alors que la communauté financière internationale ne leur demandait rien (seul Ceaucescu réussira le même tour de force crétin : rembourser d'un coup, clac !) et qu'ils étaient considérés comme les meilleurs débiteurs de l'Amérique latine. Du coup, ils ont réussi à créer la défiance des prêteurs. En partant en décembre 1988, le président Lusinchi annonce négligemment que son pays est passé du côté des mauvais payeurs. Enfin, l'une des mesures les plus surréalistes de ce gouvernement fut d'annoncer une dévaluation qui n'entra jamais dans les faits (17 février 1988). Autrement dit d'organiser une spéculation pour le plaisir, comme ça, *por las buenas* comme on dit là-bas.

Arrivés avec le gouvernement Carlos Andrés Perez fin 1988, les nouveaux oracles de l'économie crièrent à la nullité des précédents, qui usèrent leurs fonds de culottes en leur compagnie dans les mêmes universités étrangères en écoutant les mêmes cours pontifiants. Ils commencèrent à pianoter sur le grand clavier social avec les mêmes recettes en kit prédécoupées par d'autres oracles dans d'autres pays, où, heureusement, ils n'ont aucun pouvoir.

Le résultat ne se fit pas attendre : en mars 1989, Carlos Andrés Perez, salué par George Bush pour ses « efforts courageux et déterminés », fusilla avec détermination quelques centaines de ses compatriotes des bidonvilles descendus piller dans le centre. Les *Yahoos*. « Finis les faux-semblants », déclara-t-il on ne peut plus justement. Après avoir signalé la présence d'un « complot subversif », il annonça, magnanime, la création d'un Conseil national de la pauvreté : quelques experts pour étudier ce vaste problème. « Mais, ajouta-t-il, il faut que les grands pays industrialisés prennent leurs responsabilités. » Suivez mon regard. Aussitôt, George Bush accorda un prêt-relais de 450 millions de dollars (le Venezuela doit 35 milliards). Cassandre et pleureuses : « le Venezuela a vu le piège de la dette se refermer ! », « les charges écrasantes de la dette ! », « les deux Satan !! » (Dumont dixit : le FMI et la Banque mondiale), « l'urgence d'un accord sur la dette ! ». Déterminé et un brin cynique, le président Perez menace de nouvelles explosions si on ne rééchelonne pas un peu mieux. Les bourgeois de Caracas respirent, qui vont revoir les dollars affluer, et qui, sage précaution, achètent en attendant des armes pour leurs milices privées.

Dans des pays où les statistiques n'existent pas ou sont montées de toutes pièces par lui et ses acolytes des organismes internationaux, l'expert du Sud ne cesse de régresser, corréler, estimer, ajuster des droites et des courbes et nettoyer des écarts résiduels. Bien entendu, dès que vous êtes d'avis contraire, il s'empressera de clamer qu'on ne peut rien dire « car tout est bidon dans ce pays, *hombre*, tu le sais bien ». *Et c'est vrai.* Au Pérou, parut en 1986 un livre tout à fait passionnant sur le secteur informel[5]. Incontestablement une lueur d'espoir dans un pays en pleine décomposition. Il connut un gros succès. Furieuse d'être prise à contre-pied, l'expertise officielle hurla à l'imposture, sans jamais aborder le fond, mais en critiquant la qualité statistique, manœuvre doublement odieuse puisqu'il s'agit du Pérou, pays où s'évapore plus de la moitié de la richesse, et où l'autre moitié est proprement inquantifiable. Une équipe de brillants économètres de la London School of Economics participa à la démolition sous prétexte de « biais statistiques ». Argument le plus jésuite de mémoire d'économiste et d'ecclésiastique.

L'expert du Sud possède néanmoins un degré de liberté moindre que son confrère du Nord, qui peut toujours se recycler chez lui ou dans un autre pays du Sud. Il ne peut adopter ce langage négligé et désabusé en vogue en ce moment dans le Nord, qui prétend qu'on doit se méfier des modèles et que les nouveaux experts sont là pour aider à s'en méfier. Après avoir abreuvé des générations d'étudiants de théorèmes et de modèles, Grellet, le savant président du comité de rédaction de la revue *Tiers Monde* décrète tout à coup « La fin des modèles[6] ». Il évoque les tonnes d'inepties déversées pendant quarante ans. « Erreurs des économistes », note le flagellant. Erreur du credo I-S. Erreurs en Afrique, erreurs en Algérie, erreurs au Chili. Erreurs de prévision sur les matières premières, erreurs de prévision sur les échanges. Erreurs au Mexique. Erreurs en Iran, en Egypte. Erreurs au Venezuela. « Disons-le : ces explosions populaires ont constitué autant de mauvaises surprises pour nombre d'économistes. » Oui. Mauvaises pour les intéressés aussi.

« Fin des paradigmes. » On aime bien l'expression chez les économistes honteux. « A trop vouloir privilégier la logique économique... », note, désabusé, notre vieil expert. Est-ce la fin des haricots ? Non, car notre homme avoue qu'il sera désormais là, vigilant, pour conter la fin des paradigmes.

Dans son sillage le dernier avatar, le *converti*. En économie comme ailleurs il n'est pire fanatique que le converti. Dernières homélies sur l'aide : elle va dans la poche des dirigeants, elle détruit les cultures vivrières locales et prolétarise le paysan. Elle n'a jamais développé quoi que ce soit, et moins que tout la Tanzanie, le pays le plus aidé du monde. Elle soulage l'âme des pays riches, trop contents de donner quelques restes dans des sacs portant en gros : « Don du peuple américain », à côté desquels sourient des enfants décharnés. Enfin, elle engraisse l'inévitable expert de la FAO avide d'aller acclimater une espèce étrangère aux habitudes locales. Même Rony Brauman, président de Médecins sans Frontières, exprime désormais de sérieuses réserves sur l'aide au Sahel[7]...

Africa

Les experts français, toujours friands de statistiques, ont défini un *taux de corruption* sur les contrats : 5 % pour l'Afrique, 7,5 % — un peu plus — pour les autres pays[8]. La Banque française du commerce extérieur, banque à statut spécial sous la tutelle des pouvoirs publics, prend en charge le financement des contrats, crédits fournisseurs (les Français) ou acheteurs (les Africains). La COFACE, caisse d'assurances, garantit les défaillances. On livre l'usine (ou l'avion de chasse, ou le palais des congrès...), l'argent de la BFCE passe dans la caisse du vendeur, l'acheteur est défaillant, la COFACE garantit, et la boucle est bouclée : *les Français se sont vendu un objet qu'ils ont livré à un autre.*

C'est une politique d'exportation à tout va, fondée sur les coups, purement médiatique. On ramène le contrat du siècle de Téhéran. Dassault vend trente Mirage au Pérou, lequel est déjà endetté jusqu'au cou, incapable d'en payer un : on lui fait une ristourne et il signe pour vingt-quatre. Les ministres se transforment en commis voyageurs de Thomson et de Matra. Cette politique fut catastrophique pour le commerce extérieur et l'industrie. Les entreprises exportatrices sont faussement compétitives. Elles bénéficient de rabais de la BFCE qui leur prête à taux bonifiés, de la garantie de la COFACE et de la politique militaro-industrielle du pays. Gavées d'argent facile, elles n'ont aucun effort de productivité à faire. Ça se paiera à partir de 1980, de la disparition de la machine-outil et de la métallurgie.

Indiscutablement le grand commis voyageur des éléphants blancs, le marchand de Mirage ou de safaris (comme on dit au Zaïre, pour parler des cadavres industriels) fut VGE. Si l'on regarde bien, VGE fut aux Finances durant toute la Ve République jusqu'en 1981. Il traîne dans les cabinets de Pinay de 1958 à 1960, lui succède en 1961, et mis à part un intermède Debré-Ortoli (1967-1968), revient ensuite aux Finances et à la présidence. Il y a donc vingt ans de Finances Giscard sous la Ve. C'est long.

Malheureusement, il est aux Finances quand le tiers monde regorge de pétrodollars engendrés par un petit jeu d'écritures, le quadruplement du baril. C'est le moment du grand démarchage bancaire et industriel où l'on propose n'importe quoi à n'importe quel pays, un métro par-ci, une centrale par-là *, à ces pays qui dix ans plus tard paieront

* Bongo faillit avoir sa centrale.

leur endettement d'une régression de niveau de vie de vingt ans. On ne saurait trop insister sur la responsabilité des VRP de l'éléphant blanc, qui croient d'ailleurs qu'en vendant en toute hâte on fait des affaires alors qu'on se contente de serrer sa cravate. L'incapacité des experts chargés de traiter avec l'Afrique fut effrayante. Au point de ne pas mesurer la capacité d'absorption d'un marché — surtout en Afrique, où le dernier coopérant sait qu'il n'y a pas de marché —, ni de comprendre que l'exportation de mauvaise qualité finit par tuer l'exportation, ni d'imaginer une seconde qu'il vaut mieux vendre cher de la bonne qualité à un client qui paie que de la pacotille à un client qui ne paie pas. Une mission Beullac évaluera en 1985 les éléphants blancs : sur 1 800 projets industriels africains, 20 % environ tournicotent, cahin-caha. Le reste : ferraille, « excréments de la civilisation » comme dit l'économiste Abalkine.

Les experts sont-ils effrayés de leur responsabilité ? Pas du tout ! Une nouvelle catégorie d'experts, de gourous et d'oracles est en train de proliférer en Afrique à la vitesse d'une épidémie : les *experts en réhabilitation.* Les derniers-nés de la science oraculaire. Les mêmes, chargés de réparer leurs dégâts. Bonne chance. Et n'oubliez pas l'ouvreuse.

Mafias

> « Le degré de sous-développement est strictement proportionnel au degré de corruption »
> Octavio Paz.

Les recyclés en réhabilitation vont donc avoir à recorrompre les corrompus, ce qui ne devrait pas être insurmontable. Plus qu'à la corruption, on reconnaît le Sud à la propension des dirigeants à nier la corruption. Au Mexique, le président Lopez Portillo, l'un des personnages les plus corrompus de la planète, prononça en 1982, au moment de la grande crise de cessation de paiements, un violent réquisitoire contre le

FMI : « La peste financière fait de plus en plus de ravages dans le monde; comme au Moyen Age, elle fond sur un pays après l'autre. L'épidémie est transmise par les rats et a pour conséquence le chômage et la pauvreté, la faillite industrielle et l'enrichissement par le biais de la spéculation. A cela les sorciers recommandent un remède : le jeûne et le repos absolu. Ceux qui protestent doivent être purgés, et ceux qui survivent doivent faire preuve de leur moralité face aux prédicateurs d'une doctrine dominante et démodée, dont l'égoïsme aveugle fait autorité. » La foule, accourue place des Trois-Cultures, applaudit aux « rats », « sorciers », « prédicateurs » et conspua le FMI. Lopez Portillo eut gain de cause. Le FMI accorda un nouveau prêt, 8,2 milliards de dollars. Selon les estimations du même FMI, le tiers environ repartit tout droit en Suisse, entre autres sur les comptes de Lopez Portillo[9].

On estime généralement la fortune de Mobutu à 4 milliards de dollars, soit deux fois la dette du Zaïre. Mobutu pourrait rembourser la dette du Zaïre et conserver une épaisse fortune, mais ce raisonnement serait indigne d'*Homo oeconomicus mobutus,* puisque le Zaïre est précisément une entreprise qui marche et lui a rapporté jusqu'à aujourd'hui ces 4 milliards. Mobutu, ses sorciers et ses experts ne cessent de hurler à l'ingérence du FMI dans les affaires intérieures du Zaïre, à l'inquisition inadmissible, aux néocolonialistes, aux affameurs du peuple, etc. Mobutu utilise son armée pour le trafic, dont celui célèbre des diamants, pour le braconnage et pour la répression. Elle est le gang au service du parrain. Mais Mobutu est d'accord pour dénoncer le fléau qui ronge son pays : « Tout est à vendre, dit-il, tout peut être acheté chez nous... » Le Zaïre est une expérience unique de pays *entièrement privatisé* qui doit faire rêver plus d'un disciple de Hayek. L'armée gagne sa vie en rackettant par-ci par-là, comme la police, comme les douanes bien sûr. La fiscalité est entièrement privée : un système qui renvoie bien loin la ferme générale. Tout s'achète, tout se vend, du permis de conduire au doctorat, le marché règne. Enfin le pouvoir, lassé des sirènes de la corruption, vient d'acheter les derniers sermonneurs de l'opposition, aujourd'hui ministres[10]. Les leçons valaient bien un fromage.

Non seulement la Mafia dénonce régulièrement la corruption, mais elle sait faire preuve de patriotisme. Au Pérou en 1986, les prisonniers révoltés de la prison du Sexto prirent en otage « Mosca Loca », parrain de la cocaïne, qui coulait des jours paisibles dans sa cellule aménagée en palace. Mosca Loca promit de payer la dette extérieure du Pérou si la police le libérait. Il fut égorgé. En Bolivie, le roi local de la blanche, Roberto Suarez Gomez, offrit aussi de payer la dette de son pays, 3 milliards de dollars, contre la libération de son fils. Il récidive aujourd'hui pour sa propre libération, et en appelle à la patrie. Idem en Colombie, où le célèbre cartel de Medellin, responsable de 80 % de l'approvisionnement des Etats-Unis, propose aussi de payer la dette beaucoup plus conséquente, 15 milliards de dollars. La Mafia demande simplement en échange de vaquer en paix à ses affaires.

Avec 300 milliards recyclés annuellement, les *narcodollars* pèsent de plus en plus sur l'économie mondiale. Ils pèsent du même poids que les pétrodollars. Difficile de contrôler les narcodollars. Est-ce même souhaitable ? Comme le disait le jour du 14 juillet ce haut fonctionnaire français : « La drogue, c'est déjà dur. Mais s'il faut en plus priver nos banques de l'argent qu'elle rapporte[11] ! » Qu'il se rassure : les progrès de la Mafia en matière financière sont étonnants. Les temps des *Pizza Connection*, du blanchiment dans l'immobilier et l'hôtellerie paraissent bien désuets... Elle place directement désormais sur les marchés financiers, par le biais de sociétés écrans installées dans des paradis fiscaux, ou, plus simplement, par les banques internationales ayant pignon sur rue. En Italie, elle achète en masse des bons du Trésor anonymes (7 % d'intérêts nets d'impôts) et on estime ses placements financiers annuels à 150 milliards de francs. Le niveau financier des mafiosi de la nouvelle génération est, paraît-il, impressionnant. A croire que la finance est leur milieu naturel. Les banquiers s'en inquiètent.

De son côté, le petit génie de la finance internationale, Michael Milken, l'inventeur des *junk bonds*, se dit passionné par la dette du tiers monde. Il envisage, dès qu'il sera *blanchi*, de créer des *junk bonds* appropriés au remboursement de la dette. Michael Milken fut coincé lorsque l'attorney général extirpa de la législation l'arme suprême, RICO, *Racket Influence and Corruption Organization*, la loi contre le racket et le crime organisé, la loi qui précisément *était réservée à la Mafia*[12]. Ce fut un tollé général dans la communauté financière. « Inadmissible ! » crièrent les boursiers. « Très grave ! » dirent les banquiers.

Qu'est-ce qui est grave ? Que la Mafia fasse de la finance ? Ou qu'un juge assimile la finance à la Mafia ?

La loi d'airain

> « La loi d'airain, seule capable de mettre la multitude à genoux. Mais que cette loi soit dure ! Qu'elle serre bien ! » Bernanos.
>
> « *Pacta servanda sunt.* »

Il y a quelques années Swissair ouvrit une ligne directe Abidjan-Genève, pour permettre aux Ivoiriens d'expatrier paisiblement leurs devises en évitant les tracasseries de la douane française. C'est le passé. Les sociétés écrans et l'écriture électronique ont fait avancer les choses.

Les capitaux prêtés à l'Argentine, au Mexique ou au Pérou repartent vers les banques occidentales ; les banques les reprêtent à l'Argentine, au Mexique ou au Pérou, dont les élites assurent à nouveau la fuite. C'est le principe du multiplicateur keynésien, *les prêts font les dépôts,* et M. Camdessus a sans doute eu tort de se débarrasser du buste de Keynes dans son bureau, à peine arrivé à Washington. Des chiffres astronomiques ont été avancés pour la fuite des capitaux des pays en voie de développement : 70 % pour l'Argentine, 50 % pour le Venezuela, 40 % en moyenne pour la dette[13]...

Lorsque la Chase Manhattan Bank prête 100 dollars à l'Argentine à 15 %, sur ces 100, 70 sont immédiatement reprêtés à la First National City Bank (ou à la Chase, plus simplement) par les financiers argentins. Les autres Argentins paient 15 dollars pour 30 dollars qui stationnent en Argentine effectivement, soit du 50 %. L'Argentin rembourse son dollar à 50 %.

Ce n'est pas tout : le vénérable Perez de Cuellar, péruvien, qui connaît la musique puisque c'est le Pérou qui prêta à l'Argentine l'Exocet qui coula une frégate anglaise, déclare au *Monde* qu'à 30 ou 40 % la dette est consacrée à l'achat d'armement. Ce chiffre 30, dans le cas de l'Argentine, est lumineux : il signifie que l'Argentin rembourse la totalité de ses dollars au taux merveilleux de 50 %, pour le plaisir épisodique de voir quelques chars aux carrefours de Buenos Aires.

Après avoir démarché les pays en voie de développement dans les années soixante-quinze pour recycler les pétrodollars, le Nord récupère ses fonds à flux croissants de dollars *. Même l'oracle Stoleru a fini par comprendre que la dette du Sud n'était autre que le « mistigri de la crise pétrolière » que lui avait repassé le Nord, au centime près [14]. Aujourd'hui, le remboursement annuel se situe aux environs de 100 milliards de dollars. Ce remboursement est faible eu égard au total de la dette :

Dette du	*1981*	*1982*	*1983*	*1984*	*1985*	*1986*	*1987*	*1988*	*1989*
Tiers monde (milliards $)	800	831	894	933	1 051	1 152	1 291	1 320	1 300 **

Les banques du Nord réaménagent et *perpétuent la dette*, par le biais de délais, de crédits-relais, de conversion de créances, et de crédits d'ajustement. Réunies dans le Club de Paris, elles étudient les dossiers des débiteurs, ce qui est long, un à deux ans, plus, et coûte cher, 2 à 5 %, parfois plus d'intérêts pour le débiteur, mais finalement proposent des facilités. De fait, le réaménagement de la dette consiste à faire prendre en charge par le Nord une partie des dettes du Sud assises sur rien. Les banques ont créé un marché du *junk bond* du tiers monde, où l'on négocie les créances pourries sur le Mexique

* Flux nets de capitaux : 1980 : – 2,4 milliards $; 1981 : + 7,2 ; 1982 : + 19,6 ; 1983 : + 36,4 ; 1984 : + 72,9 ; 1985 : + 73,6 ; 1986 : 80 ; 1987 : 146 – 40 d'aide = 106.

** Dette totale américaine en 1989 : 1 800 milliards de $.

à 50 % de leur valeur par exemple. Par ailleurs, les Américains prennent à leur compte la moitié de la valeur et garantissent le reste sur des « valeurs mexicaines sûres », des actifs de PME notamment, ce qui est très astucieux et revient à faire garantir par des petites entreprises les projets pharaoniques des grosses. De multiples formules sont possibles : rééchelonnement (10, 15, 25 ans) avec délai de grâce (8, 10 ans) ; échange de titres avec 30 % de rabais ou à taux d'intérêt réduit, etc. Du côté des banques, le Club de Paris établit un ordre de priorité pour le remboursement. Comme par hasard, les petites banques sont payées en dernier car elles passent par leurs « correspondantes » plus grosses. Aux Etats-Unis, ces petites banques (14 000 environ) sont l'objet de pressions diverses pour avancer de nouveaux crédits ou racheter des crédits pourris soldés sur le « marché gris » de la dette. La méthode est excellente pour les grosses banques qui réaffichent en 1988 d'énormes profits.

L'oracle Stoleru s'extasie : « Le marché supplée les carences des Etats... » « Le problème devient plus celui du créancier, menacé de faillite, que celui du débiteur, à qui de toute façon on ne fera pas payer ce qu'il n'a pas. » Ça c'est sûr. Mais le problème, c'est que bien que n'ayant rien, *il paie quand même.* Il paie même, reconnaît le mercantolâtre, « la crise à la place des pays riches ». Il paie cher. Il ne paie même pas l'incompétence des dictateurs dans les années soixante-quinze ; il paie celle des banquiers du Nord qui, jusqu'en 1982, jusqu'à la crise mexicaine, étaient ravis des taux quasi usuraires qu'ils pratiquaient. L'Amérique latine a dû « rendre » 150 milliards de dollars depuis 1982. En 1985, la charge représentait 35 % des exportations, 4 % du PIB. *Jamais l'Allemagne ne dut payer autant :* au pire, 2 % du PIB en 1929, 5,5 % de ses exportations. Jamais elle ne paya non plus d'une telle réduction du niveau de vie : 50 % pour le Mexique, autant pour l'Argentine. Et ces pays ne sauront taxer l'ignominie créancière du prix du sang. 4 % du PIB... Imaginons la France remboursant 200 milliards de francs par an !

A côté de la négociation au coup par coup (le Brésil, puis le Mali, puis un autre) qui a évidemment la préférence du

Club de Paris, sont envisagées des solutions globales. Le FMI et les pays de l'OCDE demandent aux banques de réduire d'un trait de plume des dettes, autrement dit un moratoire. D'autres (plan Baker) proposent d'accorder de nouveaux crédits sur les garanties actuelles (ce qui revient à une dévalorisation de la dette), d'autres (plan Rotberg) proposent de garantir une partie des créances actuelles par la Banque mondiale, solution qui revient à faire éponger une partie de la dette par la communauté financière internationale. La France propose un fonds international financé par apport de DTS. En attendant, elle gomme les dettes de ses anciennes colonies (2,5 milliards de dollars pour 35 pays) et propose un moratoire global du tiers.

Le principe de ce moratoire fut finalement adopté à Berlin en septembre 1988, où se réunit le FMI, objet de nombreuses manifestations « écolo-tiers-mondistes », mini-tribunal Russell anti-FMI, prix Nobel de la paix, et même messe célébrée contre lui et le « second Satan » (la Banque mondiale) *. Tous les dirigeants du tiers monde applaudirent à cette dénonciation des requins de la finance. L'oracle Triffin applaudit, et l'oracle Galbraith aussi, qui passaient par là.

Qui paie la dette ? C'est assez simple. Au Sud, les citoyens démunis, c'est-à-dire la quasi-totalité des citoyens, dont le niveau de vie a baissé de 20, 25, 40, 50 % selon les pays, retrouvant le « standing », si l'on peut dire, des années soixante-dix. Au Nord, derrière les banques, qui ne sont que des intermédiaires, il y a les prêteurs, ou, si la banque est « sauvée » par l'Etat, comme la Continental Illinois, les citoyens. Quels prêteurs ? Ceux des petites banques, des caisses d'épargne, en faillite chronique aux Etats-Unis. Bref, les petits prêteurs. Ça s'appelle la socialisation des pertes.

L'oracle Galbraith signala aux Brésiliens qu'ils n'avaient qu'à ne pas rembourser leur dette. Avis entendu par le pauvre Pérou, qui se retrouva du jour au lendemain sans aucune devise et avec autant à rembourser. Mais certains Brésiliens, plus astucieux, dont le président Sarney, poète

* Ou encore, en ajoutant la BRI et l'OCDE, les quatre cavaliers de l'Apocalypse.

bucolique à ses heures, songent que l'exploitation de l'Amazonie est un bon moyen de pression sur l'Occident. Plutôt que de liquider celle-ci trop vite, il conviendrait de la détruire plus lentement, *à petit feu,* en faisant payer le prix fort aux Occidentaux inquiets pour la survie de leurs maigres générations futures. Le Pérou, qui possède un bon morceau d'Amazonie, devrait y songer.

Garbage business

La *coprologie économique* devrait être une discipline pleine d'avenir. Le marché international du déchet est la phase ultime des relations Nord-Sud, le dernier marché d'avenir, après la colonisation, l'exploitation des matières premières, les éléphants blancs. Pour le reste, pour le commerce, le Nord se retourne désormais vers lui-même et vers l'Asie.

L'industrie occidentale produit 500 millions de tonnes de déchets par an, dont la moitié issue des Etats-Unis. Marché fabuleux, qui « suscite bien des convoitises ». Le coût du déchet est largement lié à celui du transport, variant de quelques centaines de francs — les déchets bas-de-gamme, les ordures ménagères incinérées — à plusieurs milliers de francs la tonne pour la dioxine. Les Américains sont affectés d'un récent syndrome NIMBY, *not in my backyard.* Pas de ça chez moi, autrement dit chez les autres. Les Anglais, les Allemands, les Hollandais — grands pratiquants des ablutions en mer — et autres peuples *clean* sont également touchés par le NIMBY.

Mais les champions de l'ordure chez les autres restent, dimension et doctrine obligent, les Etats-Unis. Ils ont beaucoup exporté en Haïti, puis au Mexique, en République dominicaine, au Honduras. Plus récemment, l'Afrique est devenue un dépotoir. La Guinée-Bissau, le Bénin, le Kenya, la Somalie, la Sierra Leone, le Sénégal, la Mauritanie et le Gabon ont accepté d'enfouir des déchets dans leur sous-sol, parfois à bas prix. Il est vrai que la concurrence entre pays récepteurs fait pression à la baisse*. Les commissions versées lors de la signature sont proportionnelles à la nocivité. Avide de centrales, le Gabon aura finalement réussi à avoir sa poubelle nucléaire. Ne pas croire que les pauvres ignorent le clean : en juin 1989 à Bogota, écœurée par la présence des gamins, une organisation a décidé de nettoyer le centre. Elle a commencé à tuer les gamins. Vite lassée par l'ampleur de la tâche, elle s'est arrêtée à vingt.

Les pauvres chez les riches (charity business)

La dernière utilisation, la plus subtile, du pauvre est la vente, non celle, un peu sordide, de son corps — les trafics d'organes avec la Turquie ou de nouveau-nés avec l'Asie —, mais celle du *concept* même de pauvre. Le concert, le disque, le clip, la vente de charité. Le *fund raising* — collecte de fonds pour les organismes charitables — est une activité florissante. Le pinardier Nicolas se découvrit mécène et se rendit célèbre par le slogan : « Pour qu'ils aient de l'eau, buvez du vin ! » Le Dr Rony Brauman, qui doute de l'utilité de l'aide, mais en redemande après une campagne fondée sur la photo de la petite Colombienne ensevelie vivante après des heures de voyeurisme, photo accompagnée de la légende : « Vu à la télé », s'excusa en disant que cette campagne avait rapporté deux fois plus que les autres. Marketing oblige, excuses acceptées. Et ces si sympathiques Restaus du cœur, resservis chaque Noël depuis cinq ans à l'étal de la bonne conscience politique... Les soirées télé où des ministres vendent leurs bretelles ou leur Vélosolex, ont largement effacé les chorales dissonantes emmenées par les dames patronnesses. Mais le paternalisme avait une certaine décence : les dames n'imposaient pas le spectacle des doigts bagués partageant les gâteaux. Alors que, audimat oblige, les effusions du sponsor,

* 42 dollars la tonne pour des déchets pharmaceutiques toxiques enfouis en Centrafrique en 1985, 12 pour les mêmes au large de Conakry en 1988.

du ministre et de la star, prélude à des soirées que l'on imagine très gaies et très privées, sont les accompagnements obligés de nos Noëls ruisselants d'or.

Le marché du pauvre est rentable, garanti pour quelques années dans la CEE (40 millions d'individus) et en pleine expansion au Sud. La Mafia, les déchets du Nord et la déforestation sont d'*excellentes prévisions — oui, excellentes.*

Oracles en leur pays, tel économiste brésilien et tel Ivoirien, dont les noms sont bien connus, avouent parfois prier le ciel, qu'on ne voit plus au-dessus des mégalopoles, de continuer de mener rondement à bien les destructions.

S'enfonçant sous la cendre, sous les yeux des oracles du Nord, auxquels ils demandent encore quelque menue monnaie par habitude, s'enfonçant comme la petite fille de Colombie dans la boue sous les caméras de NBC, ils ont la triste et ultime satisfaction de prédire que le désert et la mort sont l'avenir du Nord, comme le Nord fut l'avenir du Sud.

Épilogue

C'ETAIT à l'université, les économistes recevaient le député.

Le député exposait le changement de politique gouvernementale. Les économistes (une dizaine) écoutaient. Un peu pâle, le député s'arrêtait, interrogeait du regard. Le silence d'un puits. Dehors, une légère chaleur de mai, deux merles sur la pelouse.

Tous les économistes avaient occupé des postes à l'étranger ; qui avait enseigné à Harvard, Princeton, Yale ; qui à Louvain-la-Neuve. Ils étaient jeunes, le député aussi, qui faiblissait visiblement : « Alors, après cette bouffée d'oxygène de la première phase, bouffée d'oxygène aussi pour l'Allemagne... »

Finalement, accablé, il se tut. Livide, seul. Seul contre la science. Et ce silence... Craquements de chaises, jambes qui se déplient, demi-sourires.

Enfin, il prit ses feuillets. Quelques soupirs saluèrent une décision tardive. Et soudain, le plus grand, le plus savant des savants — et sa voix montrait quel effort était le sien de parler à des singes — fit cette réflexion, ponctuée d'un murmure :

— Bon. Pour équilibrer le commerce extérieur, il faut vendre, non ? Eh bien, *la France ne sait pas vendre*.

Le député écarquilla les yeux, inspira. En plus, on se moquait de lui. Et puis... il les dévisagea. Celui de Louvain, celui de Harvard, celui de Yale, le plus grand qui venait de parler... Ce jeune homme dans le coin, futur prix Nobel lui avait-on dit...

Et s'ils ne savaient rien ? Rien de plus que « la France ne sait pas vendre » ? S'ils appartenaient à cette race curieuse des *savants ignorants*... Si leur silence ne cachait rien ?

Il sortit avec un drôle de visage.

Non, ils ne savaient rien. Guère au-delà du « Faut vendre » ! Lorsqu'on interroge Maurice Allais sur la reprise de l'inflation, il dit : « Très sincèrement, je n'en sais rien. » Il est très sincère. Si on lui demande ce qu'il va faire de ses 250 millions de couronnes, il répond simplement qu'il va charger un agent de change de les placer. C'est infiniment sage. Vous insistez pour savoir ce qu'il pense de la pensée économique ? « Ces quarante-cinq dernières années ont été dominées par toute une succession de théories dogmatiques, toujours soutenues avec la même assurance, mais tout à fait contradictoires les unes avec les autres, tout aussi irréalistes, et abandonnées les unes après les autres sous la pression des faits. A l'étude de l'histoire, à l'analyse approfondie des erreurs passées, on n'a eu que trop tendance à substituer de simples affirmations, trop souvent appuyées sur de purs sophismes, sur des modèles mathématiques irréalistes et sur des analyses superficielles des circonstances du moment [1]. » Bigre ! On croirait Pareto sur la fin, écœuré par les femmes et Walras. Et l'histoire ! Braudel et Simiand se retournent dans leur tombe ! Après tout, le pape de l'économie pure et du mois de Marie peut bien prêcher le réalisme, puisque les camarades s'émerveillent devant le marché et les *yuppies* moscovites.

Les oracles parlent. Le gourou, l'expert, l'homme politique, le gestionnaire, le chef d'entreprise, le syndicaliste, le professeur. L'espéranto économique, cet idiome minimal du bon sens, de l'offre et de la demande et du coût, achève d'envahir la vie de la Cité.

Pauvreté de ce langage qui aplanit, taille, déboise, coupe ce qui dépasse, jamais emphatique, aussi terne que le récitatif de la Bourse, malgré les « niveaux historiques » annoncés quotidiennement — c'est ça, l'Histoire ? Quant au plongeon, « séisme », « ouragan », « tornade », « cyclone », l'*octobre météorologique* de 1987, nos voisins wagnériens parlèrent de crépuscule, deux ans plus tard, les oracles n'en sont pas encore revenus. Ce plongeon, qui fit picoter sensuellement l'épiderme du spectateur, qui n'avait pas un demi-sou en cause, montre tout le plaisir que procure la résurgence, à travers une panique collective, du bouillonnement politique qui mitonne derrière le murmure informatique des terminaux. Triste litanie des chiffres !

Mais alors ? Inutile la comptabilité ? Mais non ! Les comptables, les cambistes, les assureurs, les prêteurs, les courtiers, les marchands prospérèrent avant l'existence des oracles de l'économie, sans jamais tirer fatuité de leur profession ni avancer celle-ci comme finalité morale, ni agiter leur technique comme drapeau, la règle de trois, la partie double, les tables de logarithmes, l'espérance mathématique ou la variance. Condorcet est le Condorcet des *Réflexions sur l'esclavage des nègres*, de la *Proclamation à l'Europe*, ou du *Projet général d'instruction publique*, et non celui du fameux *Paradoxe*, que les étudiants de première année de sciences économiques découvrent, bouche ouverte, en se demandant s'ils ne feraient pas mieux, la prochaine fois, de s'abstenir de voter. Sans doute feraient-ils mieux.

D'ailleurs, il reste quelques économistes. Et il faut avouer qu'en France on est plutôt gâté. Quiconque a feuilleté l'*Histoire des populations* y a trouvé un modèle de la famille qui efface toutes les productions passées et à venir de l'école de Chicago. Heureusement Fernand Braudel nous a parlé d'économie et de politique autrement que les théoriciens du « cycle politico-économique », le dernier bébé-thalidomide de l'économie chewing-gum (Stigler, Hayek, Borcheding, Buchanan... un ou deux Nobel là-dedans, plus peut-être).

Quant à la réussite des économistes sur la scène publique, elle tient à leur capacité à opposer au discours politique, quel qu'il soit, flatteur, hystérique, démoniaque, sensuel, romantique, sentimental, patriotard, aviné ou simplement ému, une tautologie des chiffres — un taux est un taux — plus quelques redondances : les « grands équilibres », la « contrainte extérieure » et l' « horizon 92 ». En général, ils coincent l'adversaire sur leur terrain *. Mais qu'ils prennent garde. Certains firent profession de se moquer des chiffres et leur ascension fut miraculeuse. On reviendra au discours politique. A toutes jambes.

On perçoit chez quelques apprentis économistes de bons signes avant-coureurs : ils écoutent poliment le galimatias qu'on leur tartine, en songeant à leur future fortune. Qu'ils aient celle de Ricardo puis écrivent les insurpassables *Principes*. Qu'ils aient la réussite exceptionnelle des gauchistes, qui donnent toujours des conseils au péquenot, depuis leur chaire ou leur poste de directeur financier. Qu'ils fassent comme Maynard Keynes, dit « Pozzo », faussement désespéré par la césure épistémologique de Marshall son maître, la question des réparations, la décision de Churchill sur le maintien de la parité de la livre ou le rejet du bancor à Bretton-Woods, mais très malheureux de sa brouille avec D. H. Lawrence : qu'ils courent les artistes et les danseuses.

Pour les vieux, qui n'auraient pas compris qu'ils viennent de lire une défense de l'économie, deux métaphores à titre de consolation :

« Le chemin est meilleur que l'auberge » (Cervantes).

« On met très longtemps à devenir jeune » (Picasso).

Olé.

* Piégé en 1974, François Mitterrand eut le trait de génie de répondre en 1981 à son adversaire qui l'interrogeait sur le taux de change mark-franc (quel culot quand on y songe...) quelque chose comme : « J'ai passé l'âge d'aller au tableau devant vous. » Election gagnée.

Notes

Quoi de neuf ?

1. Michel Aglietta, *La Violence de la monnaie*, PUF, Economie en liberté, 1979.
2. Raoul Hilberg, cité par Alain Finkielkraut, *Le Monde*, janvier 1988.
3. Edmond Malinvaud, *Leçons sur la théorie du chômage*, Calmann-Lévy, 1983.
4. Nicholas Georgescu-Roegen, *La Science économique. Ses problèmes, ses difficultés*, Dunod, 1970.
5. John Maynard Keynes, *Essays in biography*, Collected Papers, MacMillan, London, 1972.

1. Politique et politesse statistique

1. Cf. *Libération*, 5/09/1988.
2. Sondage *Le Monde*, 17/11/1988.
3. F. Mitterrand, *Politique*, Fayard, 1977, p. 565.
4. F. Mitterrand, *L'Abeille et l'architecte*, Livre de Poche, p. 64.
5. J.-F. Lyotard, *La Condition post-moderne*, Ed. de Minuit, 1979, p. 21.
6. Pierre Bourdieu, *Ce que parler veut dire*, Fayard, 1979, p. 20.
7. George Orwell, *1984*, Folio, p. 8 et 88.
8. Fernand Braudel, *Idendité de la France*, Arthaud, 1986, p. 19.
9. P. Bourdieu, *op. cit.*, p. 8.
10. Roland Barthes, *Fragments du discours amoureux*, Seuil, 1977, p. 101.
11. Miguel de Unamuno, *L'Essence de l'Espagne*, Gallimard, Les Essais, 1967, p. 31.
12. Cité par Xavier Greffe, *Politiques économiques*, Economica, 1987, p. 96.
13. Martin Heidegger, *L'Etre et le temps*, Gallimard, 1964, p. 159-160 et 206-207.

14. Thierry Maulnier *in Réaction*, n° 1, août 1930.
15. Roberto Calasso, *La Ruine de Kash*, Gallimard, 1987, p. 297 et suiv.
16. Heidegger, *op cit.*, p. 161.

2. Le nouvel économiste

1. Voir par exemple Gary Becker, « The Economic Approach to Human Behavior », communication CNRS, Maison des sciences de l'homme, Paris, 1977. Sur la fertilité, on consultera son collègue T. W. Schultz, « New Economic Approachs to Fertility », *Journal of Political Economy*, vol. 81, n° 2, II, mars-avril 1973.
2. Lire P. A. Samuelson, « An Economist Non-linear Model of Self-generated Waves », *Population Studies*, vol. 30, n° 2, juillet 1976.
3. *La Dimension cachée*, Seuil, Points, p. 16, 65, 85.
4. Michel Beaud, *Le Socialisme à l'épreuve de l'histoire*, Seuil, 1982, p. 161
5. Maurice Allais *in Le Nouvel Observateur*, 21-27/10/1988.
6. Thierry de Montbrial, *La Science économique, ou la stratégie de l'homme vis-à-vis des ressources rares. Méthodes et modèles*, PUF, 1988, chap. III, « L'économie politique classique et marxienne ».
7. J. R. Hicks, *Valeur et capital*, Dunod, 1968, p. 18 et 47.
8. Michio Morishima, *Theory of Economic Growth*, Oxford, Clarendon Press, 1973, Introduction.
9. *Mélanges en l'honneur d'Edmond Malinvaud*, Economica, 1988, Introduction.
10. Céline, *Voyage au bout de la nuit*, Folio, p. 362-363.
11. Ortega y Gasset, *La Révolte des masses*, Stock, p. 162 et 163.
12. Voir l'introduction de l'ouvrage cité de Thierry de Montbrial.
13. Amartya Sen *in Journal of Economic Literature*, décembre 1985.
14. Voir Pierre Thuillier, *D'Archimède à Einstein. Les faces cachées de l'invention scientifique*, Fayard, 1988.
15. Pascal, *Douzième lettre à un ami provincial*, Flammarion-G F, 1981, p. 167.
16. Simone Weil, *L'Enracinement*, Gallimard, Idées, p. 324.
17. Michel Beaud *in Le Monde*, 16/08/1988.
18. Dieudonné, *Pour l'honneur de l'esprit humain*, Hachette, 1987, p. 36 et suiv.
19. John Maddox, « Plus vrai que nature », *Le Monde*, 26/07/1989. Maddox est ce personnage qui utilise des illusionnistes pour faire ses vérifications scientifiques.
20. Dieudonné, *op. cit.*, p. 25 et 247.
21. « La rigueur de Maurice Allais », *Le Monde*, 20/10/1988.
22. Fernand Braudel, *La Méditerranée*, Armand Colin, 1966, tome 2, p. 94.
23. Voir J. Devillard, Ph. Jeanin *in Revue d'économie politique*, n° 4, 1988.
24. *Contre l'apologie des casuistes*, *op. cit.*, souligné par Pascal.

25. Voir Jack Hirshleifer et John Riley *in Journal of Economic Literature,* décembre 1979.

3. Le savant, l'expert et l'oracle

1. *Economic Writings,* Allen & Unwin, Londres, 1952, vol. 1, p. 82 et p. 117-118.
2. Cf. Thierry de Montbrial, *op. cit.,* Introduction.
3. Cité par Roberto Calasso, *op. cit.,* p. 278.
4. Julien Freund, *Pareto,* Seghers, p. 32.
5. *Histoire de Juliette,* UGE/10-18, tome III, p. 501.
6. J. Lesourne, « La rigueur de Maurice Allais », *Le Monde,* 20/10/1988.
7. Le paradoxe d'Allais : supposons que l'on propose à un individu successivement les deux ensembles de choix :

(I) A : 100 millions $ avec certitude, ou B : 500 millions $ avec 10 % de chances, ou 100 millions $ avec 89 % de chances, ou 0 $ avec 1 % de chances.

(II) C : 100 millions $ à 11 % de chances ou 0 $ à 89 % ou D : 500 millions $ à 10 % de chances, ou 0 à 90 %.

La logique mathématique veut que si l'on choisit A au premier coup, on choisit C au second (aversion pour le risque). Or sur cet exemple, entre C et D, il faudrait être idiot pour ne pas choisir D. Le bon sens.

8. *Le Nouvel Observateur,* 21-27/10/1988.
9. *Théorie générale des surplus,* Presses Universitaires de Grenoble, 1989, réédition.
10. Cf. R. E. Lucas, *Econometric Policy Evaluation : a Critique,* Carnegie Research Conference on Public Policies, vol. I, North Holland, 1976.
11. « Résoudre la crise économique mondiale », Déclaration des trente-trois économistes de treize nationalités différentes, décembre 1987, in M. Albert et J. Boissonnat, *Crise, krach, boom,* Seuil, 1988, appendice 1.
12. *La Science économique,* PUF, et RAMSES, *Rapport annuel mondial sur le système économique et les stratégies,* Dunod.
13. Philippe Thureau-Dangin, « Les Grenouilles de l'économie », *Dynasteurs,* 1987.
14. Olivier Postel-Vinay, « Apologie du doigt mouillé », *Les Echos,* 2/1/1987.
15. Sur les prévisions du prix du pétrole : *Le Monde,* 9/09/1988 et 18/11/1988, *Libération,* 14/11/1988.
16. O. Postel-Vinay, art. cité.
17. Interview, *Le Monde* 15/10/1988.
18. Denis Duclos, « Les catastrophes de la modernité », *Le Monde,* 9/07/1988.
19. *Le Monde,* 25-26/09/1988.
20. « Le RAMSES nouveau est arrivé », *Le Monde,* 29/11/1988.

21. O. Postel-Vinay, art. cité.
22. *Economie et statistique,* novembre 1986.

4. Le prince et l'économiste

1. Alain Madelin, *Un libéral, Frédéric Bastiat,* Presses de l'IEP de Toulouse, 1988, p. 35.
2. Stendhal, *Vie de Henry Brulard,* p. 286, *Souvenirs d'égotisme,* Gallimard, Folio, p. 75.
3. *Ici et maintenant,* Livre de Poche, p. 21.
4. *Politique, op. cit.,* p. 573.
5. *Ibid,* p. 111 ; *La Paille et le grain,* p. 75 ; *L'Abeille et l'architecte, op. cit.,* p. 290.
6. *Ibid.,* p. 195.
7. *Ici et maintenant, op. cit.,* p. 11 ; *L'Abeille et l'architecte, op. cit.,* p. 70 et p. 290.
8. *Ici et maintenant, op. cit.,* p. 265 ; *L'Abeille et l'architecte, op. cit,* p. 82 ; *Politique, op. cit.,* p. 536.
9. *L'Abeille et l'architecte, op. cit.,* p. 153.
10. *Ibid,* p. 378.
11. A l'université d'été des jeunes démocrates-sociaux, 4/09/1987.
12. *Le Monde,* 18/10/1987.
13. Ch. Borrommée, « Le XXXe anniversaire du plan Rueff », *Le Monde,* 22/10/1988.
14. *Projet socialiste,* Editions Socialistes, p. 368, p. 57 et p. 89.
15. A. Minc, *L'Avenir en face,* Seuil, 1984, p. 203.
16. J. Julliard, *La République du centre,* Calmann-Lévy, 1988, p. 100.
17. *Théorie générale,* Petite Bibliothèque Payot, p. 369.
18. Frank Ramsey, *in Essays in biography, op. cit.*
19. J. K. Galbraith, *L'Argent,* Gallimard, Idées, p. 348.
20. Exergue du chap. XI de *Droit, législation et liberté,* tome II, « Le mirage de la justice sociale », PUF, 1981.
21. *Ibid,* p. XII.

5. De la guerre économique

1. Marie Bonaparte, *Mythes de guerre,* PUF, 1945, p. 78.
2. *Ici et maintenant, op. cit.,* p. 252.
3. *Lettre à tous les Français.*
4. *Ibid.*
5. M. Albert et J. Boissonnat, *Crise, krach, boom, op. cit.*
6. R. Fauroux, *Le Monde,* 26/11/1988.
7. 10/10/1988.
8. J.-M. Albertini, *Des sous et des hommes,* Seuil, Points-Virgules, 1986.
9. « Golden Rule of Accumulation : a Fable for Growthmen », *The American Economic Review,* septembre 1961.

10. *Value and Capital,* 1936, *Capital and Time,* 1975.
11. R. Calasso, *op. cit.*, p. 285.
12. P. Mattick, *Crise et théorie des crises,* Champ Libre, 1976, p. 237.
13. Voir *Programme socialiste,* 1988, p. 35 et suiv.
14. Seuil, 1988.
15. M. Albert et J. Boissonnat, *op. cit.*, p. 78, 81 et 126.
16. *Ibid,* p. 105.
17. Voir « L'économie et les mathématiques », *Le Monde,* 9/06/1989.

6. Hermès ou le dieu marché

1. R. Graves, *op. cit.*, p. 57 et suiv.
2. J. Von Neuman et O. Morgenstern, *Theory of Games and Economic Behavior,* Princeton University Press, 1944. Le théorème du minimax pour un nombre fini de joueurs fut établi par Von Neuman en 1927.
3. Céline, *Hommage à Zola (Discours de Médan)*. Préface à *L'Assommoir,* Presses-Pocket.
4. *Le Monde,* 5/01/1988.
5. *Ibid.*, 8/12/1988.
6. *Le Nouvel Observateur,* 2-8/02/1989.
7. *Libération,* 30-31/06/1988.
8. *Le Monde,* 29/12/1988.
9. *Ibid.*, 30/10/1988.
10. G. Debord, *Commentaires sur la société du spectacle,* G. Lebovici, 1988, p. 48.
11. *Le Monde,* 19/10/1988.
12. *Ibid.*, 16/07/1988 et 29/10/1988.
13. Lee Iacocca, Robert Laffont, 1985.
14. « Le Plan au futur » *Le Monde,* 25/03/1989.
15. P. Carré, Y. Dubois, E. Malinvaud, *La Croissance française,* Seuil, 1972.
16. *Le Monde,* 30/10/1988.
17. Par Mikhaïl Gorbatchev, J'ai Lu, 1988.
18. *Ibid,* p. 22.
19. *Ibid,* p. 24.
20. *Ibid,* p. 59-60.
21. *Le Monde,* 10/2/1989.
22. *Ibid.*, 24/06/1989.
23. *Ibid.*, 4/07/1989.

7. Le franc c'est la France

1. S. Goldfeld, *Brookings papers on economic activity,* n° 3, 1976 ; G. Garcıa et S. Park, AER, mai 1979. Voir l'analyse de ce mystère dans Michel Aglietta, *op. cit.*

2. Aglietta, *op. cit.*, p. 228.
3. Paul Craig Roberts, *Le Monde*, 25/10/1988, et *Libération*, 19/10/1988. B. Sprinkel *in La Tribune de l'Expansion*, 30/06/1988.
4. R. Eisner *in Libération*, 8/09/1988.
5. S. Marris *in Le Monde*, 25/10/1988.
6. M. Friedman *in Le Monde*, 8/11/1988.
7. P. Mattick, *op. cit.*, p. 232.
8. « Réponse de la Banque de France », P. Fabra, *Le Monde*, 16/08/1988.
9. Milton Friedman, interview dans *Le Monde*, 8/11/1988.
10. Cf. *Le Monde*, 24/08/1988, 13-14/11/1988, 18/11/1988.
11. Cité par P. Fabra, *Le Monde*, 23/08/1988.
12. In P. Fabra, *Le Monde*, 26/07/1988, « A bas la coopération internationale ! »
13. *Le Monde*, 8/11/1988.

8. Pathologie boursière

1. Ilya Prigogine et Isabelle Stengers, *Entre le temps et l'éternité*, Fayard, 1988, p. 81.
2. *Le Monde*, 12/06/1988.
3. Cf. F. Camé, F. Fillioux, *Le Jour le plus bas*, Lattès, 1988, p. 250.
4. Cf. Jean de Belot, *La Chute d'un agent de change*, Albin Michel, 1989, p. 221.
5. Henri Bourguinat, « Comme des papillons », *Le Monde*, 18/10/1988.
6. Vilfredo Pareto, *Marxisme et économie pure*, Droz, Genève, 1966, p. 171.
7. *Le Monde*, 17-18/08/1988.
8. *Ibid*, 31-1/08/1988.
9. Camé et Fillioux, *op. cit.*, p. 114.
10. *Ibid*, p. 256.
11. Cf. Ph. Thureau-Dangin, *op. cit.*
12. *L'Argent*, Folio, p. 130, 84, 132.
13. *Ibid*, p. 375.
14. Cf. Camé et Fillioux, *op. cit.*, p. 206.

9. Finances aux forceps

1. *Dynasteurs*, octobre 1988, p. 62.
2. Thierry Gandillot, *Le Grand Cirque fiscal*, Hatier, 1988, p. 192.
3. P. Uri, *Changer l'impôt (pour changer la France)*, Ramsay, 1981.
4. « Taux des prélèvements obligatoires : une étude empirique du cas français », *Revue d'économie politique*, n° 1, 1985.
5. A. Tardieu, *La Révolution à refaire, le souverain captif*, Flammarion, 1936, p. 211.

6. T. Gandillot, *op. cit.*, p. 40.
7. Cf. A. Bucaille, B. Costa de Beauregard, *Les Etats, acteurs de la concurrence industrielle*, Economica, 1988.
8. *Le Monde*, 3/11/1988.
9. Paul Fabra, « A quel saint se vouer ? », *Le Monde*, 8/11/1988.
10. Alain Pichot, *Comptabilité nationale et modèles économiques*, PUF, 1988, p. 579.
11. *Ibid.*, p. 458.
12. X. Greffe et Dunand, *Problèmes budgétaires contemporains*, PUF, 1970, p. 131.
13. H. Sempé, *Budget et Trésor*, Cujas, 1988, tome 1, p. 110.
14. J.-M. Charpin, « Les projections macro-économiques quantifiées », *Futuribles*, n° 70, octobre 1983.
15. Henri Sempé, *op. cit.*, p. 176.
16. *Le Monde*, 16/11/1988.
17. *Ibid.*
18. Maurice Allais, « L'indexation des dettes en valeur réelle », Le Monde, 12/01/1989.
19. P. A. Samuelson, « An Exact Consumption Loan Model », *Journal of Political Economy*, décembre 1958.
20. A. Finkielkraut, *La Sagesse de l'amour*, Gallimard, 1984, p. 93.
21. « Deux Cours des comptes valent mieux qu'une ? », *Libération* 3-4/09/1988.

10. Perdre sa vie à la gagner

1. *Le Monde*, 13/10/1988.
2. Edmund Phelps, J.-P. Fitoussi, « Pour que soient pris des risques calculés », *Le Monde*, 11/10/1988.
3. « Chômage mixte et politique du déséquilibre », *Revue économique*, novembre 1988.
4. *In Stratégies du management*, n° 161, mai 1988.
5. *Le Monde*, 28/10/1988.
6. *Ibid.*, 26-27/02/1989.
7. *Libération*, 27/06/1988.
8. Cf. Alain Lebaube, « Le développement de l'intérim », *Le Monde*, 23/06/1989.
9. Interview au *Monde des affaires*, 19/11/1988.
10. Victor Scherrer, *La France paresseuse*, Seuil, 1988, p. 16 et 43.
11. *Le Quotidien de Paris*, 12/12/1985.
12. *Pour une nouvelle organisation de la production : allongement de la durée d'utilisation des équipements, aménagement et réduction du temps de travail*, Paris, 1985.
13. O. Postel-Vinay, « La japonisation de l'économie française », *Dynasteurs*, janvier 1989.
14. A. Riboud, *Modernisation mode d'emploi*, UGE 10-18, 1988.

15. *Ibid.*, p. 93.
16. *In* « Le culte de l'entreprise », *Autrement*, n° 100, septembre 1988
17. Jean Auroux, « Rêve de flexible », *ibid.*, p. 214.
18. « Spiritualité sans bavures », *Autrement, op. cit.*
19. « Le sourire taylorisé », *ibid.*
20. Entretien, *Le Monde*, 29/12/1988.
21. H. Marcuse, *L'Homme unidimensionnel*, Ed. de Minuit, 1968, p. 56.

11. Un pauvre vient de naître

1. F. Braudel, *Civilisation matérielle, économie et capitalisme*, Le Temps du monde, Armand Colin, Paris, 1979.
2. G. Sorman, *La Nouvelle Richesse des nations*, Fayard, 1988, p. 136.
3. *Un Monde intolérable*, Seuil, 1988, p. 37.
4. J. Lusinchi, Discours, *El Nacional*, juillet 1986.
5. Hernando de Soto, *El Otro Sendero*, Lima, 1986, préface de Mario Vargas Llosa.
6. G. Grellet, « La fin des modèles », *Le Monde*, 1/11/1988.
7. Voir par exemple sa préface au livre *L'Aide contre le développement ? L'exemple du Sahel*, Economica, 1988.
8. Pierre Péan, *L'Argent noir*, Fayard, 1988, p. 20.
9. *Ibid.*, p. 118.
10. Cf. *Le Monde*, 13/02/1989.
11. *Libération*, 15-16/07/1989.
12. *Le Monde*, 18/03/1989.
13. *Finances et développement*, FMI, mars 1987.
14. « Du tiers monde au tiers payant », *Le Monde*, 22/06/1989.

Épilogue

1. Maurice Allais, « Le désarroi de la pensée économique », *Le Monde*, 29/06/1989.

Index

Table

Imprimé par Lightning Source France
1 avenue Gutenberg
78310 Maurepas

N° d'édition : 226-32176-Y

www.ingramcontent.com/pod-product-compliance
Lightning Source LLC
Chambersburg PA
CBHW071425230926
51846CB00001B/127
9782226321763